1615
Baskavígin

Biblioteca Euskal Erria
Serie diáspora, No. 3

1615
Baskavígin

Euskal baleazaleen sarraskia
La masacre de los balleneros vascos
The Massacre of Basque Whalers

Jón Guðmundsson

Hitzaurrea / Introducción / Introduction by
Xabier Irujo, Viola Miglio

Itzulpena / Traducción / Translated by
Hólmfríður Matthíasdóttir, Viola Miglio, Ane Undurraga

Edizioa / Edición / Edited by
Xabier Irujo, Hólmfríður Matthíasdóttir

Euskal Erria

Montevideo
2015

Biblioteca Euskal Erria,
Serie diáspora, No. 3

Biblioteca Euskal Erria
 Solano García 2643/101
 Montevideo
 CP 11300
 Uruguay
 Tel.: 00598 2908 7977

Copyright © 2015 Biblioteca Euskal Erria
Itzulpena islandiera-gaztelera © Hólmfríður Matthíasdóttir 2015
Itzulpena islandiera-ingelera© Viola Miglio 2015
Itzulpena ingelera-gaztelera-euskara © Ane Undurraga 2015

Eskubide guztiak erreserbatuak. Egilearen edo editoreen baimenik gabe liburuaren erreprodukzio osoa edo partziala zein kopia, erabilera, distribuzioa, komertzializazioa eta komunikazio publikoa (besteak beste) debekatuta dago.

Baskavinafélagið á Íslandi erakundearen laguntzaz argitaratuta

Lehenengo edizioa. Hirugarren inpresioa
Estatu Batuetan inprimatuta

Azalaren diseinua © 2015 JSM

ISBN-10 lehenengo edizioa: 0692481176
ISBN-13 lehenengo edizioa: 978-0692481172

1615ean hildako euskal marinelen oroimenari dedikatuta dago liburu hau.

Este libro está dedicado a la memoria de los marinos muertos en 1615.

This book is dedicated to the memory of the sailors who were killed in 1615.

Bók þessi er tileinkuð minningu sjómannanna sem létu lífið 1615.

Arkibidea
Índice
Table of Contents

Editoreen oharra	9
Nota de los editores	15
Editors' note	21
Hitzaurrea. 1615eko euskal baleazaleen sarraskia	31
Benetako historia, Jón Guðmundssonek idatzita	89
Introducción. La masacre de 1615	117
Relato veraz escrito por Jón Guðmundsson	171
Introduction. The massacre of 1615	203
A True Account by Jón Guðmundsson	261
Bibliografia / Bibliografía / Bibliography	289
Oharrak / Notas / Notes	295

Editoreen oharra

1615eko irailaren 21eko bezperaz, Donostiako hiru baleontzi hondoratu egin ziren Islandian, probetxuzko ehiza denboraldiaren ostean (hamaika zetazeo harrapatu eta prozesatu zituzten), itzulerako bideari ekitera zihoazenean. 1615eko denboraldia ona izan zen arrantzarako. Izan ere, Juan Ignacio Iztuetak bere *Historia de Gipuzkoa* (1847) liburuan kontatzen du balea ehizatzera joan ziren arrantzale euskaldunek 3.680 sagardo barrika kontsumitu zituztela, hiru neurrikoak, eta horrek adierazten du Atlantikoaz bestaldeko abenturak zer dimentsiokoak izan ziren. Hala ere, zorigaiztoko abentura bihurtu zen arrantzale batzuentzako. Ikaragarrizko ekaitz batek ezustean harrapatu zituen Strandir probintziako Reykjarfjörður fiordoan (Islandia) zeuden hiru euskal ontzi. Tripulazioko hiru kide itota hil ziren eta laurogeita hiru bat atera ziren bizirik.

Hiru kapitainek, Hornstrandirreko kosta jarraituz, hondamendia saihestu zezaketen txalupa txikietan iparralderantz nabigatzea erabaki zuten herrialdea uzten lagun ziezaieketen ontziren bat topatzeko esperantzarekin. Ez zuten lortu eta bi taldetan banatu ziren. Bi ontzietako tripulazioak, berrogei gizon inguru ziren, Vatneyrira, Patreksfjörður fiordora, heldu ziren eta han igaro zuten negu osoa. Martin Villafrancaren itsasontziko gizonak Ögurreko Ari Magnússon gobernadoreak antolatutako jazarkundearen biktima izan ziren. Gizon batek baino ez zuen biziraun sarraskitik; ihes egitea lortu zuen eta lehenengo taldeari gehitu zitzaion. Urriaren 5ean, hamahiru gizon erail zituzten Fjallaskagin,

Dýrafjörður fiordoan, gutxienez sei Æðey irlan eta hamahiru baino gehiago Sandeyrin, Ísafjarðardjúpeko badian, urriaren 13tik 14rako gauean. Guztira 32 itsasgizon baino gehiago hil ziren eta gehienen izenak ez ditugu ezagutzen. Euron gorpuak mutilatu egin zituzten eta itsasora jaurti, sepulturarik jaso gabe.

Gertakarien ostean, segituan, Jón Guðmundsson Jakintsuak, jakitun autodidakta, poeta, margolari eta sorginkeria praktikatzeagatik akusatuta zegoenak, *Benetako historia* idatzi zuen. Bertan 1615eko gertakariak deskribatu zituen, Magnússonen ekintzak gaitzetsiz eta euskaldunak itsaslapurreten, arpilatzeen eta bortxaketen akusazioetatik defendatuz. Hori idazteagatik Guðmundsson erbestera kondenatu zuten. Eta gaur arte argitaratu gabe egon den lan hau euskaraz, ingelesez eta gaztelaraz editatzen dugu orain. Urte batzuk beranduago, Guðmundssonek *Fjölmóður* izeneko poema autobiografikoa idatzi zuen, 1615eko gertakariak berriz ere bertso bidez kontatuz.

2015ean, 1615eko urriko hondamendiaren 400. urtemuga ospatzen dugu. 2015eko kongresuko prestaketa lanak duela bederatzi urte hasi ziren, 2006an, Ólafur J. Engilbertssonek Islandiako Mendebaldeko Fiordoetan dagoen Dalbaerren (Snæfjallaströnd) gai honi buruzko lehenengo kongresua antolatu zuenean. Jón Þ. Þórrek eta Veturliði Óskarssonek 2006an argitaratu ziren aktak editatu zituzten, Ársrit Sögufélags Ísfirðinga aldizkariko 46. zenbakiko alean. 2008an, Viola Migliok Islandia bisitatzera gonbidatu zuen Xabier Irujo, 1615eko hondamendiari buruzko ikerketaren bat egiteko aukerak aztertzeko eta XVII. mendeko Islandiako euskal baleazaleen gaiari buruzko konferentzia bat antolatzeko. Bidaia hartan, Strandagaldurko zuzendaria den Magnús Rafnsson historiagileak Strákatangin,

Steingrímsfjörður fiordoan, zegoen euskal baleazaleen indusketaren oinarria erakutsi zien. Tokia bisitatu zuen euskal jatorriko hirugarren pertsona zen Irujo; 2006an izen handikoa zen Henrike Knörr hizkuntzalari euskalduna izan zen toki hartan. Bi urteko prestaketa lanen ondoren eta dokumentuak bilatzeko lanetan aritu ostean, 2011an egin zen aipaturiko kongresua Kaliforniako Unibertsitatean, Santa Barbaran. Irujo eta Miglio doktoreek editatu zituzten konferentzia hartako aktak eta 2015ean publikatu ditu Barandiaran Chair of Basque Studiesek, Kaliforniako Unibertsitatean, Santa Barbaran, honako izenburupean: *Basque Whaling in Iceland in the 17th Century: Legal Organization, Cultural Exchange and Conflicts*.

2012. urtean Margrét Jónsdóttir Njarðvík, Ólafur J. Engilbertsson eta beste lagun batzuek Euskal-Islandiar Adiskidetza erakundea sortu zuten 1615eko hilketaren 400. urtemuga ospatzeko. 2014an, Irujok, Viola Miglio eta Mari Jose Olaziregirekin kontaktatu zuen, gertakarien 400. urteurrenean, Islandian, 1615eko hondamendiari eta bere ondorioei buruzko hirugarren konferentzia bat antolatzeko asmoz. Era berean, Ólafur Engilbertssonen bidez, Hólmfríður Matthíasdóttirrekin jarri zen harremanetan Irujo, Reykjavíkeko Forlagið editorialeko zuzendariarekin, eta Ólafur Engilbertssonek eta Irujok Jón Guðmundssonen *Benetako historiari* buruzko bi argitalpen egitea erabaki zuten: bata islandiarrei zuzendutakoa, *1615. Euskaldunen erailketa* izenburupean eta Már Jónssonen hitzaurrearekin, eta bestea euskaldunei zuzendutakoa, eskuartean duzun hauxe bera.

Gipuzkoako Foru Aldundiak eta Islandiako Gobernuak babestuta eta Etxepare Euskal Institutuak, Euskal-Islandiar Erakundeak, Kaliforniako Unibertsitateko Barandiaran Katedrak (Santa Barbara) eta Renoko Euskal Ikerguneak (Nevada) antolatuta, kongresuko ekintzak apirilaren 19an hasi ziren Salurinn Concert Hallen Oreka TX taldeak eskainitako kontzertuarekin; Oreka TX taldekoek Steindór Andersen, Hilmar Örn Hilmarsson eta Páll Guðmundsson musikari islandiarrekin batera jo zituzten zenbait kantu.

Apirilaren 20an eta 21ean, Islandiako Liburutegi Nazionalean, Reykjavíken, ospatutako nazioarteko kongresua.

Apirilaren 20an eta 21ean, astelehena eta asteartea, Islandiako Liburutegi Nazionalean, Reykjavíken, nazioarteko kongresua ospatu zuten. Bertan bi kontinenteetako hogei adituk, perspektiba desberdinetatik, 1615eko urrian gertatutako ekintzak ikertu zituzten; historia, alor politikoa eta legala, soziologia, hizkuntzalaritza, ekonomia eta antropologia bezalako ikerketa esparruak aintzat hartuta. Kongresuan hiru liburu aurkeztu ziren eta horrek berebiziko garrantzia du. Aurrez aipatu dugun *1615. Euskaldunen erailketa, Basque Whaling in Iceland in the 17th Century* eta, William Douglassek

Nevadako Euskal Ikasketen Zentroan argitaratutako *Basque Explorers in the Pacific Ocean* liburua, euskal diasporako ikerketa esparruan mugarria den *Amerikanuak*en 40. urtemuga ospatzeko egindako lana.

Apirilaren 22an, asteazkena, Hólmavik hiriko hondamendiaren 400. urteurrena gogoratzeko ekitaldia ospatu zen. Ekitaldi horretan, Islandiako Kultura Ministro Illugi Gunnarssonek eta Gipuzkoako Ahaldun Nagusi Martin Garitanok Islandiako Aztikeria eta Sorginkeria Museoaren aurrean biktimen omenezko plaka ezarri zuten; plakan sorginkeria praktikatzeagatik akusatu zuten Guðmundssonen *Benetako historia* laneko zati bat ageri da. Gunnarssonek, islandiar herriaren izenean, iraganeko akatsetatik ikasteko beharraz hitz egin zuen eta gertakariok etorkizunera begira Islandiaren eta Euskal Herriaren arteko harremanak sendotzeko plataforma bihurtzeko balio dezaketela adierazi zuen. Ekitaldia hondamendiko egileetako baten ondorengo Magnús Rafnssonen eta Mutrikuko (Gipuzkoa) euskal baleazaleen ondorengo Xabier Irujoren arteko besarkada sinboliko batekin bukatu zen; amaren partetik datorkio Xabier Irujori ondorengotza hori. Mendebaldeko Fiordoetako mandatari Jónas Guðmundssonek, Ögurreko Ari Magnússonen karguaren ondorengoak, 1615ean atzerritarrak hiltzeko baimentzen zuen dekretua sinbolikoki ezeztatu egin zuen eta gertakari hau lerro-buru izan zen bi astez europar prentsako albisteetan.

Guðmundssonen *Benetako historia*ren bi kopia daude eta batak eta besteak desberdintasunak dituzte elkarren artean, batez ere testuaren amaierako zatian. Bi bertsioak bat eginda erreproduzitu ditugu euskarazko, gaztelerazko eta ingelesezko itzulpenetan, hain zuzen ere bolumen honetan argitaratzen

Editoreen oharra

direnak, baina amaieran bi bertsioen amaierako zatien itzulpen osoa txertatu dugu.

Liburu hau hondamendiko biktimei egindako omenaldia da, Baskavíginen edo Islandiako euskaldunen erailketaren 400 urte betetzen direnean. Liburu hau Jón Guðmundsson lærðiri eskainitako omenaldia ere bada, benetako gertakarien berri emateagatik indarrean zegoen botere politikoari, Danimarkako koroak ezarritako legeriari eta, azken muturrean, ostrazismoari aurre egin zielako.

Nota de los editores

La víspera del 21 de septiembre del 1615 tres buques balleneros originarios de Donostia naufragaron en Islandia cuando se preparaban para partir de vuelta con el producto de una provechosa temporada de caza en el curso de la cual habían capturado y procesado once cetáceos. La de 1615 fue una buena temporada pesquera, de hecho, cuenta Juan Ignacio Iztueta en su *Historia de Gipuzkoa* (1847) que aquel año los marinos vascos que fueron a cazar ballena consumieron un total de 3.680 barricas de sidra, de a tres medidas, lo cual da una idea de las dimensiones de aquellas aventuras transatlánticas. No obstante, al final resultó un año fatal para algunos de los marinos. Una terrible tormenta sorprendió a las tres naves vascas que se hallaban en el fiordo de Reykjarfjörður de la provincia de Strandir, en Islandia. Tres miembros de la tripulación murieron ahogados y sobrevivieron unos ochenta y tres marinos.

Los tres capitanes decidieron navegar hacia el norte en pequeñas chalupas que pudieron salvar de la catástrofe siguiendo la costa de Hornstrandir con la esperanza de encontrar una nave que les permitiera abandonar el país. No lo consiguieron y se separaron en dos grupos. La tripulación de dos naves, unos cuarenta hombres, alcanzaron Vatneyri en el fiordo de Patreksfjörður donde permanecieron durante el invierno. Pero los marinos de la nave de Martin Villafranca fueron víctimas de la persecución organizada por el gobernador Ari Magnússon de Ögur. Tan sólo un hombre sobrevivió a la masacre, que consiguió huir y unirse al primer grupo. Trece hombres fueron asesinados en el cabo Fjallaskagi en el fiordo de Dýrafjörður el 5 de octubre, al menos seis en la isla de Æðey y más de trece en Sandeyri, en la bahía de Ísafjarðardjúp, la noche del 13 al 14 de octubre. En total perecieron más de treinta y dos marinos cuyos nombres nos son en su mayoría desconocidos. Sus cuerpos fueron mutilados y lanzados al mar, sin recibir sepultura.

Inmediatamente después de los hechos, Jón Guðmundsson el Sabio, erudito autodidacta, naturalista, poeta, pintor y acusado de practicar brujería, escribió el *Relato veraz*, en el que describió los acontecimientos que tuvieron lugar en 1615, reprobando las acciones de Magnússon y defendiendo a los vascos de las acusaciones de piratería, saqueo y violaciones. Por escribirla Guðmundsson sería años más tarde obligado al exilio tras ser acusado de brujería. Esta obra, que permanecía inédita en euskara, inglés y castellano, es la que ahora editamos. Años después, Guðmundsson escribió un poema autobiográfico titulado *Fjölmóður* en el que volvió a narrar en verso los acontecimientos de 1615.

Conmemoramos en 2015 el 400 aniversario de la masacre de octubre de 1615. Los preparativos del congreso de 2015 arrancaron nueve años atrás cuando cuando el historiador y director de Snjáfjallasetur, Ólafur J. Engilbertsson, organizó un primer congreso en Dalbær (Snæfjallaströnd) en coperación con Vestfirðir á miðöldum y Strandagaldur en los Fiordos del Oeste. Jón Þ. Þór y Veturliði Óskarsson editaron las actas que se publicaron en islandés en 2006 como el número 46 de la revista *Ársrit Sögufélags Ísfirðinga*[1]. En 2008 la Dra. Viola Miglio invitó al Dr. Xabier Irujo a visitar Islandia a fin de estudiar la posibilidad de realizar una investigación sobre la masacre de 1615 y celebrar una conferencia en torno al tema de los balleneros vascos en

Islandia en el siglo XVII. En el curso de este viaje, el historiador y director de Strandagaldur Magnús Rafnsson mostró las excavaciones de la base de balleneros vascos de Strákatangi en el fiordo de Steingrímsfjörður a los visitantes. Irujo era la tercera persona de origen vasco en visitar el lugar; el renombrado lingüista vasco Hernike Knorr visitó el lugar en 2006. Tras dos años de preparativos y de búsqueda de documentos, dicho congreso tuvo lugar en 2011 en la Universidad de California, Santa Barbara. Editadas por los referidos Irujo y Miglio, las actas de dicha conferencia se publicaron en 2015 por el Barandiaran Chair of Basque Studies – University of California, Santa Barbara, bajo el título *Basque Whaling in Iceland in the 17th Century: Legal Organization, Cultural Exchange and Conflicts*.

En 2012 Margrét Jónsdóttir Njarðvík, Ólafur J. Engilbertsson y otros fundaron la Asociación Vasco-Islandesa en Reykjavík con el objetivo de recordar el cuatrocientos aniversario de la matanza de los marinos vascos con un congreso, una exposición y una placa de conmemoración. En 2014, Irujo se puso en contacto con Viola Miglio y Mari Jose Olaziregi a fin de organizar una tercera conferencia en Islandia sobre la masacre de 1615 y sus consecuencias que debía tener lugar en Islandia en conmemoración del 400 aniversario de los hechos. Irujo se puso asimismo en contacto con Hólmfríður Matthíasdóttir, directora de la editorial Forlagið de Reykjavík, a través de Ólafur Engilbertsson y ambos decidieron hacer dos ediciones del el *Relato veraz*, de Jón Guðmundsson, una dirigida al público islandés titulada *1615. La matanza de los vascos* con prólogo de Már Jónsson y, una edición dirigida al público vasco, que es la versión que el lector tiene en sus manos.

Nota de los editores

Patrocinado por la Diputación Foral de Gipuzkoa y por el Gobierno de Islandia y organizado por el Instituto Vasco Etxepare, la Asociación Vasco-Islandesa, la Cátedra Barandiaran de la Universidad de California, Santa Barbara y, el Centro de Estudios Vascos de la Universidad de Nevada, Reno, las actividades del congreso comenzaron el domingo 19 de abril, con un concierto a cargo del grupo Oreka TX en la sala de conciertos Salurinn Concert Hall en el curso del cual interpretaron varios temas junto con los músicos islandeses con los músicos islandeses Steindór Andersen, Hilmar Örn Hilmarsson, Páll Guðmundsson y un cuarteto de violines.

Magnús Rafnsson y Xabier Irujo en el momento de la reconciliación simbólica.

El lunes y martes 20 y 21 de abril tuvo lugar el congreso internacional en la Biblioteca Nacional de Islandia en Reykjavík el que veinte expertos procedentes de dos continentes analizaron los hechos que tuvieron lugar en octubre de 1615 desde diversas perspectivas, histórica, político-legal, sociológica, lingüística, económica y antropológica. Se presentaron tres libros en el curso del congreso, lo cual es ciertamente extraordinario: *1615. La matanza de los vascos* anteriormente mencionado, *Basque Whaling in Iceland in the 17th Century* y, el libro de William Douglass *Basque Explorers in the Pacific Ocean* que publica el Centro de Estudios Vascos de la Universidad de Nevada en conmemoración del 40 aniversario de *Amerikanuak*, un hito en el campo de los estudios diaspóricos vascos.

El miércoles 22 de abril tuvo lugar el acto de conmemoración del 400 aniversario de la masacre en la ciudad de Hólmavik. En el curso del mismo, el ministro de cultura de Islandia Illugi Gunnarsson y el diputado general de Gipuzkoa Martin Garitano descubrieron la placa en homenaje a las víctimas, colocada frente al Museo de la Hechicería y la Brujería de Islandia, la cual reproduce un fragmento del *Relato veraz* cuyo autor fue acusado de practicar la brujería. Gunnarsson, en nombre del pueblo islandés, se refirió a la necesidad de aprender de los errores del pasado y de convertir estos hechos en una plataforma para profundizar de cara al futuro en las relaciones culturales entre Islandia y Euskal Herria. El acto concluyó con un abrazo simbólico entre Magnús Rafnsson, descendiente de uno de los actores de la masacre, y Xabier Irujo, descendiente por línea materna de balleneros vascos de Mutriku (Gipuzkoa). El comisionado de los Fiordos del Oeste, Jónas Guðmundsson, sucesor del cargo de Ari Magnússon de Ögur, derogó simbólicamente el decreto que en 1615 permitía a sus súbditos matar extranjeros, y este titular cubrió las noticias de la prensa europea durante dos semanas.

Existen dos copias del *Relato veraz* de Guðmundsson que difieren parcialmente entre sí, fundamentalmente en lo que concierne a la parte final del texto. Reproducimos ambas versiones íntegras fundidas en las traducciones vasca, castellana e inglesa editadas en este volumen, pero incluimos al final de la misma la traducción íntegra de los fragmentos finales de ambas versiones.

El presente libro es un homenaje a las víctimas de la masacre cuando se cumplen 400 años del *Baskavígin* o la masacre de los balleneros vascos en Islandia. Este libro constituye asimismo un homenaje a Jón Guðmundsson lærði quien, por dar a conocer la verdad de los hechos, se enfrentó al poder político establecido, a la legalidad vigente impuesta por la Corona danesa y, en último extremo, al ostracismo.

Editors' note

On the eve of September 21, 1615, three whaling ships coming from Donostia were wrecked off the Icelandic coast, as they were making ready for their return trip home after a very fruitful hunting season, during which they had successfully caught and processed 11 whales. Apparently, according to 19th century historian Juan Ignacio Iztueta, 1615 was a particularly successful year for sea-bound expeditions. Considering that cider was used on long voyages at sea both as a safer alternative to water (since fermentation gets rid of bacteria such as e-coli) and as a source of vitamins to combat diseases such as scurvy (since unpasteurized cider contains vitamin C^2), Iztueta says in his *Historia de Gipuzkoa* (*History of Gipuzkoa*, 1847) that the Basque seamen headed for whale hunting and cod fishing that year consumed a total of 3,680 casks of cider (measuring about 18 cubic feet each or 500 litres per barrel), which gives us an idea of the dimensions of those transatlantic enterprises.

As it turned out, 1615 was also a fatal year for some of the Basque mariners. A terrible storm surprised three Basque ships in the Reykjarfjörður fjord of the Strandir province, in the Westfjords of Iceland. Three crew members drowned and about eighty mariners survived. The ships' three captains decided to navigate away from Strandir towards the north-west in the small oar-powered *txalupas* they had managed to save from the shipwreck. They followed the Hornstrandir cape shores hoping to find a ship that would allow them to leave the country, but they found nothing seaworthy enough and split into two groups.

The crews of two ships, about forty men, reached the village of Vatneyri in the Patreksfjörður fjord, where they stayed the winter. The mariners from Martin Villafranca's crew, however, became victims of the organized persecution by Ari Magnússon from Ögur, the local governor, who was both magistrate and sheriff, as well as a powerful landowner in the area. Only one mariner was able to save himself from the massacre and join the first group. Thirteen men were killed on the Fjallaskagi headland in the Dýrafjörður fjord, on October 5th, at least six on Æðey island, and more than thirteen in Sandeyri, both locations close to Ögur farm in the Ísafjarðardjúp bay, in the night between October 13 and 14, 1615. More than thirty-two mariners died, whose names are all but unknown to us. Their bodies were mutilated, defiled, and cast into the sea's depths, without receiving a proper burial.

So as to justify the murders, Ólafur from Sandar wrote the *Spanish Stanzas* about these events and painted the Basque sailors as blood-thirsty pirates, thieves and rapists. Immediately after these events, Jón Guðmundsson *lærði*, i.e. 'the Learned', a self-taught erudite, naturalist, poet, sculptor and painter, wrote *A True Account of the Shipwreck of the Spaniards and their Slaying*, in which he described what had occurred in 1615, denouncing Ari Magnússon's actions and defending the Basque mariners of the accusations of theft, pillaging, violence and rape. He was shortly afterwards accused of sorcery and made an outlaw in his own country, because he had dared write an objective account of the 1615 events. This work, which had up to this year been unpublished in Basque, English, and Spanish, and barely survived in two manuscripts is the subject of this publication. Years later, Jón Guðmundsson wrote an autobiographical poem titled *Fjölmóður*, 'the sanderling', a bird with which he identified, in which he narrated again the events that took place in 1615, this time in verse form.

In April 2015, we commemorated the 400 anniversary of the October 1615 massacre. Preparations for the 2015 conference started nine years ago, when Ólafur J. Engilbertsson organized a first conference on this topic in 2006, in Dalbaer (Snæfjallaströnd), in the Westfjords of Iceland. Jón Þ. Þór and Verturliði Óscarsson edited the conference proceedings that were published in Icelandic in 2006 as number 46 of the journal *Ársrit Sögufélags Ísfirðinga*. In 2008, Dr. Viola G. Miglio of the University of California, Santa Barbara and University of Iceland invited Dr. Xabier Irujo to visit Iceland in order to carry out a study of the 1615 massacre and organize a conference on Basque historical whaling in Iceland in the XVII century. During this trip, Westfjord historian and archaeologist Magnús Rafnsson showed the visitors the excavation of a (possibly) Basque whaling station at Strákatangi, in the Steingrímsfjörður. Dr. Irujo was the third Basque to visit that place; the well-known and respected Basque linguist Hernike Knorr was there in 2006. After two years of preparations and search for relevant documentation, that conference took place in 2011 at the University of California, Santa Barbara. A volume edited by Irujo and Miglio, which collected some of the papers read at the 2011 conference and other articles by historians and philologists was published in 2015 jointly by the Barandiaran Chair of Basque Studies/UCSB and Strandagaldur, the publisher for the Museum of Sorcery and Witchcraft in Hólmavík, in the Westfjords of Iceland, with the title *Basque*

Editors' note

Whaling in Iceland in the 17th Century: Legal Organization, Cultural Exchange and Conflicts.

In 2012 Margrét Jónsdóttir Njarðvík, Olafur J. Engilbertsson and others created the Basque-Icelandic Association with the goal of commemorating the four hundred anniversary of the Basque whaler's massacre in 1615. In 2014, Dr. Irujo contacted both Dr. Miglio and Dr. Mari Jose Olaziregi so as to organize a third conference in Iceland on the 1615 massacre and its consequences, aimed at commemorating the 400th anniversary of these violent events. Dr. Irujo also contacted Hólmfríður Úa Matthíasdóttir, director of the Reykjavík publisher Forlagið through Ólafur Engilbertsson, and they decided to produce two editions of *A True Account* by Jón Guðmundsson: one aimed at an Icelandic readership entitled *1615. The Killing of the Basques* with an introduction by Icelandic historian Már Jónsson and one for the Basque and international readership, which is what you are holding in your hands.

Supported by the Gipuzkoa Local Government (Gipuzkoako Foru Aldundia), the Government of Iceland, and organized by the Etxepare Basque Institute, the Basque-Icelandic Association, the Barandiaran Chair of Basque Studies at the University of California, Santa Barbara, and the Center for Basque Studies at the University of Nevada, Reno, the commemorative activities started on April 19th, with a concert by the Basque group Oreka TX at the Salurinn Concert Hall in Reykjavík, during which they performed various pieces together with the famous Icelandic musicians Steindór Andersen, Hilmar Örn Hilmarsson and Páll Guðmundsson.

On Monday and Tuesday, April 20 and 21, the international conference took place at the National Library of

Iceland in Reykjavík, in which twenty experts spanning two continents analysed the events that took place in October 1615 from different perspectives. Various facets of the historical, political, legal, sociological, linguistic, economic, and anthropological implications of the events were systematically analysed. Three books were also presented at the conference, an amazing feat in and of itself: the two books mentioned above, *Basque Whaling in Iceland in the 17th Century* and *1615. The Killing of the Basques*, and the book by William Douglass *Basque Explorers in the Pacific Ocean*, published by the Center for Basque Studies at the University of Nevada and commemorating the 40th anniversary of another book, *Amerikanuak*, a pivotal point in the field of Basque diaspora studies.

On Wednesday April 22, 2015, the actual commemoration of the 400th year from the massacre took place in Hólmavik, in the Westfjords. During this event, the Icelandic Minister of Culture, Illugi Gunnarsson and the Deputy General of Gipuzkoa, Martin Garitano, unveiled the monument set up as a homage to the victims in front of the Museum of Sorcery and Witchcraft. The monument consists of a plaque reproducing a fragment of *A True Account* by Jón Guðmundsson, who was also accused of sorcery. Gunnarsson, on behalf of the Icelandic people, mentioned the need to learn from past mistakes and turn these bloody events into a platform to deepen future relations between Iceland and the Basque Country. The event was concluded by a symbolic embrace between Magnús Rafnsson, a descendant of one of the participants in the massacre, and Xabier Irujo, a descendant of Basque whalers from Mutriku (Gipuzkoa). The Commissioner (*sýslumaður*) of the Westfjords, Jónas Guðmundsson, successor of the public post held by Ari

Editors' note

Magnússon from Ögur in the XVII century, symbolically abolished the decree that in 1615 allowed the citizens of the Westfjord to kill the foreigners unpunished, a headlines that was covered in the European press for two weeks.

From left to right, Commissioner of the West Fjords Jónas Guðmundsson, minister of culture of Iceland Illugi Gunnarsson and, deputy general of Gipuzkoa Martin Garitano. All three wearing the traditional Basque beret.

There are two extant manuscripts of *A True Account* by Jón Guðmundsson and they differ partially one from the other, fundamentally in the details of the final section of the text. We are here reproducing both original versions in their entirety; the versions are first fused together in the Basque, English and Spanish translation published in this volume, but at the end, we also publish both original final sections separately.

This volume is a homage to the victims of the massacre, now that 400 years have passed from the *Baskavígin*, the killing of the Basques. This book is also meant as a homage to Jón Guðmundsson lærði, who, in reporting what had happened objectively, dared antagonize the political establishment of his time, reveal the contemporary laws imposed by the Danish Crown as unjust, and fight against the ignorance and isolation in which he was plunged by the current socio-cultural climate of his time.

Jón Guðmundssonek marrazturiko balea. Islandiako historia naturala. Signatura. JS_401_XI_4to. Islandiako Liburutegi Nazionala. Handrit.is.

Hitzaurrea
1615eko euskal baleazaleen sarraskia

Jón Guðmundsson lærði, XVII. mendeko kazetaria eta heterodoxoa

1615eko irailaren 20an, San Mateo jai egunaren bezperaz, euskal baleazaleek izotzaren eta ekaitzaren eraginez ontziak galdu zituzten Trékyllisvík fiordotik gertu. Horren ondorioz, zenbait ekintza gertatu ziren, urrian gertatutako sarraskian eragina izan zutenak: hogeita hamabitik gora itsasgizon modu bortitzean hil zituzten eta euron gorpuak, laurdenkatuta, ez zituzten inoiz lurperatu.

Gertakariak Jón Guðmundssonek kontatu ditu, sarraskiko protagonistengandik jasotako lekukotzetatik abiatuta. Horietako batzuk Árnesko[3] (Trékyllisvík) parrokiako Jón Grímsson kapilau agurgarria eta bere bost gertuko auzokide ziren; sarraskian parte hartzera derrigortu zituzten beste batzuekin batera, "eta bueltan erasoko albisteak eta sarraskia gertatu zen moduaren berri eman ziguten, hemen kontatzen den bezala". Eta Guðmundssonek lekukotzen balioa azpimarratu zuen honakoa baieztatzean: "Jainkoak berak ere badaki egia dela", gizon hauek gertakari latzak burutu zituztela, "baina, hala ere, euron lekukotza arrazoi askorengatik duina da", batez ere euron lekukotza informazio iturri nagusia zelako. Guðmundsson bera izan zen narratzen dituen pasarte batzuen lekuko zuzena; esaterako, baleazaleak iritsi ziren unekoa eta 1615eko Strandirreko ehiza kanpainarenekoa.

Edukia eta formatuagatik eta baita *Sönn frásaga* edo *Benetako historia* lanaren konposizioagatik, Guðmundssonen idazkia kazetaritza praktikaren lehen adibidea dela esan daiteke. Egileak berak adierazten duen modura, gertakariak benetan gertatu zenaren berri emateko asmo bakarrez deskribatu zituen, "gizon otzanen" narrazio interesatuari erantzunez. Gizonetako hiru sarraskia akuilatu zuen Ari Magnússon (1571-1652) ondasundunaren maizterrak ziren eta "euskaldunen aurkako jarrera erakusten zuten, batez ere [Martin] Villafrancaren ontzi handian zihoazenekikoa". Horiek izan ziren, ondoren, gertakariak "desitxuratu" zituztenak, "Ariren gizonei zegozkien gertakariak edertuz eta hobetuz". Eta egileak honakoa azpimarratzen du: "Nik gertakari hura eta haren albisteen erretratua egin nahi dut, bere kontakizunetik abiatuta, ahalik eta gehien egiari lotuta egoten, nahiz eta agerian esaten dudan zatarrena dena beti ezkutatuko dudala eta ez dudala inoiz dena kontatuko".

Jarraian azaltzen diren arrazoiek erakusten dutenez, Guðmundssonen *Benetako historia*k aurrea hartu zion kazetaritzaren praxiari kazetari lanbideko kode deontologikoan: 1) Bere asmoa benetako informazioa eta objektiboa ematea da, 2) Zenbait informazio iturri alderatzen ditu, 3) Informazio hori lortzeko lan arduratsua egiten du, 4) Informazioa filtratu egiten du, egiazko albisteak identifikatuz eta zurrumurruak edo konfirmatu gabeko informazioak albo batera utziz, 5) Informazio iturri zuzenetan oinarritzen du bere narrazioa, 6) Ez du iritzi pertsonalik ematen, 7) Gertakarien gaineko zenbait bertsio daudela adierazten du, 8) Etekin pertsonalei uko egiten die eta egia kontatzea erabakitzen du, hori zuzenean bere aurka joanagatik ere, 9) Sarraskian inplikatutako batzuen nortasuna eta ohorea errespetatzen ditu, gertakariari buruzko berariazko xehetasun gordin batzuk isilean gordeko dituela esatean eta 10) Gertakariak jazo eta berehala idazten du kontakizuna[4].

Modu berean, Guðmundssonek kazetari garaikide baten moduko ezaugarri asko ditu. Beste jendearenganako eta beste arrazoiekiko eta kulturekiko jarrera irekia zuen. Tolerantea eta humanitarioa zen eta propaganda eginez edota egia ezkutatuz gorrotoa eragiteko informazioa sortzen zutenen aurka agertu zen. "Entzun ezazue nahi duzuenok eta ez iezaiozue jaramonik egin nahi ez duzuenok" esatean, aipaturiko kode etikoa laburbiltzen eta berresten du egileak. Esandako honi guztiari beste honakoa ere gehitu behar zaio, Guðmundssonek *Benetako historia* 1615eko neguaren eta 1616ko udaberriaren artean idatzi zuela, alegia, gertakariak jazo eta berehala. Honengatik guztiagatik informazio iturri historiko oso ona dela ondorioztatzen dugu, dudarik gabe 1615eko gertakariak argitzen lagun dezakeen iturri garrantzitsuena.

Jón Guðmundsson Ófeigsfjörðurreko Strandir barrutian jaio zen 1574an, Islandiako ipar-ekialdean sartzen den penintsulako ekialdeko kostan, Vestfirðir izenez ezaguna den zonaldean, Mendebaldeko Fiordoetan, alegia. Ezbairik gabe, garaiko pertsonaia garrantzitsuenetarikoa da: jakingura zuen gizona, inteligentea eta talentu handikoa. Horregatik, informazio iturriek *lærði* edo jakintsua, *málari* edo margolaria eta *tannsmiður* edo hagin zizelkaria izenez bataiatu zuten; azken honek baleen eta mortsen haginetan objektuak lantzen dituen pertsonari egiten dio erreferentzia[5]. Izan ere, berak egindako baleen eta itsasoko zenbait animaliaren marrazkiek behaketarako zuen gaitasuna erakusten dute eta baita arterako zuen abilezia ere. Zinez, "Berpizkundeko gizona" zen Guðmundsson: aurpegi askoko gizona eta giza jakintzaren esparru askotan interesa zuena. Horregatik, hainbat dokumentu utzi zituen, gaur arte iraun dutenak, euskal baleazaleen gaineko *Benetako kontakizunetik* hasi eta naturari buruzko tratatuetara, kritika literarioetara, literaturara eta antzinako mitologia nordikora iritsi arte[6].

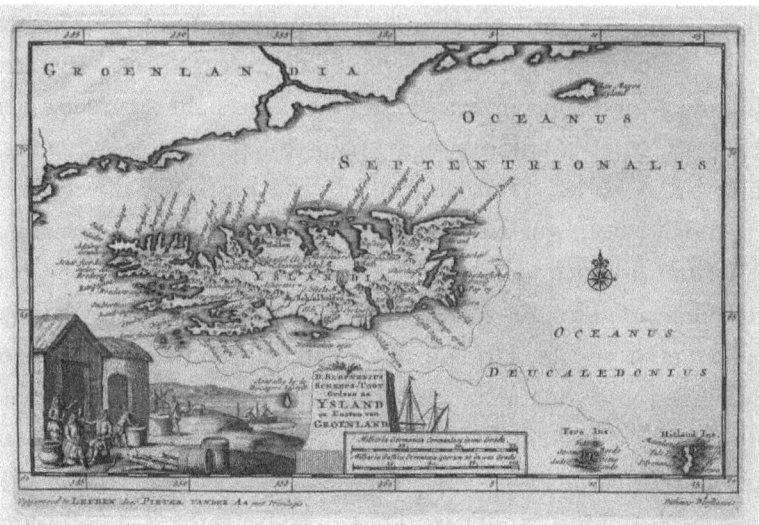

1706an, Pieter Van der Aak egindako Islandiako mapa kartografikoa. Ezkerreko beheko izkinan, bakailaoketari estazioa irudikatzen duten bi marrazki ageri dira eta Strákatangin Magnús Rafnssonek eta Ragnar Edvardssonek ikertutako indusketa arkeologikoen aztarnen antza dute. Mapak, eskuineko goiko aldean, beste honako marrazkia ere badu: "Anno 1613 by de Biscayers beseylt". Eta hori Islandian euskal baleazaleak gutxienez 1613tik egon zirela frogatzen duen beste datu bat da. Landsbókasafn Íslands - Háskólabókasafn Islandiako Liburutegi Nazionaleko baimenarekin. Islandskort.is.

Guðmundsson aitaren parteko Hákon Þormóðsson aitonak hezi zuen, Steingrímsfjörðurreko fiordoan dagoen Ós izeneko tokian, hain zuzen ere Magnús Rafnsson eta Ragnar Edvardsson arkeologoek XVII. mendeko euskal baleazaleen geltokiko indusketa lanak egin zituzten toki berean. Jón lærðik amaren parteko aitonarekin ere gertuko harremana izan zuen, Indriði Ámundason agurgarriarekin; beharbada, berak transmititu zion ilobari katolizismorako kidetasuna, tendentzia hori erabat arriskutsua zen sasoian, alegia, Islandiako Erreforma ezarri osteko urteetan[7]. Europako beste zonalde askotan bezala, Islandiako Erreforma XVI. mende erdialdera jarri zen indarrean. Izaera politiko indartsua zuenez, Danimarkako Koroak irlako Eliza Katolikoaren ondasunak bereganatzea ahalbidetu zuen eta, horrela, Koroaren botere politikoa indartu egin zen. Bahituta zeuden lurralde hauetako administratzaileak Islandiako lurjabe boteretsuenak bihurtu ziren eta funtzio administratiboak judizialekin batera bete behar zituzten, Ögurreko Ari Magnússonen kasuan bezala; Mendebaldeko Fiordoetan Ísafjarðardjúp eta Strandir barrutietako gobernadore kargua betetzen zuen eta bera zen autoritate judiziala ere.

1601. urte inguruan, Guðmundsson Sigríður Þorleifsdóttirrekin ezkondu zen eta seme bat izan zuten: Guðmundur Jónsson. Beranduago, artzaina izan zen bere semea. Guðmundssonek urrutiko lotura zuen estatus soziala eta politikoa zuten familiekin, baina ez zuen inoiz herentziarik jaso eta ez zuen dirutzarik egin ere. Lurrari lotutako bere lanak ematen zion errentatik bizi zen. Bere idazkiei esker dakigu, bera hezi zen etxeetan liburuak zeudela eta liburu horiek eta eskuizkribuak erabiliz ikasi zuela irakurtzen eta idazten. Seguru aski, alemana eta daniera ikasi zituen eta latina inoiz ikasi ez zuela adierazi zuen arren, eskuidatziotan latinari egiten dizkion erreferentzia gehienak zuzenak dira. Gainera, margolaritzarako eta eskulturgintzarako talentua zuen, xehetasunentzako begi ona eta naturarekiko berebiziko interesa, baita poesiarekikoa ere. Horregatik, Hermannssonek honakoa esan zuen: "Bere garaiko poeta onenetarikoa", nahiz eta bere poema batzuek baino ez duten iraun. Ez zaizkigu bere pinturak eta eskulturak iritsi, bere *Islandiako Historia*

Naturala laneko marrazkiak izan ezik[8]. Guðmundssonek landareen ezaugarri sendagarriak ezagutzen zituen eta baliabide horiekin jendea sendatzeko gaitasuna zuela uste da.

Bere alderdi zientifikoaren beste muturrean jarrita, iratxoetan eta ezkutuko pertsonetan sinesten zuen eta azpimunduko izaki ztonikoei buruzko tratatua idatzi zuen, adieraziz izaki hauek botere magikoak zituztela eta gizakion antzekoak zirela; izakiok ez zuten arima hilezkorrik eta horregatik deabruarentzako harrapakin errazak ziren. Bere idazkietan adierazten duenez, Guðmundssonek bertsoak errezitatuz "fantasmak deskantsuan jartzeko" gaitasuna zuela uste zuen, jendeari traba edota mehatxu egiten ziotenean. Bertso horietako batzuk gaur arte iritsi zaizkigu; esaterako, *Snæfjallavísur* izenekoa. Ideia hauek heretikotzat hartzen ziren eta Guðmundsson tokiko botere erlijiosoarekin aurrez aurre jarri zen, gizon eta emakume asko sorginkeriagatik akusatuak izan ostean suan erretzen zituzten garaian[9].

Sorginkeriagatik akusatu zuten eta 1635ean "legez kanpoko" izendatu zuten Alþingik edo islandiar parlamentuak. Kopenhagera joan zen erbestera absoluzioa eskatzeko, baina 1637an sententzia konfirmatu egin zuten. Naturalista, kopista eta marrazkilari bezala ukaezinak ziren gaitasunak zituenez, Brynjólfur Sveinsson gotzainak babestu egin zuen eta, seguru aski, arrazoi hori zela medio utzi zuten bizirik eta ez zen joan kartzelara. Hala ere, bere jakin-mina, ikasteko eta zuzentasunerako zuen maitasuna eta bere zintzotasuna erbestealdiarekin saritu zuten; Islandian eta Danimarkan egon zen aldi batzuez espetxean eta bizitza osoan muturreko pobrezian bizi izan zen, karitatean bizi behar izatera heldu arte, muturreko egoera horretara heldu arte, alegia. Mendebaldeko Fiordoetatik Snæfellsneseko penintsulara lekualdatu zen eta hortik Kopenhagera joan zen,

Islandiako hego-ekialdera. Azkenik, 1658an hil zen Islandiako ekialdeko fiordoetan, bere semearengandik gertu, 84 urte zituela.

Gaur egun, Guðmundsson Islandian arras ezaguna bada ere eta bere talentua behar den bezala ezagutzen bada ere, komeni da aipatzea XVII. mendean eta XVIII. mendeko zati handi batean bere balioa ez zutela aintzat hartu. Egia da, bere garairako, jada, Jón lærði edo "Jon Jakintsua" izenez ezagutzen zela eta 1792an Snorri Björnsson agurgarriak, bere *Benetako historia* eskuizkribua kopiatzean, "Jon Jakintsua" izenez aipatu zuela Guðmundsson. Haatik, Jón Espolin magistratu eta urte liburuen idazle entzutetsuak (1769-1836) lærðiren izen txarra zabaltzen lagundu zuen, panfletoan 1615eko sarraskian Sandarreko artzain Ólafur Jónssonen aurkari modura aurkeztuz; Ólafur Jónsson *Spænsku vísur* edo *Bertso espainiarrak* izeneko lanaren egilea zen eta bertan euskal baleazaleak gaizkile modura aurkezten dira. XIX. mende bukaeran hasi zen Jón lærðiren irudia berreskuratzen, Ólafur Davíðssonek (1862-1903) egindako ikerketa batetik abiatuta. Berak, 1895ean, Espolin kritikatu zuen 1615eko sarraskiari buruzko Ólafur Jónssonen bertsioa sinestarazteagatik. Davíðssonek honakoa esanez ondorioztatu zuen: Guðmundsson euskaldunen alde jartzen ausartu zela, historia inpartzialki kontatu zuelako eta, aurre egin zien autoritateen boterea kontuan izanda, Ari Magnússon eta bere jarraitzaileen ekintzen aurkako ahots bakarra izan zela, inor egitera ausartu ez zen modura[10].

Hitzaurrea. 1615eko euskal baleazaleen sarraskia

Testua

Testua ikerketa historiko eta estilistiko batetik behatuta eta baita kodeari erreparatuta ere, Jónas Kristjánssonek *Sönn frásaga* edo *Benetako historia* lanaren egilea zela ondorioztatu zuen 1950ean, eta baita *Fjölmóður* edo *Sumintasun handia* poema biografikoarena ere. Era berean, Kristjánssonek erabaki zuen *Benetako historia* 1615etik 1616rako neguan osatu zuela, bi toki aipatzeko aditza orainaldian erabiltzen duen modua seinalatuz. Zalantzarik gabe, gertatutako ekintzen gertutasuna erakusten du horrek[11]. Bestalde, "hemendik hegoekialderako norabidean" bezalako adierazpideek Stóru-Avíken bizi zela pentsatzera garamatzate, alegia, Mendebaldeko Fiordoetan zuen bere ohiko bizilekuaren inguruetan.

Jón Guðmundssonen *Benetako historia*ren bi kopia mantendu dira. 1950ean, Jónas Kristjánssonek obra hau editatu zuen eta Möllerrek argitaratu zuen Kopenhagen. Kristjánssonek berak kontatzen duen modura, *Benetako historia*ren bere edizioaren hitzaurrean, lana galtzeko zorian egon zen. 1699ko udazkenean, Skúli Ólafssonek 1615eko sarraskiaren gaineko eskuizkribua lortu zuen eta Árni Magnússon liburu-saltzaileari eman zion, ez zuelako bidaltzeko beste ezer. Hori horrela izanik, "kuriositate modura" bidali zion Mendebaldeko Fiordoetako euskal baleazaleen erailketari buruzko kontakizuna, "botatzeko zituen paperen artean" topatu zuelako[12].

*Benetako historia*ren lehenengo bertsioa, Kristjánssonek izendatu zuen bezala, A bertsioa da: JS 246 4to (72r–79v. orr.), Húsafelleko Snorri Björnsson agurgarriak 1792an kopiatu zuena esanez, "Jón Guðmundsson jakintsuaren eskuizkribuak jarraitu egiten du".

Jón Guðmundssonen Benetako historia idazkiaren lehen orrialdea. Islandiako Liburutegi Nazionalean gordeta dagoen idazki hau 1760an jatorrizko idazkiaren kopia da. Jón Guðmundsson, Um Íslands aðskiljanlegu náttúrur (Lbs 1430 a 4to). Landsbókasafn Íslands - Háskólabókasafn / handrit.is

Hitzaurrea. 1615eko euskal baleazaleen sarraskia

Testu hau hobeto kontserbatu da, baina sarrera falta zaio eta amaierako kapitulua laburragoa da eta, horrenbestez, Martin Villafrancaren gizonen hilketari buruzko xehetasun gutxiago ematen ditu.

Eskuizkribuaren B bertsioa kalitate txarragokoa da, baina sarrera eta kontakizunaren hasiera ditu eta Sandeyriko sarraskiari buruzko deskribapen luzeago baten ondorioekin zarratzen du kontakizuna[13].

Argitalpen honetarako biak hartu ditugu, eskuizkribuaren A eta B bertsioak, 1950ean Kristjánssonek transkribatu zituen modura. Alabaina, Kristjánssonek, 1950eko bere edizioan A eta B bertsioak batuta egindako bertsioa argitaratu zuen, zati bakoitzaren jatorria zehazten zuten oin-oharren bidez. Bertsio honetan, aldiz, bi bertsioak kontakizunaren amaieran, banatuta, txertatzea nahiago izan dugu.

Guðmundssonen *Benetako historia* balore historiko, linguistiko eta literario handia dituen testua da. Gure argitalpenean egilearekin justizia egin nahi izan dugu, jatorrizko testua lehen aldiz euskarara, gaztelerara eta ingelesera itzultzean. Ingelesezko testua Viola Miglio Doktoreak itzuli du, zuzenean islandierara. Gaztelerazko testua Hólmfríður Matthíasdóttirrek itzuli du, islandierazko jatorrizkotik zuzenean. Euskarazko testua Ane Undurragak itzuli du, ingelesezko eta gaztelerazko itzulpenetatik.

Honenbestez, egilearen hitzetako batzuen ideia hartzen dugu esateko: "Duela 400 urte gertatutakoa jakitea nahi duenak irakur dezala idazki hau eta gertatutakoa ardura ez zaiona libre dela gaiaz ahazteko".

Jón Guðmundsson

Euskal baleazaleen lehenengo bidaiak Islandiara

Ternuako uretan baleak ia iraungita zeudenean, euskal baleazaleak zetazeoetan aberatsak ziren urak deskubritzen hasi ziren. Trausti Einarssonek kontatzen duen modura, litekeena da euskaldunak Islandian 1604. urtetik egotea. Eta Ballaráko urte liburuek erregistratu dutenez ere, Strandir eskualdean "espainiarrak" 1608tik daude. Skarðsáko urte liburuek Mendebaldeko Fiordoetako balearen ehizaren hasiera 1610. urtean jartzen dute eta baleazaleen presentzia 1611. urtean[14].

Holandako esploratzaileak Svalbardeko kostara 1596an iritsi ziren, komertziorako ibilbide berri bila, eta 1607an Henry Hudsonek irla horietan zegoen balea arrantzatzeko aukera handia deskubritu zuen. 1555ean sortutako Muscovy Companyk 1611ko udaberrian zonaldera bi ontzi bidaltzea erabaki zuen[15]. Donibane Lohitzuneko sei itsasmutil kontratatu zituzten itsasgizon ingelesei balea ehizatzeko eta olioa prozesatzeko teknikak erakusteko helburuz. Nahiz eta kanpaina ez zen probetxugarria izan, konpainiak handiagoak ziren beste bi barku bidali zituen 1612an. Eta horiekin batera beste bi galeoi ere joan ziren: bata holandarra eta bestea Donostiakoa. Oparoa izan zen ehiza eta 1613ko martxoaren 30ean Mucovy Companyk Ingalaterrako erregeak eman zion arrantzarako baimen esklusiboa lortu zuen; Ingalaterrako erregeak irla horien inguruan balea ehizatzea debekatu egin zien beste nazio batzuei. Donostia hiriko ordezkariak Gipuzkoako Juntetxean kontatu zuen bezala, Ternuan balerik ez egoteak baleazaleak zetazeo bila Norbegiako uretara joatea eragin zuen eta 1613an hamar ontzi donostiar iritsi ziren: "Duela urte askoko Gipuzkoako Probintzia Noble eta Leial honetako auzokideak, euren naoetan, Ternuara baleak ehizatzera joatera ohituta zeuden. Eta haiek falta izanda, etengabeko nabigazioari zegozkionak, hutsegite handiak izan dituzte itsasturiek. Eta horiek saihesteagatik euren diskurtsuak sortu zituzten eta bale haiek iparralde aldera pasatu zirela jakin zuten, Norbegian, nabigazioa motzagoa eta errazagoa zelako. Eta, horrela, urte honetan aipaturiko nabigaziora joan ziren, Donostia hiriko portutik aterata, hamar nao, hiriko bertakoak eta Probintzia honetako beste batzuk zihoazelarik. Eta euren bidaia egitea lortu zutenean, Norbegiako portura iritsi ziren gure naoak eta euren arrantzaldia egiteko beharrezko tresneria atera zuten eta beharrezko neurriak hartu zituzten. Eta denbora honetan esandako portuetara armaturiko nao ingelesak iritsi ziren eta gureei esandako tresneria hartu zieten, eta arrantzatu ezinik utzi zituzten eta esandako portuetatik bota zituzten[16]".

1613ko urte horretan Martin Mandiolaza eta Cristobal Eguzkiza Gipuzkoako Juntetxean kexuka aritu ziren itsasontzi ingelesen jarreagatik, ur horiek kontrolatzeko aitzakiarekin "Probintzia honetakoei tresneria kendu zietelako eta esandako arrantza egitea saihestu, portuetatik botaz, sekulako penaz, eta berrogeita hamar mila dukat baino gehiagoko kalteak izan dituzte armazoietan eta munizioan[17]".

1614an, zazpi itsasontzi ingeles gehiago joan ziren Svalbardera Lapurdiko hogeita lau itsasgizonekin. Amsterdameko merkatariek bi itsasontzi bidali zituzten Donibane Lohitzuneko hamabi itsasgizonekin eta hiru itsasontzi hiri honetatik atera ziren; horietatik bat Muscovy Companyren lizentziarekin. Bi ontzi atera ziren Bordeletik eta La Rochelletik (Frantzia) eta gutxienez zortzi ontzi Donostiatik.

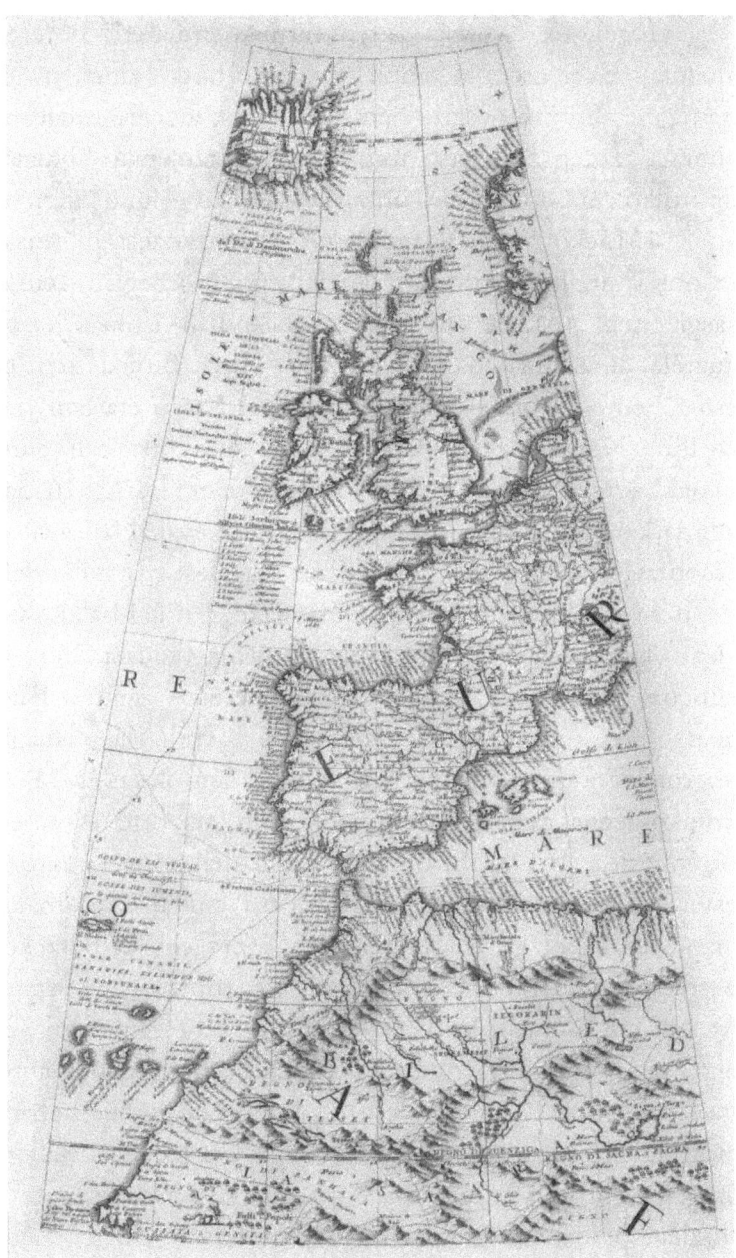

Gipuzkoatik Islandiara bide luzea eta arriskutsuari aurre egiten zieten euskal baleazaleek. 1688ko Vincenzo Coronelliren mapa. Islandiako Liburutegi Nazionaleko baimenarekin. Islandskort.is.

Ingelesek, eurek zuten armamentuaren botereaz baliatuta, Svalbardeko ontzi guztiak bota zituzten eta arrantzan zebiltzan ontziak bahitu zituzten, ingeles erregearen baimena zuten ontziak izan ezik[18]. Itzulerako bidaian, Lapurdiko eta Gipuzkoako ontziak Islandian gelditu ziren.

1615eko udan, danimarkar gerraontziek bi euskal itsasontzi atxilotu zituzten Kjelviken, Norbegian, euskal itsasgizonek, 1613an eta 1614an, Islandian istiluak eragin zituztela akusatuta. Bata Agurtzane Ama Birjina zen eta bestea Pedro Deun. Jabeetako bi, Migel Eraso eta San Juan del Puy, Kopenhagera joan ziren 1616ko otsailean euren ontziak erreklamatzera[19]. Erasok eta Del Puyk, 1613an, danimarkar agintariei honakoa esan zieten: euskal baleazaleen itsasontzi asko zeudela Islandian, ingelesek Svalbardeko uretan zetazeoen arrantza ukatu zietelako. Euskal baleazaleek balea ehizatzeko eta Siberiatik zetorren egurra biltzeko baimena "Ariasman" izeneko tokiko bertako agintari batek eman zien, seguruenera Ögurreko Ari Magnússonen gobernadorea izango zenak; "Ariasman" Erasok eta Del Puyk jarritako izena zen. Ez zen tokikoekin arazorik egon eta, horrenbestez, 1614an bi ontziek, Donostiako eta Lapurdiko beste zortzirekin batera, berriz lortu zuten Ariasmanek emandako lizentzia: balea ehizatzekoa eta egurra biltzekoa. Erasok eta Del Puyk euren ontzietako tripulazioak "etxeak erre eta emakumeak bortxatu zituela" ukatu egin zuten eta baita "lapurretan egin zutela, ostu zutela edota jendea euren etxeetatik bota zutela" ere. "Tripulazioa bi herritan lehorreratu zen eta ogia, sagardoa, olioa eta balearen haragia, sopa eta produktu gehiago oparitu zieten herritarrei[20]". Ontzietako jabeek danimarkar agintariei eman zieten informazioaren arabera, 1614an Donostiako baleazaleen itsasontzi bat abordatu zuten ontzi piratek. Horregatik, pentsa daiteke kalteak eragin zituztenak ontzi piratak izan zirela, alegia, islandiarrek Kopenhagen agintari danimarkarren aurrean salatu zituzten kalteen egileak.

Gutun hauetako datuak Jón Guðmundssonek *Benetako kontakizunean* ematen duen informazioarekin bat datozela ondorioztatzen da. 1613an eta 1614an, urte horietan jarraian, balea-olioa biltzeko Gipuzkoatik eta Lapurditik zetozen euskal baleazaleak Mendebaldeko Fiordoetako kostara joan zirela esan daiteke. 1613ko Skarðsáko urte liburuek informatzen dutenez, hemezortzi baleontzi arrantzan ari ziren Islandian eta zenbait tokitan arpilatzeak egin zituzten. Hala ere, Sjávarborgeko urte liburuek 1613ko euskal baleazaleen jarrera kaltegabea izan zela azpimarratzen dute[21] eta Guðmundssonek honakoa idazten du 1613an: "itsasontzien aingurak bota zituzten lehenengo udan" Juan eta Martin Argarate (Jóhann eta Marteinn de Argaratte) ezagutu zituela, "ezer ostu gabe eta inolako liskarrik eragin gabe nabigatu zutela itzulerakoan" eta honakoa berresten du: "hori hemengo jendeak entzun nahi izango balu jakingo lukeen zerbait da". Urte batzuk beranduago, 1649ko *Fjölmóður* poema autobiografikoan Guðmundssonek honakoa errepikatu zuen: 1613an, euskal baleazaleen ontzi bat Kaldbaksvíken lehorreratu zela eta Ögurreko Ari Magnússon gobernadorearen baimena lortu zuela Steingrímsfjörður fiordoan ehizatu ahal izateko. Urte hartako ehiza denboraldia bikaina izan zen. Hamazazpi bale harrapatu zituzten guztira eta hori neurri batean herrikoen kolaborazioari zor zieten, euskal baleazaleekin kolaboratu baitzuten tokikoek. Horietako bat Ólafur agurgarria izan zen[22]".

Guðmundssonen lekukotzarekin bat etorriz, 1614ko udaberrian Gipuzkoako eta Lapurdiko hogeita sei itsasontzi prestatuta zeuden Islandian balea ehizatzeko, nahiz eta ontzi

Hitzaurrea. 1615eko euskal baleazaleen sarraskia

ingelesek flota bidean atzeman zuten eta hamarrek baino ez zuten lortu Islandiako iparekialdeko kostara iristea. Itsasontzi asko Steingrímsfjörðurrera joan ziren eta beste batzuk zertxobait iparralderago amarratu ziren. Itsasontzietako batzuk Lapurditik zetozen eta horiek Kongs-Eyjarren gelditzea erabaki zuten. Probetxuzko denboraldia izan zen, barku bat galdu zen arren. Sjávarborgeko urte liburuek 1614an baleazaleak "Mendebaldeko Fiordoetan txahalak eta ardiak lapurtzen hasi zirela eta jendea beldurtzen hasi zirela dirua kentzeko[23]'" esaten badu ere, Guðmundssonek euskaldunen eta islandiarren arteko laguntasunezko harreman estuaz hitz egiten du bere *Fjölmóður* poema autobiografikoan, hein batean Ólafur agurgarriaren lanari esker; uda horretan bertan hil zena. Egileak kontatzen du balearen arrantza gutxitu egin zela eta apaizaren zaintzarik gabe gazte batzuk baleazaleen ontziak lapurtzen hasi zirela. Eskualde honetan Ari Magnússonek barkatu zituen gaizkileak bizi ziren; hutsik zegoen Islandiako Iparraldeko zonaldea jendez betetzeko delituak barkatu zizkien gaizkileak ziren. Horiek "ez zuten ezer eta inor errespetatzen". Lehenengo lapurretak egin zituzten berak ziren. Tentsioa gehituz joan zen eta "gezurraren zerbitzariek ordeztu zituzten zintzoak zirenak eta euren burua justizia egiletzat hartu zuten". Magnússonek gipuzkoarrak legez kanpoko izendatu zituen eta horrek heriotza zigorra zekarren. Irizpen hori egin zion Lapurdiko ontzietako tripulazioari eta sekretua isilpean mantentzeko agindua eman zion. Hala ere, horko tripulaziokoek segituan jarri zituzten euren lagunak erne. Gipuzkoarrek eta Magnússonek trukatu zituzten elkarren artean gutunak, baina gobernadoreak ez zuen onartu gipuzkoarrek eskaintzen zioten zilarrezko txanpon kantitatea hamarrena deitzen zen balearen zerga ordaintzeko. Barkuetako bat besteak baino denbora gehiagoz egon zen toki hartan eta kapitainak hango biztanleak mehatxatu zituen, gazteak kristau ikasbidera eramanez doktrinatuko zituela esanez; seguruenik, katolikoak ez izateagatik ustelduta zeudela argudiatuz. Alabaina, Guðmundssonen bitartekari lanei esker susto bat baino ez zen izan mehatxu hori[24].

1615eko kanpaina

Islandia 1602-1786 urte bitartean danimarkar Koroak kontrolatutako eremua izan zen eta monopolio komertziala ezarri zuen[25]. Christian IV monarkak, 1588an inbestitu zutenak, Islandiako iparraldean egon ziren euskal baleazaleen arrantzari buruzko albisteak izan zituen eta, Koroak irlan zuen monopolioa babesteko helburuz, 1615eko apirilaren 30ean honakoa dekretatu zuen: "Iazko udan euskaldunak eta beste herritartasun batzuetako jendea gure uretan eta gure koroaren inguruko Islandiako zonaldean balea ehizatzen aritu ziren, gure herritarrak arpilatu zituzten, euren etxebizitzetatik botaz eta sekulako mina eta kaltea eraginez[26]". "Buschaien"etik zetozen itsasontziak (Bizkaia edo, orokorrean, euskal kosta) jazar zitezkeen eta bertako tripulazioa erail, ekintza horiek burutzen zituztenak inongo delituen ardurarik berenganatu gabe. Dekretua islandiar parlamentuan (Alpingin) berretsi zen urte horretako uztailean[27]. Dekretu hori albo batera utzita, 1281eko Jónsbókeko lege kodeak honakoa finkatzen zuen: gaizkileak erail zitezkeen, inolako deliturik egin barik (réttdræpir) eta, gainera, mendeko herritar guztiek agintariari laguntza eman behar zioten honek laguntza eskatuz gero; Erdi Aroan, biztanleria zegoen guneetatik urrutiko lurretan edo mugako zonaldeetan ohikoa zena[28].

Horrek esan nahi zuen Strandirreko eta Mendebaldeko Fiordoetako biztanleriak edozein modutako tratu komertzialak egin behar zituela Skagaströnden zeuden danimarkar merkatariekin, alegia, Húnaflóiko badiaren beste aldean zeudenekin; barkuz 50 km ingurura dago. Merkatariek zonaldea bisitatzen ez zuten kasuetan izango zen horrela eta hori ez zen askotan gertatzen. Gertakari honek biztanleen kexua eragin zuen, Rafnssonek eta Edvardssonek aipatzen dituzten XVII. mendeko iturriek azaltzen duten modura[29]. Tokiko biztanleek abantaila asko zituzten, jakina, atzerriko baleazaleekin zituzten tratuengatik. Hala ere, tratuak egitean, ez ziren betetzen ari 1602an danimarkar agintariek ezarritako legea. Aktibitate hau ilegala zen eta, horrenbestez, legeak zigor zezakeen. Tokian-tokiko informazio iturriek ez diote honi erreferentzia askorik egiten.

Legeak Danimarkako monopolio komertzialari ematen zion ahalmenari zegokionez, erregeordeak baino ez zuen balearen ehiza baimentzeko autoritatea; erregeordeak Bessastaðirren zuen bizilekua. Alabaina, legeria hori urratzen zela frogatzen duten zenbait notizia ditugu: bai baleazaleen partetik, bai baleazaleak bisitatzen zituzten lekuko jendearen partetik eta baita tokian-tokiko agintarien partetik ere; azken hauek Koroaren izenean modu ilegalean saltzen zituzten lizentziak. Ögurreko Ari Magnússonen kasua da horietako bat, Strandir eta Ísafjarðardjúp barrutietako gobernadorea zena. Diru kantitate handiak jasotzeko aukera asko zeuden, zonaldean ez zelako jende askorik bizi eta erregetzako ofizialek herriko biztanleen gainean ez zutelako kontrol handirik. Bestalde, zenbait negu gogorren ostean, tokikoak baleazaleekin egiten zituzten trukeen abantailez jabetzen hasi ziren. Gainera, zonaldeko bizilagunak kontrata zitzaketen espezializaziorik eskatzen ez zuten lanak burutzeko.

Guðmundssonek esaten duen modura, 1615ean heldu ziren euskal baleazaleek lau itsasontzi ainguratzeko beharrezko zen erregearen baimena zutela esan zuten. Ari Magnússonek berak aurrez iragarri zuen, euskal baleazaleak iritsi baino lehen, itsasontzi gehiago etorriko balira, baimenik gabe izango litzatekeela edota gobernadoreari gehigarri bat ordaindu behar lioketela. Tokira iristean, kostara heldu ziren lehenengo bi itsasontzietako kapitainek ez zirela baimenik gabe ari esaten zuten karta erakutsi zuten eta ez zela euren betebeharra kalterik eragitea eurei kalterik egiten ez ziotenei.

Neurri hauek guztiek erakusten dutenez, kontrabando honetan inplikatutako bi aldeek arretaz jokatu behar zuten, bakoitzak bere interesak babesteko helburuz. Bestalde, gogoratu behar da ekintza hauek toki desberdinetatik etorritako piratek Islandiako zenbait kostako zonalde arpilatu zituztenean gertatu zirela. Tyrkjaránið ('turkiarren bahiketak') kasua da adibide horietako bat, 1627an gertatu zena: Vestmann Irletan eta Islandiako hegoaldeko kostan 400 pertsona baino gehiago bahitu zituzten, gero esklabo modura saltzeko[30]. Gertakari hauek, hasiera batean behintzat eta atzerriko itsasontziak iristean, zonaldeko biztanleriaren susmo txarra eragin zuten.

Hala eta guztiz ere, atzerritarrekin harremana izan nahi zuen Jón lærðik. Atzerritar horiek liburuak eta berekin partekatu zezaketen jakituria zuten eta oso litekeena da berak katolizismorako zuen joerari esker euskal baleazaleekin harremana erraztu izana. Atzerritarrekin ulertzeak tokiko biztanleriaren artean susmo txarrak eragin zituen, edota beharbada inbidia, eurekin izan zezakeen interakziotik abantailaren bat lor zezakeelako. Bere jarduera intelektualari eta artistikoari esker izan zuen ezagutza oztopoa baizik ez zen izan Guðmundssonen bizitzan, abantaila izan beharrean.

Hitzaurrea. 1615eko euskal baleazaleen sarraskia

Kontua da, debekuak debeku, hamasei galeoi iritsi zirela Hornstrandirrera 1615ean. Hiru baino ez ziren han gelditu eta 86 gizon zeuden ontziotan. Gehienak Gipuzkoakoak ziren, batez ere Donostiakoak. Uda erdialdera bota zituzten aingurak, ordura arte itsasoko izotzak ez zielako utzi nabigatzen. Guðmundssonek azpimarratu zuen bezala, balea ehizatzera bidali zituzten eta horretarako baino ez zuten tresneria eta, lehen, gorago kontatu dugun bezala, Ögurreko gobernadoreari kosta horietan ehizatzeko baimena erosi egin zioten.

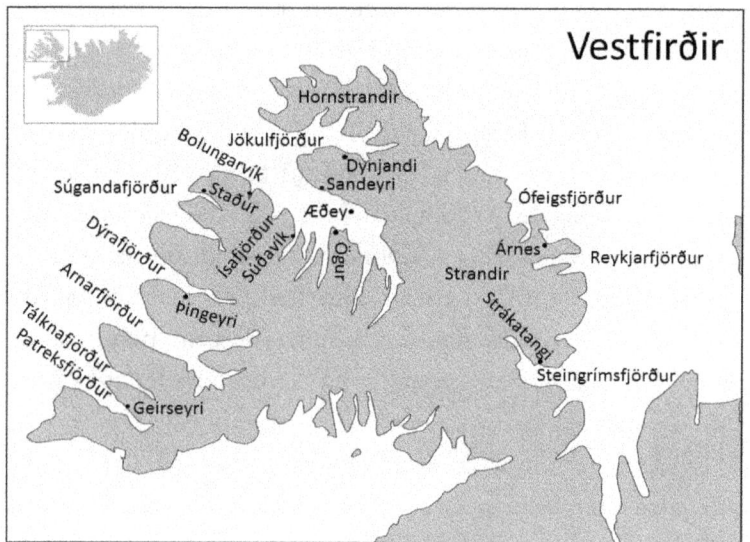

Mendebaldeko fiordoak.

Lehenengo, bi ontzi iritsi ziren: bata Pedro Agirre "zentzuzkoa" kapitaina buru zuela (Péturs Agvirre, Pétur Ageirus edo Pedro de Argvirre) eta bestea Agirrerentzat lan egiten zuen Esteban Telleriak pilotatzen zuena (Stefán edo Stephan de Tellaria). Egun batzuk beranduago, galeoi handiena iritsi zen portura. Hango kapitainak Martin Villafranca zuen izena (Martinus Billa de Franca, Martinum á Frakkaþorpi, Marteinn af Frakkaborg edo Martin af Frakkaborg). Hiru itsasontzien kokapen zehatzari buruzko informazioa ez da guztiz zuzena, Guðmundssonek honakoa baino ez duelako aipatzen: gizon haiek Hornstrandirrera iritsi ziren eta "euren itsasontziak Trékyllisvík fiordoaren inguruan galdu zituzten". Ez du aipatzen ze toki zehatzetan zegoen euskal baleazaleen geltokia 1615eko uda hartan. Froga arkeologikorik ere ez dago, baina pentsa liteke baleazaleen estazioa fiordoan egotea, aurrez Skrímslafjörður deiturikoan; itsasontziak hondoratu ziren Strandir probintzian dagoen Trékyllisvík fiordotik gertuen dagoen fiordoa da Reykjarfjörður. Euskal baleazaleen gunea Reykjarfjörðurren zegoela pentsatzen da, 1613an Guðmundsson Trékyllisvík badiako Stóra Ávík etxaldean bizi zelako eta egileak *Benetako kontakizunean* hitzez hitz esaten duelako: hondoratzeak "Trékyllisvíketik gertu izan ziren", hemendik "hego-ekialdera dagoen" tokian. Testuinguru honetan, posible da "hemen" esatean bere Stóra Ávíkeko etxaldeaz aritzea eta, egilearen arabera, Trékyllisvíketik gertu dagoen fiordoa Reykjarfjörður izatea, badia horretatik zenbait kilometro hegoaldera kokatua dagoena. Stóra Ávíken ainguratuta zeuden bi barkuen tokira zazpi kilometro inguru daude, Reykjarfjörðurretik ez horren urruti. Hango liderrekin Guðmundssonek gertuko harremana izan zuen 1614ko udan. Bestalde, egileak dioenez, txalupak egunero ateratzen ziren arrantzara Reykjanesko[31] kosta ingurura eta, udan, Guðmundsson eta Martin Argarate elkartzean, Guðmundssoni esan zion hondoratzeko beldurrez zegoela eta, horregatik, fiordoan barrura eraman zuen itsasontzia Villafrancak; portua biziki ona zen, alde batetik izan ezik, hortik izotza sar zezakeen eta izotza bildu, "geroago gertatu zen bezala, Jainkoak hala nahi izan zuelako". Eta horrela egon ziren hiru itsasontziak portuan lotuta, "guregandik gertu", gure herritarrengandik gertu.

Baleazaleen lehenengo itsasontziak heltzean, Strandirreko kostan porturatu ziren, Eyjar parean. Hamahiru baleazaleekin zetozen bi txalupa, jakirik gabe, larri zetozen. Bankisaren edo itsasoko izotzaren eraginez itsasontzietatik urruti, bananduta, egon ziren bi txalupa, iparraldeko itsasoan, nabigazioan 48 milia ingurura. Momentu horretan, bertako hogeita hamar gizoneko taldeak, Eyjarren bilduta zeudenak eta itsasoko izotzak eragindako bankisan harrapatuta zeudenak, "famatuak egiteko ideiarekin hamahiru baleazaleak deuseztatzea planeatu zuten". Itsasgizonek euren bizitza defendatu zuten eta erasotzaileak mendia zeharkatuz alde egitera behartuta egon ziren. Erasotzaileetako bi zauritu egin ziren eta beste batzuek harramazkak izan zituzten, haiek botatako harrien eraginez sortutakoak. Azkenik, barkuko kapitainak, Ascensio izena zuenak, bakea jarri zuen eta iparraldean zeuden itsasoetara joan zen beste hamabi galeoiekin batera[32]. Bankisa urruntzean, aurrez aipaturiko hamahiru itsasontziek, seguru aski, Reykjarfjörður fiordoan bota zituzten aingurak.

Bakeak egin arren, euskal baleazaleek 1615eko udan ontzi bakoitzean, une oro, bi zelatari izan zituzten eta babeserako neurri bezala ez zuten inoiz txaluparik urrunegi bidali: ez itsasontzietatik ikusi ezin ziren tokietara eta ezta tiroak entzuten zituztenetara ere. Era berean, Reykjanesko etxaldera joatea saihestu zuten, "nahiz eta egunero kostalde horretan zazpi txalupen aingurak botatzen zituzten".

Guðmundssonek hiru barkuetako tripulazioko 86 gizonei buruzko xehetasunak ematen ditu. Pedroren (Pétur) benetako lagun egin zen, Villafrancaren itsasontziko pilotuarekin. Bertute handiko gizon modura deskribatzen du eta "ingelesen lagun handi". Holandatik gertu dagoen Frantziako kostako irla batekoa zela eta ezkondutako seme asko zituela eta koinatu ilustreak zituela ere esaten du. Eta baita bere jatorrizko herrialdean oso famatua zela. Egileak beste ideia hau ere gehitzen du: "eskaera asko zituen pilotu bezala aritzeko eta iragarpenetarako eta gomendioetarako bikaina eta inteligentea zen", egileak berak bere lekukotzaren bidez frogatu ahal izan zuen modura.

Juan Argarate donostiarra zen, "gizon zintzoa eta goraipamenak merezi zituena". Guðmundssonek bere anaia Martin 1613an ezagutu zuen eta lagun egin ziren. Juan Argaratek itsasontzi bat gehiago prestatu zuen Islandiara joateko. Bere anaia Martin prest zegoen, baina aipaturiko Pedro kontratatu zuen, Donostian, pilotu lanetarako 1615eko apirilaren bukaeran. Haatik, "zenbait egoera berezi tarteko", aipaturiko Juan lurrean gelditzera behartuta egon zen. Martin Villafranca lortu zuen itsasontzirako kapitain izatea. Orduan, egileak aipatzen ez dituen arrazoiengatik, Pedrok lurrean gelditzea nahi izan zuen, baina Juanek itsasontzietan joan zedin konbentzitu zuen.

Martin Villafranca, 1615ean kosta haietara heldu ziren hiru itsasontzietatik handiena zeneko kapitaina, ez zen gorputz handiko gizona. Gaztea eta bizargabea zen, atleta bikaina eta balea ehizatzeko oparoki prestatuta zegoen. "Itsasoan arraina edo itsas txakurra bezala mugitzen zen eta beti pertsonalki joaten zen txalupetara baleak arrantzatzera, beste kapitainak ez bezala". Kapitaina ez zegoenean, itsasontzi barruan gelditzen zen Pedro eta berak kapitaina balitz bezala dena ikuskatzen zuen eta kontu guztiak egunean izaten zituen.

Tripulazio haietako beste kide bat zen Luis (Luys), Pedro Agirreren itsasontziko tripulantea. Senidetasun harremana zuten, Luisen aitaren parteko osaba baten semea baitzen Pedro Agirre. Luis zinez gizon aberatsa zen eta latina arintasunez hitz egiten zuen. Luis eta bere lehengusu Pedro balearen eta baletik eratorritako produktuen merkatuaz arduratzen ziren eta baita tripulaziokoek komertzializatzen zituzten gainontzeko objektu guztiez ere. Ascensio zuen izena Pedroren eta Luisen konpainiako arpoilari onenetako batek. 1615ean bakarrik hiru kaxalote ehizatu zituen eta hauek saltzeagatik "lehen burdina" lortu zuen, hauen balioa baino bosten bat gutxiagoan salduz. "Horregatik, hauek erabilita eta aprobetxatuta bizi zen jendea eta horrela biziraun zuten negu gogor hartan". Pedro Agirrek Andres izeneko beste pilotu bat zuen; gizon ona zen. Esteban Telleria kapitaina ere, Pedroren aitakidea zena, gizon zintzoa zen: "edozein ebasketa eta pikareskatik libre zegoen eta baita bere tripulazioa ere". Martin Villafrancaren tripulazioari zegokionez, egileak Lazaro izeneko gizon lodi bat aipatzen du eta baita Martin "otzana", arotza zena, eta Garcia abizena zuen ontzi-mutil gazte bat ere. Azken hau Dýrafjörður fiordoko Skaganaust sarraskitik biziraun zuen bakarra da.

Guðmundsson zalantzagabe agertzen da itsasontzi haietako gizonek zonaldea ez zutela arpilatu eta ekintza ilegalik ez zutela burutu adieraztean, eta hori egiteagatik jarraituak eta, are gutxiago, erailak izatea ez zutela merezi esatean. Egilearen arabera, itsasgizonek jarrera zintzoa izan zuten, batez ere Agirreren itsasontzikoek: "hauek guztien gorespena merezi dute, bere tripulazioak zinez ez zuelako kalterik eragin". Telleria kapitaina eta bere tripulazioa ere gizon zintzoak ziren, egilearen irudikoz. Guðmundssonek "bi zuhurtziagabeko pikaro" baino ez ditu aipatzen, antza

Jón Guðmundsson

Steingrímsfjörðurrerako bidaian, euren aburuz etsaiak zituzten tokiren batetik ahari bat eta galtzerdi batzuk eraman zituztelako. Egileak Villafrancaren tripulazioko beste gizon batzuen izenak ere aipatzen ditu, euren kapitainaren zaintzapean ez zeudenean "bihurriak eta sekulakoak" zirenak eta etxalde batzuetatik ahariren bat eraman zutenak tokikoek saldu nahi ez zietenean. Kasu horietan, esneak, gurinezko pastillek edota eskuzorroek eragiten zituzten gorabeherei irtenbidea topatu behar zitzaion. Guðmundssonek ez zuen jakin Villafrancak lapurretan egin zuenik eta ezta inori minik egin zionik ere. Gainera, adierazten du islandiar batek harrikada batez konorterik gabe utzi zuen bere tripulazioko kide bati bizitza salbatu ziola.

Modu berean, tokiko biztanleriari dagokionez, Guðmundssonek biztanleria baketsua zela adierazten du, baleazaleekin modu adiskidetsuan elkarbizitzen jakin izan zuena. Behin batez, baleazaleak norbaitek balea buru baten koipearen zati handi bat hartu zutela jabetu ziren eta horrek Pedro eta Esteban kapitainen kexak eragin zituen; Kesvogskoteko aparkalekura joan ziren, itsasontziak amarratuta zeuden tokira. Azken hau errugabetu egin zen eta ez zuten ebasketaren egilearen izenik eman. Ardi bat emanda konpondu zen arazoa. Hala eta guztiz ere, Villafrancak ez zuen ordainsaririk jaso eta, horregatik, goiz batez, etxaldera hurbildu zen eta berari ere ahari bat eman ziezaioten eskatu zuen eta ogiz eta ardoz ordainduko zuela, "barrika eta ogia erakusten zituen bitartean". Partzuerrak hogeita hamabi ogi biribil onartu zituen eta katalintzar batean ardoa. Eta Villafrancak ardia eraman zuen.

Eskualdean ez zen jende askorik bizi eta ganadua falta zen gabezia gorria ekarri zuen negu gogorraren ostean. Baleazaleek beti zuten haragia prest, beste produktu batzuekin trukea egin nahi zuen edonorentzako, eta behin haragia moztuta zutenean ez zitzaien gustatzen jendea merkatura joan gabe geldi zedin; haragia ez hondatzeko prezio onean saltzen zuten, tokiko biztanleek ekoitzitako objektuen trukea onartuz, hala nola, gurinezko pastillak, eskuzorroak, biskak edota txakurrak eta txakurkumeak: "izendatu ditudan edozein gauzengatik gizon bakoitzak urdaiazpiko xerra lortzen zuen eta zaldi gainean eraman zezakeen edo barkuan, barkua izanez gero".

Orokorrean, Strandirreko bizilagun batzuk ez ziren ausartu baleazaleekin sozializatzen eta tratuan aritzen, autoritateak ezartzen zituen debekuengatik, baina gehiengoak debekuei ez zien kasu egin, merkatu horrek ekartzen zizkieten bistako abantailak ikusita eta beharraren eraginez. Horregatik, "ahari bat eta beste zenbait aukerako produktu saltzeko moduan zuen edonork irabazi handia lortzen zuen". Oro har, Agirre eta Telleriaren gizonekin tratuan aritzea nahiago zuten eta horrek Villafrancaren protesta eragin zuen. Egileak zera berresten du: "jendea etengabe joaten zen eurengana eta egunero edozein plazatako merkatura joango balira bezala, zaldiz edota barkuz. Mailuak, aizkora, burdinak eta zaku oihalak eros ziezazkieketen. Gure agurgarria [Jón Grímsson] bilgune horretara gutxitan gelditu zen joan gabe eta hondoratu baino zertxobait lehentxeago arte itsasontzi guztiak bisitatu zituen".

Aipatu diren nobedadeez aparte ez zen besterik egon eta modu honetara igaro zen uda, itsasontziak hondoratu ziren arte. Guztira hamaika bale handi ehizatu zituzten, baina arpilatu zituzten beste hamaika galdu zituzten; Villafrancaren gizonek ala hiru itsasontziek batera egin ote zuten ez dago argi. Itsasgizon-kofradien ohituraren arabera, Villafrancaren itsasontzia tamainaz handiagoa izanagatik ere (ondorioz balearen ehizarako material eta eskulan gehiena biltzen zuena zen), balearen olioaren ekoizpenean guztiek parte hartzen zuten eta produktua modu proportzionalean banatzen zuten: "Horrela, Pedroren itsasontziak bi olio barril eta Estebanenak beste bi bazituen, Martinenak hiru izango zituen".

1615eko denboraldia ona izan zen balearen ehizarako eta arrantzarako; Reykjarfjörðurren hamaika bale harrapatu zituzten. Izan ere, Juan Ignacio Iztuetak bere *Historia de Gipuzkoa* (1847) liburuan kontatzen du, denboraldi hartan balea ehizatzera joan ziren euskal itsasgizonek 3.680 sagardo barrika edan zituztela, hiru neurrikoak. Horrek adierazten du zer nolakoak ziren itsas abentura haiek.

Ekaitza

Irailaren 19a, asteartea[33], itsasontzi txikietako buruak (Pedro Agirre, bere lehengusu Luis eta Esteban Telleria) Martin Villafrancaren galeoira joan ziren, euren gizon onenekin etxerako itzulerako bidaiari ekin aurretik kanpainako produktuen inguruan ados jartzeko. Ez ziren bat etorri lehenengo egunean eta, horrenbestez, bigarren egunean berriz eztabaidatu zuten. Behin akordio batera iritsita euren barkuetara itzuli ziren, biharamunean bidaiari ekiteko. Asteazken horretan, irailaren 20an[34], Agirreren gizonak agurtu ostean, Villafranca kapitaina lurreratu egin zen bere gizonetako batzuekin eta Naustavíkeko[35] itsasarteko bidetik Árneseko etxaldera arte joan zen. Villafrancak Jón Grímsson agurgarriarekin elkartu nahi zuen kontuak ixteko, azken honek dirua zor ziolako. Villafrancak bere zeharkaldirako ahariak exijitu zizkion kapilauari, baina kapilauak, ordaintzerakoan, ezezko jarrera erakutsi zuen hasiera batean. Martinen laguntzaileak soka bat hartu zuen eta kapilauari lepoan jarri zion eta, horrela, kapilauak hitza eman zien biharamun goizean eramango ziela zekorra, bidaiari ekin aurretik.

1615eko irailaren 20ko asteazken horretan[36], San Mateo jai egun bezperaz, olatuek izotz blokeak eraman zituzten arrastaka kostarantz. Ilunabarrean, denborale harrigarria iritsi zen eta bankisak segituan kolpatu zituen Agirreren eta Telleriaren itsasontziak harkaitz handi bateko lurmuturreraino:

94 Trumoiak eta tximistak zarata burrunbatsuekin
    etxe barruetan eta kanpoan landa-gunean.
    Enbatak etxeak arrastaka zeramatzan,
    hauek urratzen eta lurrera botaz.

95 Gau ilun osoan
    lurrean burrunba egin zuten oinaztarriek eta dunbadek;
    ez zuten atsedenik izan gizonek
    behin eguna aurrea joan eta zeruaz nagusitu zen arte[37].

Denboraleak Telleriaren itsasontziko sokak apurtu zituen eta bortizki jo zuen Agirreren ontzia, goitik behera suntsituz. Karga guztia hondoratu zen. Agirreren itsasontzia amildu egin zen eta harkaitzen kontra jo eta erditik zatitu zen. Goiko aldea harkaitzetara igota gelditu zen, baina gainontzekoa hondoratu egin zen. Une horretan, itsasontziei lotuta zeuden txalupa guztiak hautsi ziren. Tripulazioko gehiengoa onik atera zen, itsasontziek elkar jotzen zutenean Agirreren itsasontzira igotzen zirelako eta, gero, igeri eginez joan zirelako edota izotzetik arrastaka itsas bazterreraino. Hala ere, hiru gizon galdu egin ziren: Agirreren itsasontziko bi eta Telleriareneko bat. Honakoak ziren: bere lehengusu Luis, "gizon on eta ehiztari bikaina" zen Ascensio eta ontzi-mutil gazte bat. Villafrancaren itsasontzia Naustvíken hondoratu zen. Ontzia triskatuta gelditu zen eta gauerdi aldera harrotutako itsasoak itsas bazterreko hartxintxarretara arte eraman zuen. "Lehenengo, timoia apurtu zen eta, gero, kroskoa zulatu zenez, itsasoko ura sartzen zen".

Reykjarfjörður. 1615eko irailaren 20ko asteazken horretan, San Mateo jai egun bezperaz, olatuek izotz blokeak eraman zituzten arrastaka kostarantz baleazale gipuzkoarren itsasontziak hondoratuz.

Orduan, bat-batean, sekulako garrasiak eta zalaparta iritsi ziren, baina dena baretu zenean dena galdu zuten gizon haiek negar baten hasi ziren. Meza liburuak atera zituzten eta denbora luzez irakurtzen aritu ziren. Ekaitza baretu zenean, gauari gelditzen zitzaion denboran, ahal zuten guztia salbatzen ahalegindu ziren. Ezer gutxi salbatu zuten Agirreren eta Telleriaren ontzietatik. Agirreren itsasontziko popako itsasontziko lau geletan gordeta zegoena berreskuratu zuten: lehor eta inolako kalterik gabe zeuden hamazazpi suzko arma.

"Guk kontatu eta ikusi genituen". Gainera, bustita eta apurtuta zeuden zortzi arma zeuden han. Bi fardel eta ezer gutxi gehiago zegoen. Jón Grímsson kapilauak hartu zuen kutxa hutsen bat zegoen bakarrik: ez ogirik, ez ardorik, ez arroparik, ez dirurik. Ezin izan zuten hondoratzetik ezer berreskuratu. Villafrancaren gizonek itsasontzitik hartu zuten guztia eraman zuten euren barkuetan, kanoiak eta koipea izan ezik. Lau barkutan eraman zituzten lurrera kutxa guztiak eta itxitako upelak, baita arropa eta eraman ahal izan zuten beste edozein gauza ere.

Villafrancaren itsasontzitik ogi eta ardo pixka bat baino ez zuten berreskuratu eta guztien artean banatu zuten. Gainontzeko merkantzia, itsasontzian ondo bilduta utzi zutena, abandonatu egin zuten. Villafrancaren kutxa eraman zuten, "gizon ia gehienek kargatu behar izan zutena", eta baita beste kutxa batzuk ere. Alabaina, kofre gehienak atzean utzi zituzten.

97 Gaizki topatu genituen dohakabe haiek,
    are gehiago txabolen ondoan, tristea zen ikustea:
    zaurituta eta kolpatuta, kasik biluzik,
    egurats zabalean etzanda, erdi hilda[38].

Irailaren 22an, ostiralean[39], tokiko bizilagunak joan ziren hara. Guðmundsson bera ere, Bjarni Ámunssonek lagundurik, tokira bertara joan zen. Agirre kapitainari hiruzpalau gizonekin bere etxean gelditzeko gonbita egin zion. Hasiera batean, Andres pilotuak gondidapena onartzea nahi izan zuen, baina Agirrek, Guðmundssoni bere keinu eskuzabala eskertu zionak, zenbait txalupa harturik iparralderanzko bidea hartzea erabaki zuela adierazi zion eta han itsasontzi handi bat hartzea, Bizkaiko golkora arte nabigatzeko baldintzetan zegoen edo ez jakin gabe. Guðmundssonek amore emateko gomendioa eman zien, itsasontziak ez zuelako ezertarako balio, baina Jón Grímssonek eta portuko lurretako partzuer Jón Þórðarsonek, itsasgizonak tokitik lehenbailehen alde egin zezaten nahi zutenek, euren etxeetara joateko Gunnsteineko etxaldean zegoen barku bat hartzeko konbentzitu zituzten. Era berean, zentzuzkoak izateko gomendioa eman zieten eta talde txikietan joateko eta bidean zihoazela toki desberdinetan karitatea eskatzeko. "Egin zioten kasu euren aholkuari, euren azpijokoan harrapatu eta engainatuta". "Andresek erabakiaren berri izan zuenean, negarrez alde egin zuen. Agindupeko askok, bizarginak eta itsasoko mutilak, hertsiki eskatu zieten har zitzaten, moduren batean euren biziak salbatzeko, baina autoritatearen eraginez ez zen inor ausartu".

Ostiral horretako goizean, Grímsson kapilauak Villafrancari txahal bat eman zion, baina Agirre bera baino egoera okerragoan zegoela esan zion eta berari eramateko. Villafrancak, lehenengo, han zeuden balea koipez beteriko zenbait barril eskaini zizkion, baina kapilauak ez zituen bi baino onartu. Guðmundsson salmenta haren lekuko izan zen, "barrutiko gehiengo pertsonen aurrean". Grímssonek galdara bat eta zenbait barril huts ere eraman zituen. Kapilauak txahalaren azala bueltan eraman zuen. Biharamun goizean, hamahiru arrain eraman zizkien eta Agirrek zorrozteko zuen biraderadun bere harri handia eman zion eta baita bere kofrea ere. Agirrek kapilauari kalterik eragin ez zutela esaten zuen idazki bat eskatu zion eta kapilauak, "gogo onez", gutun bat idatzi zuen latinez zera esanez: Agirre eta Telleriaren itsasontzietako gizonek ez zietela tokikoei inolako minik eragin eta ontziak ekaitzaren eraginez hondoratu zirela.

Hitzaurrea. 1615eko euskal baleazaleen sarraskia

Mundu guztia goibeldu egin zen gizon hauen gabezia gorria ikusita, baita kapilaua bera eta bere gizonak ere. Izan ere, gizon hauek, Guðmundssonek azpimarratzen duen modura: "hainbeste gauza jaso eta onartu zituzten eta ez zieten inolako minik eta ezta injustiziarik eragin ere".

Iparralderanzko ibilbidea

Irailaren 23ko zapatu goizean[40], gizon hauek guztiak portutik atera ziren. Kapilauak eta tokiko gehienek agurtu zituzten, baina Guðmundsson ez zegoen ordurako han. Ez zituen gehiago ikusiko.

83 gizonak zortzi txalupatan joan ziren, Strandirreko kosta guztia zeharkatuz eta Hornstrandirreko kosta ertzetik joanez, iparralderanzko bidean: "hainbesteko itsaskiarekin eta olatuekin harrigarria zen hori lortzea". Irailaren 26an, Dynjandira iritsi ziren, Jökulfirðirrera, bi mastako belaontzia zegoen tokira (Dynjandi Leirufjörðurreko fiordoan dago eta azken hau Jökulfirðir fiordoetako bat da). Han igaro zituzten bi gau. Itxura guztien arabera, Gunnsteinnera iritsi zirenean Gunnsteinn partzuerrak alde egin zuen eta euskal arrantzaleekin eztabaidatzeari uko egin zion. Arrantzaleek alde egin zutenean, bere behi bat hil zuten eta gainontzekoak ukuiluan lotuta utzi zituzten. Eta Guðmundssonek iragarri zuen bezala, itsasontzia ez zegoen itsas zabalean erabiltzeko moduan.

Puntu horretan, Grímssonen aholkua jarraituz, Agirre eta Telleriaren gizonak Villafrancaren gizonetatik banatu ziren. Gunnsteinnen batela desjabetu eta Önundarfjörðurrerako bidea hartu zuten. Han bota zituzten aingurak eta egun batez gelditu ziren. Egun batzuk nabigatzen ibili ondoren, Dýrafjörðurrera iritsi ziren urriaren 5ean[41].

Handik Arnarfjörðurrera joan ziren eta han igaro zituzten egun batzuk, Patreksfjörðurreko fiordora heldu aurretik. Han, Geirseyrin (Vatneyri) danimarkar merkatalgizonen etxola hartu zuten eta "Jainkoak bedeinkatutako Ragneiður eta Björn ama seme eskuzabal eta zintzoak galduta zeuden atzerritar koitaduen erruki izan ziren negu osoan[42]".

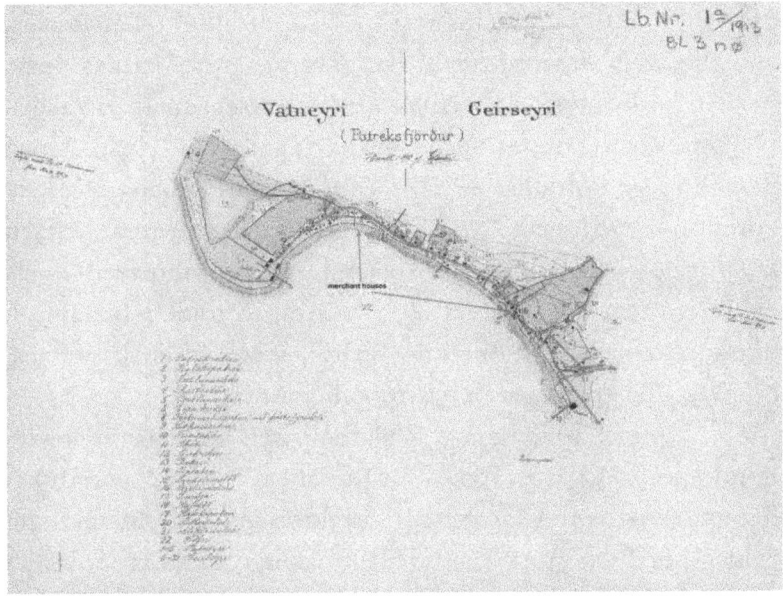

Patreksfjordur fiordoko Vatneyri / Geirseyri herriko merkatarien etxeak (#5 eta #16 ezkerreko zenbakidun zerrendan) 1913an. Seguruenik 1913eko hiria euskal baleazaleek 1615ean ezagutu zutenaren antzekoa izango zen oraindik ere. Mapa: Landmælingar Íslands.

Villafrancaren gizonek, lau txalupatan, Ísafjörðurrerako bidea hartu zuten eta handik Ari Magnússonen jabegoko Æðey irlara joan ziren. Hemendik, Villafranca bere txalupetako birekin Sandeyrira joan zen eta han balea ehizatu eta zatitu zuten. Bere beste bi txalupak Bolungarvíkera arte nabigatu zuten San Migel jai eguneko gauean eta han igaro zuten gaua; irailaren 29a, ostirala[43].

Hitzaurrea. 1615eko euskal baleazaleen sarraskia

Biharamunean mendebalderantz joan ziren, Staðurrera (Súgandafjörður) eta "han kapilauaren hainbat gauza ostu zituzten". Handik Þingeyrira joan ziren.

Sarraskia

Guðmundssonek *Fjölmóður* lanean kontatzen duenez, 1614an Ari Magnússonek Lapurdiko baleazaleak gipuzkoarren itsasontzietakoekin aurrez aurre jartzea lortu bazuen, itsasontzia eta barruan zegoena erreklamatu zitzakeen Danimarkako erregearen izenean. Nahiz eta Erdi Aroan itsasoko lege komunik ez egon (hori ezarriko zuen autoritate gorenik ez zegoelako[44]), uretan gelditu eta lurrera heltzen ziren geldikinak tokiko lurjabearen jabego bihurtzen zirela onartzen zen. Horregatik, ez zen arraroa tokiko biztanleek hondoratu zen itsasontzitik bizirik atera zirenak hiltzea, ontzitik ahal zuten guztia hartzeko helburuz.

Agirre, Telleria eta Villafrancaren ontziak ez balira hondoratu, ez litzateke seguruenera ezer gertatuko. Arrantzaleak euren jatorrizko lurraldera itzuliko lirateke eta gehiago ez luke inork ezer gehiago jakingo inoiz eurei buruz eta ezta Ari Magnússonek legez kanpo salduetako baimenei buruz ere. Itsasontziak hondoratu eta gero, 83 gizonek Iparraldeko Fiordoetatik hasi zuten euren exodoa, Jón Grísson agurgarriak idatzitako gutunak eurekin zeramatzatelarik eta Magnússonek modu ilegalean salduetako eskubidea erakutsiz. Magnússon, orain, baleazaleen aurkako neurriak hartzera behartuta zegoen.

Iruzurrezko bere aktibitateak ezagutzera emango zirela eta berak ordezkatzen zituen danimarkar agintarien zigorra jaso zezakeela eta beldur zen Magnússon. Eta horiexek dira sarraskia gertatzearen arrazoi onargarrienak.

Ariren diruzalekeria eta barrutietako zenbait agintariren (magistratua, zenbait artzain eta lurjabe esanguratsuetako batzuk) gizatasun falta ageri dira Guðmundssonek hondoratzeari eta sarraskiari buruz idatzitako narrazioaren oinarrian.

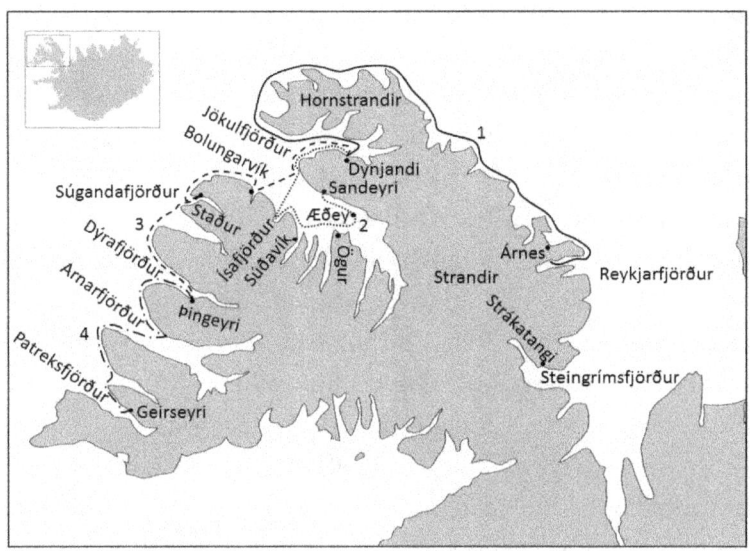

Baleazale taldeek egindako lau bidaiak. 1) Ekaitzaren ostean, denak elkarrekin Reykjarfjörðurretik Dynjandi arte egindako ibilaldia; 2) Martin Villafrancaren gizonen txalupak egindakoa Æðeyn eta Sandeyrin hil arte; 3) Martin Villafrancaren gizonen bigarren txalupa Dynjanditik Þingeyri arte abiatu ziren eta bertan hil zituzten; 4) Pedro Agirre eta Esteban Telleriaren itsasontzietako gizonen ibilbidea Dynjanditik Geirseyri arte (Vatneyri) non negua pasatuko zuten.

Magnússonek bazituen beldurra izateko arrazoiak. Ísafjörður probintzia gobernatu zuen hamazazpi urtez eta Strandir probintzia zenbait urte gutxiagoz eta modu ilegalean saldutako baimenek serioki eragin ziezaioketen. Tapio Koivukarik kontatzen duen moduan, 1614an Snæfellsnes penintsulako Gísli Þórðarson magistratuak belatzak harrapatzeko baimena eman zion merkatari ingeles bati. Belatzak harrapatzeaz gain, tratu komertzial ilegalak egin zituen zonaldean eta merkatari danimarkarrek atxilo hartu zuten eta bere ondasunak kendu zizkioten. Ingeles honek Ingalaterrako erregearen aurrean kexa adierazi zuen eta erregeak bere lehengusuari bidali zion kexa hura, Dinamarkako Christian IV.ari. Erregeak bere Islandiako gobernadoreari idatzi zion eta Gísli magistratua islandiar parlamentuan kondenatu zuten 1614an. Bere kargutik bota zuten eta isun handi bat ordaintzera derrigortu. Gíslik ez zuen belatzak ehizatzeko baimenak saltzeko eskubiderik eta ezta autoritaterik ere eta hori zen erabakia hartzearen arrazoia[45]. Oso litekeena da Magnússonek bere posizioa mehatxatuta zegoela sentitzea eta ulertzea euskal arrantzaleen aurkako ekintza entzutetsu bat burutzeak aurkariak isildu eta arrantzaleak isilaraziko zituela. Bestalde, Guðmundssonek seinalatzen duenez, botina ez zen destainagarria.

Dýrafjörðurreko bizilagunek Villafrancaren itsasontziko hamalau itsasgizonak bi txalupatan mendebalderantz alde egiten ikustean, armatutako hogeita hamar gizon bildu zituzten itzulerako bidean antzemateko. 1615eko urriaren 5a zen, ostirala[46].

121 Dýrafjörðurreko bi gizonek talde bat batu zuten
     eta euskaldunak atakatu zituzten Skaganausten.
     Orain, Islandian hiltzea legezkoa zenez,
     egiteko zerbait erreza bihurtu zen[47].

Bjarni Jónssonek gau hartan gertatutakoa Grímsson agurgarriari kontatu zion eta honek Guðmundssoni. Dýrafjörðurrerako itzulerako bidean, itsasmutilak Fjallaskagiko arrantzaleen etxola batean gelditu ziren lotan.

Eurotariko bostek txalupak zaintzen igaro zuten gaua, gainontzekoak esandako txabola barruan lotan zeuden bitartean. Armatutako jendea gauez iritsi zen, zelatariak hil zituzten eta txabola inguratu zuten. Estalpea erasotzea izan zen hurrengo pausua. Barruan zeuden bederatzi itsasgizonek harriekin zarratu zituzten ateak, baina aurkariek sabaia apurtu zuten. Guztiak hil ziren, "beroki urdinak jantzita zeramatzatenak ere bai eta baita Spansarius handia ere". Garcia (Garcius) abizeneko mutil gazte batek baino ez zuen lortu ihes egitea. Bere ezkutalekutik batel bat hartzea lortu zuen eta erasotzaileetatik alde egitea[48]. Hilketaren ondoren, hamahiru biktimen gorpuak biluztu egin zituzten, zatitu, zulatu eta sokekin bata bestearekin lotu itsasoko sakontasunean hondoratzeko. Han zeudenek, geroago, gelditzen zen botin apurra banatu zuten.

Bien bitartean, Villafrancaren itsasontziko beste bi txalupek Æðeyko irlara nabigatu zuten, ordurako Magnússonen jabegoa zen irlara[49]. Taldean zegoen Pedro "apala" ere, lemazaina zena. Euren itsasontzietatik merkantziak jaitsi zituzten Æðeyko portuan eta han egokitu ziren. Euren lagunei gertatutakoaz ezer jakin gabe arrantzara atera ziren, bale bila.

Hiru egun beranduago, urriaren 8an, igandean[50], Magnússonek hamabi epaile deitu zituen Súðavíken[51]. "Sandeyriko, bere eskualdeko, jendea bildu zuen jendea erailtzeko" eta jendea itsasgizonen aurka jartzera derrigortu zuen edota isuna ordaintzera. Deialdiaren ostean, batzuk gogo onez joan ziren, botina promestu zietelako, beste batzuk gogo txarrez joan ziren bitartean. Lehenik eta behin, ordenantza idatzi zuten epaileek joan behar zuten eta, gero, behar zituzten gizon guztiek. Era berean, Reykjarfjörðurreko ekialdeko muturrean dagoen Langidalurreko kostako gizonak, irteerako bidaia prestatzen zeuden iparraldetik Jón Grísson lau gizonekin batera iritsi zenean; Djúpeko badia zeharkatu zuten eurekin batera Ögurrerako norabidean. Armatutako berrogeita hamar gizon baino gehiagoren irteerako bidaia urriaren 10ean, asteartean, Ögurren izan zen. Udako azken asteartea zen. Kontakizunaren hasieran Guðmundssonek iragartzen duen bezala, historiaren xehetasun zikinenak gorde ditu eta saihestu egiten du zuzenean gertakari latz haiek burutu zituzten pertsonen izenak ematea. Eta hauxe da egileak sarraskian parte hartu zuten batzuen izenak baino ez ematearen arrazoia. Ari Magnússon eta bere seme Magnús Arason, Magnússonen soldapeko gazte Björn Sveinsson, Bjarni Jónsson eta Jón Grímsson eta Snæfjölleko Jón Þorleifsson agurgarria izendatzen ditu. *Fjölmóður* poeman Grimur izeneko baten izena ere aipatzen du.

Haatik, egun horretan, sekulako bisutsa altxatu zen eta itzulerako irteera unera arte, urriaren 13ko gauera arte, ostirala[52], han egon ziren; neguko lehenengo eguna zen. Orduan, Æðeyra batel bat bidali zuten han gertatzen ari zena jakiteko. Villafrancaren gizonek bale bat jo zutela arpoiaz deskubritu zuten eta Sandeyrira arte eraman zutela arrastaka. Gehiengoa han bildu zen, gutxi batzuk izan ezik; hauek gazte batekin batera euren ondasunak zaintzen ari ziren Æðeyko irlan, besteak balea prozesatzen ari ziren bitartean. Armatutako berrogeita hamar gizonak presaz atera ziren, "epaileak izan ezik, eurotariko bat ere ez zen iritsi, iristen lehenak izan behar zutenak". Gauez heldu ziren Æðeyra, bizilagunak oheratu aurretik. Pedro pilotua une batez irakurtzen egon zen eta lotan zegoen, burua liburu gainean jarrita zuelarik. Sarrera nagusiko zapaldetan zabal zegoen etzanda. Bere laguna, "gizon oso gizena, Lazaro izenekoa", lurrean etzanda lo zegoen, txanodun berokiarekin.

127 [...]
Mailutzar batek Lazaroren burua txikitu zuen
eta Pedroren bekokia apurtu zuen.

128 Aurpegia begietatik zeharkatu zion
aizkorazko ebaki arin batek,
eta bihotzaren eta bizkarraren ondoan iltzatu zioten.
Bera gau horretan bere heriotzan ari zen lotan.

129 Gaztearen burua arrakalatuta zegoen
eta bere hankak belaunetatik moztuta.
Hiru lagun etxean eta helmuga bakarra,
hiltzea, nahiz eta askok aurre egin zioten[53].

"Kontatu zuen begiak atetik ikusi zuen". Orduan, burdinazko estalpean zeuden hirurak gelditzen ziren, patioan, kanpoan: "bizargile gaztea, ketan aritzen zen mutila eta garbiketetan aritzen zen mutikoa". Soldaduek sabaia pitzatu zuten eta euren gainera bota, baina espero zena baino hobeto defendatu ziren. Horren ostean, bortxaz arropak kendu zizkieten eta biluzik andetan eraman zituzten amildegira arte. Hor binaka lotu eta itsasora jaurti zituzten. Pedroren eta sarrera nagusiko gizonen gorpu biluziak ere amildegitik bota zituzten. Hala ere, biharamunean, gorpuak Ísafjörður badiako mendebaldeko lurretara heldu ziren, Fótur izeneko toki batera eta han, itsas bazterrean, lurperatu zituzten.

Guðmundssonek "lau itsasgizonen inguruan" hitz egiten du eta Æðeyn beste itsasgizon batez. Bere kontakizunetik deduzitu daiteke gutxienez sei izan zirela sarraski honetan hildako biktimak: Pedro, Lazaro eta sarrera nagusian zegoen identifikatu gabeko gazte bat eta gutxienez estalpean zeuden beste hiru gehiago. Egileak adierazten du azken hauek "binaka" lotu zituztela eta, horrenbestez, litekeena da hauek ere hiru baino gehiago izatea.

Hilketaren ondoren, gorpuak erretiratuta eta botina banatuta, tropa bere itsasontzira zuzendu zen eta urak zeharkatu zituen "ekaitz haren erdian eta itsasarte txiki hartatik ozta-ozta nabigatuta". Ostiraletik larunbaterako gau hartan, urriaren 13tik 14rakoan, taldea Sandeyriko etxaldera arte iritsi zen.

Armatutako taldea etxaldera hurbildu zen gauean eta inguratu egin zuen. Snæfjölleko Jón kapilaua bidali zuten eta, honek, Jón Grímsson, hirugarren abade bat eta gailentzen ziren armatutako gizonekin batera, Magnússonen inguruan hartu zuten lekua. Villafranca etxaldeko txabola bietako patio batean zegoen, suaren ondoan zeuden gizon banaka batzuekin batera. Gainontzeko bere gizonak sarrera nagusian zeuden, zaintza egiteko erabiltzen zuten suaren ondoan. Orduan, Magnússonek beharrezko ziren aginduak eman zituen eta bakoitza bere postuan jarri zen, etxaldeko ate eta leiho bakoitzaren aurrean. Behin eta berriz egin zuten tiro barrura aparteko abisurik pasa gabe eta barruan zeudenei atsedenaldirik eman gabe. Behin borroka hasi zenean, Villafrancak kanpora begiratu zuen leiho batetik eta Grímsson ikustean, ezagutu eta honakoa esan zion:

139 "Hemen, lurralde honetan, nik legea obeditu nuen
     eta nire gutunak[54] dioenez, hamarrena eman nuen.
     Bakearen izenean edozer gauza egingo dut
     eta bizitza eta ondasunak errespetatuak izan
     diezazkidan".

140 Abadeak erantzun zuen: "Hori da egia,
eta nik testigantza eman dezaket,
baina gure eginkizuna jarraitzea da
eta gure erregearen legeak obeditzea".

Latinez hitz egiten jarraitu zuten eta Grímssonek esan zuen Villafrancak mehatxatu egin zuela eta lepoan soka bat jarri ziola. Honek ekintza aitortu zuen eta barkamena eskatu zion, baina ez zuela irainik eragin eta ez ziola beste inori minik egin azpimarratu zuen. Kapilauak barkatuko ziola esan zion, eskatu egiten ziolako eta Magnússoni zuzenduta Villafrancari, gizon zintzoa zenari, bizia barkatuko ote zion galdetu zion. Ondasundunak segituan onartu zuen, Villafranca errenditzeko baldintzarekin. Kapilauak arma kanpora jaurtitzeko esan zion eta Villafrancak halaxe egin zuen. Gero, pertsonalki atera eta belauniko jarri zen. Magnússonek hiru gizon izendatu zituen bera eramateko, baina batzuk basatasunez ari ziren kexuka eta Grimur izeneko eurotariko batek aizkora bota eta lepauztaia zauritu zion. Kolpea hartzean Martin zutik jarri zen jauzi batez eta korrika alde egin zuen, "hain azkar, ikusi zutenei memorian grabatuta gelditu zitzaiela, itsasora arte olatuetatik balantzak eginez" nola joan zen. Une horretan, ekaitza baretzen hasi zen.

Villafranca itsasoan barneratu zen, bizkarrez igeri eginez eta latinez kantu erlijiosoak kantatzen zituen bitartean. Seguruenik, otoitz egiten ari zen. Orduan, zenbait gizon bere atzetik joan ziren txalupa batean, sekulako zalapartarekin harriak jaurtitzen ari zitzaizkion bitartean. Azkenik, Björn Sveinssonek, Magnússon ahaldundunaren mutilak, harri batekin jo zion bekokian. Une horretan, Villafrancak txalupari heldu nahi izan zion eta eskua moztu zioten. Gero, atxilotuta lurrera eraman eta biluztu egin zuten. Han egon zen

Grímsson eta Guðmundssoni kontatu zion Villafrancak balio handikoa izatea erakutsi zuela: bere gorputza buruz gora etzanda zegoenean, erasotzaileetako batek aiztoa sartu zion sabelean eta genitaletaraino zatitu. Villafrancak bortizki astindu zuen gorputza eta buruz behera jarri eta hil egin zen, bere hesteak barreiatuta gelditu zirelarik. Orduan, batzuk iseka egiten aritu zitzaizkion eta beste batzuk hilotzera hurbildu barruko aldeak ikusteko, baina odolak ez zuen ikusten lagatzen.

Bien bitartean, borrokak etxaldean jarraitu egiten zuen. Villafrancaren laguna atxilotu zuten, Grímsson agurgarriari lepoan soka jarri ziona. Bere hilketa onartu zuen eta barkamena eskatu zion eta azkenean kapilauak barkatu egin zion, bi gizon bera hiltzeko izendatu zituzten arren. Eta "une horretatik aurrera ez zion inori balio izan bere bizitzagatik otoitz egitea".

Gero, sabaia apurtu zuten Villafranca zegoen etxean gelditzen ziren zortzi edo bederatzi gizonak harrapatzeko. Borroka gau osoan luzatu zen, ia eguna egin zen arte. Orduan, Magnús Arasonek suzko bere armarekin barruko aldetik defendatzen zebiltzan baleazale batzuk txiki utzi zituen. Etxe barrura sartzea lortu zuten eta guztiak hil zituzten. Etxalde nagusian zeudenak, euren aldetik, ez ziren inoiz defentsan aritu eta ez zuten ukabilez armarik heldu. Seguru aski, erasotzaileen barkamena lortu nahian. Etxalde nagusian Martin izeneko itsasmutil bat zegoen, "otzana" deitzen ziotena bere jarrera onagatik. Arotza zen. Gau osoan behi baten azpian ezkutatuta egon zen, baina beste guztiak hil zituztenean aurkitu egin zuten eta arrastaka eraman zuten han zeuden guztien aurrean. Askok bihozberatasuna eskatu zuten, baina beste batzuk hiltzeko eskatzen zuten. Magnússonek bizitza barkatu zion, baina gainontzekoekin gertatu zen bezala

Martin "belauniko zegoela besoak zabalik, Kristoren izena zezelka esaten, patetikoki bihozberatasuna eskatzen" han zegoen batek "burua zatitu zion aurretik eta besteak atzetik eta aurrerantz jauzi zen garondoan jasotako aizkorakadarekin eta horixe izan zen erail zituzten Villafrancaren gizonetan azkena".

Guztiak hilda, Magnússoni hitzemandako botinaren parte bat eskatu zioten, baina une horretan kanpai batek jo zuen eta "Martinen kofre handi pisutsua eta beste hainbat kutxa" erregearen ondasun izendatu zituzten Ögurrera garraiatzeko aginduarekin, han baitzegoen gobernadorearen bizilekua. Asko nahigabetu egin ziren botinaren zati bat jasotzeko eskubidea galdu zutela jakitean, nahiz eta kostara bertara joan ziren. Hara agertu ziren baleazaleen lapurretak jasan zituztela adierazi zutenak ere; esaterako, Gunnsteinn, bere behietako bat eta batel bat galdu zituena. Protestan aritu arren ez zuten inolako kalte-ordainik jaso. Tropa isilik gelditu zen "eta euren bidaiaz eta jarreraz damututa, modu txarrean banatu ziren eta eurotariko bakoitza atsekabetuta itzuli zen etxera". Magnússonek hilketan parte hartu zutenei biktimen gorpuez odoleztatutako arropa baino ez zien eman, "eta guztien artean banandu zuten". Sandeyritik irten zirenean, borrokara garaiz iritsi ez ziren tribunaleko kideekin gurutzatu ziren, baina Æðeyra joan ziren eta botin nagusia hartu zuten "eta batzuek dakiten beste gauza asko". "Orduan dantzan egin zuten eta pozez edan zuten euren ardoa eta han gelditu ziren igande[55] osoz, baina astelehenean[56] etxera itzuli ziren".

Biktimen gorpuei iseka egin zioten. Begiak atera zizkieten begi zuloetatik, belarriak ebaki, genitalak eta lepoa moztu eta zilborraren paretik gorpuak sabeletik zabaldu zituzten. Horren atzetik, "gorpuak alboetatik edo lepotik zulatu zituzten, zuloetatik soka bat pasatu eta korda baten modura elkarrekin lotu zituzten eta itsasora jaurti". Hala eta guztiz ere, olatuek etengabe ekarri zituzten bi astez hilotzak kostara eta hori horrela izanda ere, ez zituzten lurperatu edota harkaitzekin estali. Villafrancaren gorpua ere itsasoratu egin zuten, baina bi egun beranduago korronteak Ögurreko muinoetako lurrera eraman zuen arrastaka eta hortxe hobiratu zuten geroago.

Sarraskia bukatu zenean, bat-batean, baretasun goxo bat etorri zen eta denboralea baretu egin zen. Taldeko gizonek "hura guztia Martin sorgin handiaren indarrari zegokiola interpretatu zuten".

Sandeyrin, urriaren 13tik 14rako gauean, Villafranca eta bere laguna, 8 edo 9 gehiago, eta beste etxekoak hil ziren, alegia, Martin mantsoa eta beste gazte batzuk. Hamahiru pertsona baino gehiago guztira, baina ezin da zehaztasunez esan zenbat izan ziren.

"Kontakizun hau eta bere gertakariak horrelako ederrak dira", azpimarratu zuen Guðmundssonek.

1616ko urriaren 26an, Magnússonek adierazi zuen Patreksfjörðurren babesa topatu zuten euskal arrantzaleak hil egin behar zirela beste guztien moduan eta beste talde bat antolatu zuen Agirre eta Telleriaren itsasontzietako gizonak harrapatzeko. Dena den, eta Patreksfjörðurrera heltzeko zenbait ahaleginen ondoren, neguan zehar Vatneyrira heltzea oztopatu zuen han zegoen elurtzak. Antza denez, 1616ko udaberrian, berrogei arrantzale inguruk barku ingeles bat hartzea lortu zuten eta Islandia[57] abandonatu zuten. Ez dugu Donostiako helduaren berririk

*Benetako kontakizun*etik abiatuta badakigu 1615ean 32 gizon baino gehiago erail zituztela eta beste hiru gehiago Reykjarfjörðurren galdu zirela 1615eko irailean, sekulako denboraleak jo zuelako zonalde horretan. Villafrancaren

Jón Guðmundsson

moduko tamaina handiko baleazaleen galeoi batek hirurogei gizon arterainoko tripulazioa izan zezakeen. Modu berean, balearen koipearen banaketari buruz Guðmundssonek ematen duen informazioari esker badakigu bidaia hartako hiru itsasontzietan 86 gizon zeudela guztira. Eta koipe kantitateari zegokionez, Villafrancaren tripulazioak lau[58] bazituen, Agirre eta Telleriarenak hiru zituela. Horrek, Villafrancaren itsasontziko tripulazioak berrogei eta berrogeita hamar gizon artean zituela esanahi du; eta guztiak ontzi-mutil bat izan ezik, hil egin ziren.

Dena den, sarraskian hil ziren pertsonen inguru informazio gutxi dugu. Erail zutenean Villafrancak 27 urte zituela dakigu eta Donostian jaio zela 1588an[59]. Gainontzeko biktimei buruz ez dugu informazio askorik. Selma Huxleyk 1987an seinalatu zuen modura, 1615eko Debako parrokiako liburuek urriaren 1eko helduerari buruz honakoa diote: "Frislandian Andres de Goiçuetaren txalupa batean ito ziren, Andres bera, Martin de Amezketa, Francisco de Gainza eta Mutrikuko[60] beste hiru". Mutrikuko erregistroan, hildakoen agirian, 1615eko irailaren 20. egunez ageri dira San Joan de Andonegi, Andres del Puerto eta Andres de Ysasy eta Armench. Ito egin zirela adierazten du: "beladun txalupa batean Norbegiara zihoazela[61]". Oso litekeena da, Debako agiriak aipatzen dituen hiru arrantzaleak mutrikuarrei aipamena egiten dien Mutrikuko agiriko berak izatea. Bestalde, badakigu hiru arrantzale ekaitzaren eraginez hondoratu ziren Villafranca, Agirre eta Telleriaren itsasontzietan itota hil zirela, Reykjarfjörðurren, 1615eko irailean. Edonola ere, agirietako batek Frislandia aipatzen du eta besteak Norbegia eta, horrenbestez, ez datoz bat. Badakigu urte hartan euskal baleazaleek Norbegiako kostak bisitatu zituztela eta, horregatik, ezin da erabateko ziurtasunez baieztatu Debako eta Mutrikuko arrantzale hauek Islandiako hildakoen artean zeudela, egiazki, Norbegiako kostetan izandako istripu batean hiltzeko aukera ere egon zitekeelako.

Guðmundssonek deskribatzen duenez, pertsegitu eta erail zituen moduak eta biktimen gorpuak tratatu zituzten moduak ez dira justifikatzen eta hori baleazaleen aldekoa da. Izan ere, 1615eko sarraskiko ezaugarri nabarmeneteko bat da heriotzen bortizkeria eta gorpuen profanazioa. Páll Eggert Ólasonen argudioak eta Helgi Þorlákssonen azalpenak ere ez dira sinesgarriak sarraskia azaltzeko eta are gutxiago berau eragin zutenen muturreko bortizkeria ulertzeko. Era berean, ez dute ulertzen laguntzen XVII. mendean Islandian zergatik ez ziren gisa horretako beste gertakari batzuk jazo eta ezta argitzen ere biktimen gorpuekin hain anker zergatik jokatu zuten. Páll Eggert Ólasonek honakoa zioen: "indar fisikoa eta adorea Vestfirðirreko penintsulan herrialdeko beste tokietan baino denbora gehiagoz mantendu zen". Helgi Þorlákssonek, aldiz, beste honakoa: "urte hartako klima gogorrak eta kementsuak ziren eta arpilaketan eta lapurretan aritzen ziren laurogei gizon baino gehiago negu osoz hartzearen ideia dardarazleak tokikoen etsipena eragin zuen, ordurako suntsituta[62] zegoen lurralde batean". Bestalde, Guðmundssonek modu sinesgarrian argudiatzen duenez, euskal arrantzaleek ez zuten arpilatu eta ezta ere erre edota aipatzeko moduko irainik eragin. Balore gutxiko objektuak lapurtzera baino ez ziren mugatu. Horrenbestez, hango bizilagunek ez zuten "etsituta" sentitzeko arrazoirik.

Garai hartan jarrera hau ohikoa zela ere ezin da argudiatu. Izan ere, gizatasunaren historian XX. mendea izan da basatiena eta hildako biktima gehien utzi dituena. Hala eta guztiz ere, horrek ez du azalpenik ematen eta ez du laguntzen gertaeren arrazoiak argitzen. Bestalde, erabili ditugun datu historikoek erakusten dute islandiar gizartea baketsua zela eta 1615eko sarraskia gertaera bereizi bat izan zela eta, horrek, arrantzaleen eta auzotarren arteko biolentzia baztertzera garamatza. Guðmundssonek aipatzen duen modura, gertaera gordinenak pertsona gutxi batzuk baino ez zituzten burutu, jarrera anker eta sorgorra zutenak; ekintza horietara ohituta zeuden pertsonetan ohikoa zen jarrera. Seguru aski, Magnússonek ekintza hori burutzeko gaizkileak kontratatu zituen eta, Guðmundssonek kontatzen duenez, magistratuak berak barkatu egin zituen Islandiako iparraldean hutsik zeuden lurrak jendez betetzeko. "Ezer eta inor errespetatzen ez zuten" haiek eta biolentzia erabiltzera ohituta zeudenak izango ziren gai jendea mailukaz eta aizkoraz hiltzeko, bizirik zeuden armagabeko pertsonak amildegitik botatzeko (eurotariko batzuk adin txikikoak ziren eta errukitasuna eskatzen zuten) eta gorputzak mutilatzeko, kanal bat eginez zabaltzeko, erraiak ateratzeko eta josi zituzten moduan josteko. Ekintza hauek eta sepulturarik ez ematea, urriaren 5etik 14rako segidako hiru pasartetan gertatu zen bezala, protagonistak praktika horiek egiteko aginduta zeudela erakusten dute. Beste modu batera azaltzea oso zaila da. Izan ere, Ballaráko urte liburuen egileak adierazten duen modura, "hil zituzten modua (modu miserablean egin zena), ez dut nahi nire eskutik idatzita gelditzea gerokotasunerako[63]".

Ez du inork gaur arte topatu Donostia edota Gipuzkoako parrokiako erregistroan zein erregistro zibilean 1615ean Islandian hil ziren arrantzale euskaldunen gaineko informaziorik. 1618an, Martin Villafrancaren ondareari buruzko eztabaida egon zen tribunaletan eta ez da agertzen bere heriotzari[64] buruzko erreferentziarik. Haatik, 1615ean Islandian gertatu zenari buruzko erregistro idatzirik ez izateak ez du esanahi ez daudenik edota existitu ez zirenik eta, are

Hitzaurrea. 1615eko euskal baleazaleen sarraskia

gutxiago, pertsona hauen heriotza tokikoei eta senideei eta gertukoei interesatzen ez zitzaienik. Komenigarria da zehaztea ikerlariok topatu ditugun artxiboetan oraindik ez dela ezer agertu. Edozein kasutan ere, ezin dezake inork baieztatu artxibo euskaldun, espainiar, islandiar, danimarkar eta ingelesetan bilaketa zehatza egin denik. Bide beretik, ohartarazten dugu 1812an Donostiako udal agiritegia galdu egin zela udaletxea eta kontsuletxearen eta agirien egoitza erre zirenean.

Errima bikingoak, bertso espainiarrak eta propaganda

Ari Magnússon gobernadorearen mandatuz edota eskariz edota, besterik gabe, sarraskiak utzitako irudia garbitzeko, bi poesia zati idatzi ziren 1615eko gertakariez. Egileek gertakarien irudi distortsionatua jasotzen dute, euskal arrantzaleak pirata eta gaizkile gisa aurkeztuz eta hil zituztenak elezaharretako heroi bezala deskribatuz. Obra hauetariko lehenengoa, egile ezezaguna duena, *Víkinga rímur*[65] edo *Bertso bikingoak* izeneko poema narratiboa da, Patreksfjörður inguruetan idatzitakoa. Patreksfjörður bizirik atera ziren itsasoan galdutako gizonek negua igaro zuten zonaldea da. Magnús Rafnssonek adierazten duen bezala, Strandirreko gertakariak euskal arrantzaleen etengabeko oldarkortasunaren ondorioa izan ziren: legerik gabeko pertsona modura deskribatzen ditu, gosetiak eta axolagabeak eta Patreksfjörðurrera eta inguruetako fiordoetara zenbait sartu-irten egiten dituztela dio, jaki eta botin bila. Gaizkile bezala jokatuta, tokiko bizilagunak mehatxatzen dituzte eta sekulako basakeriak eragiten. Beste muturrean Ari Magnússon nabarmentzen da, tokiko[66] lider noble bezala. Egileak aipatzen du emakume batek gaizkileak hartu zituela eta jaten eman ziela. Emakume hori Magnússonen ama zen eta, poemaren egilearen arabera, piraten errepresalien beldur zelako jokatzen zuen horrela. Gertaerei buruzko bertsio hau ez dator bat Guðmundssonenarekin, bere poema autobiografikoan emakume honek eta bere semeak, Ragneiðurrek eta Björnek, karitateagatik jokatu zutela horrela esaten baitu. Ragneiður Magnússonen ama zen eta Björn Ögurreko gobernadorearen anaia, Barðastrandasýsla probintziako gobernadorea[67].

Ólafur Jónsson (1560-1627 gutxi gorabehera) agurgarriaren *Spænsku vísur* edo *Bertso espainiarrak* era honetako literatura propagandistikoaren[68] bigarren adibide bat da. Jónsson XVII. mendeko Islandiako poeta entzutetsuenetariko bat da eta bere *Kvæðabók* edo *Poema Liburua* garaiko islandiar poesiako piezarik garrantzitsuenetarikoa da. Jónssonek Sandarreko parrokian, Dýrafjörður fiordoan, laguntza eman zuen 1596tik hil zen arte, 1627ra arte. Horrenbestez, 1615eko gertaerak zuzenean bizi izan zituelako ezagutzen zituen. Hala eta guztiz ere, Jónsson agurgarriaren poemak euskal baleazaleak hil ziren moduari buruzko beste bertsio bat ematen du, Guðmundssonenarekin alderatuta erabat desberdina eta lærðiren testuaren gorpuzkeratik guztiz desberdina. Ez da une batean ere objektiboa eta inpartziala, baizik eta guztiz kontrakoa: egileak, autoritate teokratikoz jantzita, bere testua 1615eko gertakarien gaineko egi bakar modura sinesteko eskatzen du. Bestalde, sarraskiaren ostean, parlamentu islandiarrari eta Gorte Gorenari sarraskia justifikatzeko helburuz barkamen edo *supplicatio* modura bidalitako informaziotik elikatzen da poeta eta, ondorioz, sarraskia gauzatu zutenei kulpa guztia eta erantzukizun legalak kentzen zaizkie.

Euskal baleazaleak deskribatzeko tonua eta hiztegia gizatasunik gabekoa da. Torfi Tuliniusek seinalatzen duenez, egileak Mendebaldeko Fiordoetako herri "jainkozalea" eta "jakintsua" jartzen ditu albo batean eta, bestean, euskal arrantzaleak "zokomiran aritzen ziren", "lapur", "jende gaizto" eta "kriminal[69]" modura. Faktore hau, poema aipatutako barkamen edo *supplicatio*an oinarritzen zela eta Jónsson agurgarria Ögurreko Ari Magnússonen laguna zela jakinda, poemaren propagandazko izaera agerian gelditzen da. Izan ere, idazkiak euskal baleazaleen hilketak justifikatzen ditu Bibliako metafora erabiliz: baleazaleak Jainkoak bidalitako zigorra zirela, tokiko biztanleen bertuteak proban jartzeko, eta gaizkiaren aurka jainkotasunezko justiziazko ekintza bihurtu zuten sarraskia, gaizkia euskal "papistek" ordezkatzen baitzuten. Poema egiteko oinarrizko arrazoia *supplicatio* ideia hedatzea zen, alegia, suntsitu behar ziren gaizkileen justifikazio eta absoluzio legal eta erlijiosoa (etikoa) zabaltzea. 1615eko udako islandiar parlamentuaren erabakia honela zitatzen da: "Aipatutako nazioko bizitzak eta ondasunak indar guztiz eta beharrezko boterez[70]".

Bestalde, Jónsson agurgarriak fiordoetako auzokide "bat edo bi" kritikatzen ditu, euskal arrantzaleen alde jarri zirenak euren taldekoen defentsan aritu beharrean:

59   Eta ba omen daude bat edo bi
pertsona, antza denez
espainiar gizatxarrak estimatu zituztenak,
baina ez zirenak euren aberriagatik arduratu
eta ez da bertutedunen berezkoa.
Txori hark gehiengoa molestatuko luke
bere habia kutsatzen dutelako
bestea gurtzerakoan[71].

Davíðssonek eta Tuliniusek uste dute ahapaldi hau Guðmundssoni zuzenduta dagoela, euskal arrantzaleekin izandako laguntasunagatik eta *Benetako kontakizun*ean kontatzen dituen gertaeren bertsioari entzutea kentzeko. Hemendik ondoriozta daiteke, hilko zuten beldur utzi zituela Guðmundssonek Mendebaldeko Fiordoak. Ögurreko Ari Magnússonen botere politikoari, Sandarreko artzainaren ospeari eta bere propaganda poetiko teologiko sinesgarriari aurka egin zion. Christian IV.aren errege ordenak ordezkatzen zuen indarrean zegoen legeriarekin eta islandiar parlamentuko honako ordenantzarekin ere aurrez aurre zegoen Guðmundsson: euskal baleazaleak 'réttdræpir' edo legez kanpoko pertsona bihurtu zituen eta "zigorrik jasan gabe hil zitezkeen". Horrek guztiak eraginda edo horren guztiaren bertutez, sorginkeriagatik ere akusatuta egon zen eta Guðmundssonek ez zuen erbesteratu[72] beste aukerarik izan.

Oihartzuna eta sarraskiaren eraginak

Ari Magnússonek baleazaleen aurkako justifikazio legala lortu zuen Islandiako parlamentuan eta tribunaletan, Þingvellirren, 1616ean. Oso litekeena da, testuinguru honetan, Ari Magnússonek tokiko poetak enkargatzea eta elkar adituta euskal arrantzaleak odolzale gaizkile, lapur, su-emaile eta bortxatzaile gisa deskribatzea. Mendebaldeko Fiordoetako biztanleria osoa eta, seguruenera, Magnússon ere euskaldunen errepresaliaren beldur ziren eta zonaldera danimarkar gerraontziak bidaltzeko eskatu zuten, Islandiako kostaldea patruilatzeko. Hala ere, ez zen inolako errepresaliarik egon. Hamar urteko hutsunearen ondoren, baleazaleak Mendebaldeko Fiordoetara itzuli ziren 1626an, islandiar urte liburuek itsasontzi "frantses" baten etorrera erregistratu zutenean. Seguruenik, Lapurditik zetorren.

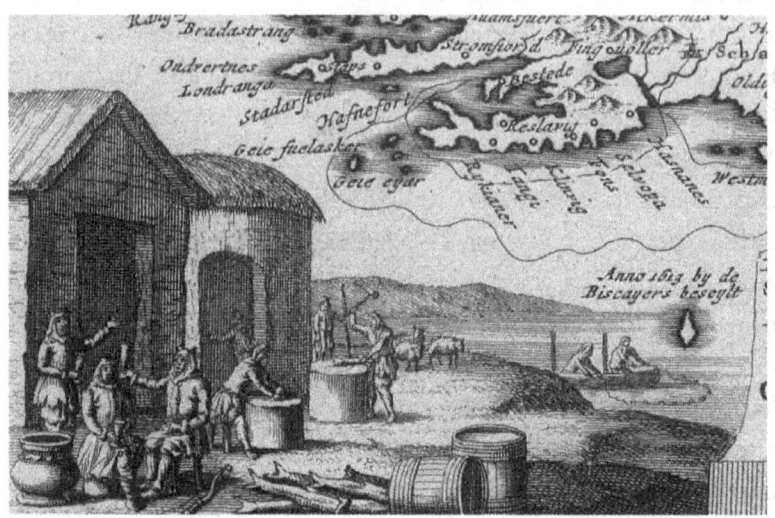

1706an, Pieter Van der Aak egindako Islandiako mapa kartografikoaren detailea. Bakailaoketari estazioa irudikatzen du marrazkiak. Strákatangin Magnús Rafnssonek eta Ragnar Edvardssonek ikertutako indusketa arkeologikoen aztarnen antza dute eta, aurreko orrialdeko argazkiko mendien antza du marrazkiko atzeko mendiak. Landsbókasafn Íslands - Háskólabókasafn Islandiako Liburutegi Nazionaleko baimenarekin. Islandskort.is.

Rafnssonek eta Edvardssonek seinalatzen dutenez, ohikoa zen euskal itsasontzien bisiten erregistroa eta baita holandar baleazaleena ere. Urte hauetan daude erregistratuta: 1656, 1662, 1663, 1673, 1677, 1678, 1683, 1685, 1689, 1690, 1691, 1695, 1698, 1699 eta 1701. Urte liburuek beste bi itsasontzi gehiago aipatzen dituzte. Seguruenera, euskaldunak izango ziren: bat itsasoko bankisaren eraginez hondoratu egin zen 1673an eta bestea "frantsesek" erre zuten Ísafjarðardjúpen, 1690ean. Horregatik, komeni da adieraztea Islandiako kostetako balearen ehiza XVII. mende osoan hedatu zela, 1615eko sarraskiak eraginda hamar urteko parentesi baten ostean. Islandiara joan eta erregistratu zen azken itsasontzia 1712koa da eta ezagutzen ditugun iturri historikoek ez diote urte horren atzetik euskal baleazaleei beste aipamenik egiten. Hutsune hau 1712an eta 1715ean Utrechteko Tratatua sinatzeari dagokio, itsaso hauetan aritzeko eskubideen galera ekarri zuelako. 1728tik aurrera, Gipuzkoako arrantzaleen interes komertzialak Caracasko Real Compañía Guipuzcoanaren aktibitateetan zentratu ziren eta Venezuelako Goi Jeneraltzan aritu ziren 1730 eta 1785 urte bitartean.

Magnús Rafnsson eta Ragnar Edvardsson arkeologoek XVII. mendeko euskal baleazaleen geltokiko indusketa lanak Strákatangin, Steingrímsfjörður fiordoan.

Nabarmentzeko beste ideia bat honakoa da: 1615ean erailketa gertatu bazen ere, islandiar gizartea baketsua zela eta ia ehun urtez euskaldunek eta islandiarrek elkarrekin kolaboratu zutela eta bizikidetzan egon zirela, merkataritza sare indartsua sortuz eta baita sare sozial eta kulturala ere. Ehun urtez, euskaldunen eta islandiarren artean bizikidetza baketsua egon zen; Mendebaldeko Fiordoetan 1630 eta 1713 urte bitartean.

Hitzaurrea. 1615eko euskal baleazaleen sarraskia

Euskal arrantzaleek eta tokikoek, bien arteko komunikaziorako, XVII. mendean sortu zituzten "euskara-islandiera" lau hiztegiek frogatzen dutenez, euskal baleazaleen eta tokiko biztanleen interakzioa aurpegi askokoa eta intentsua izan zen. Nicolaas Deen hizkuntzalari holandarrak 1937an ezagutarazi zituen lehenengo hiru hiztegiak eta berriki Purdueko Unibertsitateko Shaun Hughesek Harvardeko Unibertsitateko Houghton Libraryn laugarren bat topatu du. Garrantzitsua da azpimarratzea hiztegi hauek ez zirela idatzi merkataritza harremanak sendotzeko, ia ez baitira balearen ehizari buruzko lexikoa eta adierazpenak aipatzen. Horrenbestez, datu hau oso adierazgarria da: edukiak komunitate bien arteko interakzio sakonaren berri ematen du.

Hiztegiek 859 hitzeko corpusa dute eta Bizkaiko, Gipuzkoako eta Lapurdiko dialekto aniztasunez osatuta daude eta baita beste zenbait bitxikeriz ere. Adibidez, emakumeak maitemintzeko errezeta magikoa azaltzen da hiztegiak gordetzen duen dokumentuan. Eta honek guztiak euskaldunen eta islandiarren arteko harreman irmoa eta aberatsa erakusten du[73]. Hiztegietan dauden adierazpenen artean daude honakoak: "Ungetorre Sappelle gorre" (ongi etorri txapel gorri), oso ortodoxoak ez diren "Gianzu caca" (jan kaka) edota "Sickutta Samaria" (jo larrua zaldiarekin) bezalako adierazpideak, "Mala gissona" (gizon txarra edo pertsona txarra) eta "Kikomiciuca" ("itsumandoka" izenez ezagutzen den haurren jolasa) bezalako lokuzio bitxiak[74].

Orokorrean, ehun urte hauetako interakzioen balantzea positiboa da. Esaterako, 1656ean, Brynjólfur Sveinsson apezpikuaren eta tokiko artzainaren arteko postazko harremanek aipatzen dute 1615ean hiru itsasontziak hondoratu ziren tokian lekuko bizilagunak euskal baleazaleentzako lanean ari zirela, ez bakarrik baleazaleen enpresek haragia eta tokikoentzako objektu erabilgarriak ematen zizkietelako (egurrezkoak, metalezkoak edota oihalezkoak), baita bisitatzen zituzten zonaldeetan lan iturri izan zirelako ere. Magnús Rafnssonek eta Helgi Guðmundssonek harreman horren adierazle den dokumentua ikertu dute. Magnús Magnússon gobernadorearen urte liburuek Bolungarvíken 1663an hondoratu zen itsasontziaren historia gehitzen dute. Euren etxeetara joateko itzulerako igarobiderik lortu ezinda, eskualdeko etxaldeetan banatu ziren eta negu osoa islandiar familiekin bizikidetzan igaro zuten. Hurrengo udan Þingeyrin (Dýrafjörður) idatzitako dokumentu batek kontatzen du, San Joan de Ansoa izeneko batek Þórunn izeneko neska gazte batekin harreman estua izan zuela. Arrantzaleak irla utzi nahi izan zuenean, neskak epailearen aurrean akusatu zuen eta hark gizon katolikoa eta ezkondua zela deklaratu zuen eta, horrenbestez, ez zela bere interesa emakume harekin harremana mantentzea[75]. Jakina, gizon hura ez zen santu, Kastero -Etxahunen bertsoetako pertsonaia famatua- ez zen modu berean.

Interakzio, iritzi eta Europa kontinentaleko albiste truke hauek izango ziren Jón Guðmundsson bezalako pertsona bati interesatuko litzaizkiokeen elkarrizketak. Nolanahi dela ere, egilea 1658an hil zen eta, horrenbestez, ezinezkoa da bera euskarazko eta islandierazko lau hiztegietako lehenengo eta zaharrenaren egilea izatea, XVII. mende amaierakoa baita.

*Benetako historia*ren testuan egileak espainiarrei eta frantsesei erreferentziak egin zizkien arren, arrantzaleak Bizkaiko Jaurerrikoak, Gipuzkoako Probintziakoak eta Lapudiko Bailiokoak ziren eta, horrenbestez, euskaldunak ziren. 1615ean, Gipuzkoako Probintziak estatu exekutibo, legegile eta judizial propioak zituen eta 1583an onartutako

Hitzaurrea. 1615eko euskal baleazaleen sarraskia

lege kodearen arabera zuzentzen zen: arrantzale gipuzkoarren aktibitate politikoa eta merkataritzakoa agintzen zituen eta 1692ko foruen erreformara arte euren bizitza publiko guztia horren arabera zuzentzen zen. 1615ean, Gipuzkoa ez zen Gaztelako Erreinuaren edo estatu espainiarraren parte eta ezta XIX. mendera arte ere. Gauza bera gertatzen da Bizkaiko Jaurerriarekin eta baita Lapurdiko Bailioarekin ere. Lapurdi ez zen Frantziaren parte. Ikuspegi kultural batetik behatuta, arrantzale haiek euskaldunak ziren. Horren adierazle garbi dira euskara-islandiera hiztegiak. Ondorioz, historikoki gertakari hura "Espainiarren erailketa" edo "Spánverjavígin" izenez ezaguna bada ere, legalki eta politikoki gipuzkoarrak ziren eta baita kulturalki ere. Horregatik, hitzaren erabilera zuzenagoa egite aldera "Baskavígin" esan behar litzateke 1615eko sarraskiaz ari garenean.

Jón Guðmundssonek ez zuen "Spánverjavígin" terminoa erabili. Izan ere, hitz konposatu hau ez zen XIX. mendearen bukaera arte erabiliko, eta inoiz ez hitz konposatu baten gisa, baizik eta sintagma bezala: "víg spánverjanna". Ólafur Davidsson izan zen "Spánverjavígin" hitza erabili zuen lehena 1895ean *Tímarit Hins íslenzka bókmentafélags* aldizkarian argitara emandako artikulu batean: "Víg Spánverja á Vestfjörðum 1615 og Spönsku vísur eptir síra Ólaf á Söndum" (vol. 16, pp 88-163). Sarraskiari "-vígin" forma aplikatu baino lehen beste espresio batzuk ere erabili ziren, hala nola, "dráp" eta "aftaka" (hilketa).

Jónas Kristjánssonek 1950ean Kopenhagenen Hið íslenzka fræðafélag argitaletxearen eskutik Jón Guðmundssonen *Sönn frásaga* idazkiaren aurreneko edizio akademikoa kaleratu zuenean, "Spánverjavígin 1615" izenburupean argitaratu zuen, eta espresio hau ezagun bihurtu zen Islandian. Hala eta guztiz ere, Ólafur J. Engilbertssonek

2006an Snæfjallaströnden antolatutako kongresuan Jonas Kristjánssonek berak "Baskavígin" izenburua eman zion bere artikuluari eta horrela argitaratu zuen kongresuaren aktak urte horretan bertan kaleratu zirenean. Hori dela eta, liburu hau Jónas Kristjánssonek sarraskiari eman zion izenburupean kaleratu dugu, alegia, "Spánverjavígin" hitz konposatua asmatu eta erabiltzeari utzi zion egilearen erabakiari jarraiki "Baskavígin" erabili dugu liburu honen izenburu gisa.

Shargasco Jón lærði

Benetako historia
Jón Guðmundsson

1615ean, San Mateo jai egun bezperaz, irailaren 21ean, espainiarren itsasontzien hondoratzeari eta lehiari buruzko benetako historia da: Trékyllisvík fiordotik gertu, izotzak eta ekaitzak eraginda, ontziak hautsi zitzaizkien eta, gero, Ísafjörðureko Ari Magnússon ondasundun gizonaren tropek hil zituzten. Bost gizon Æðey irlan zeuden eta beste hamahiru Sandeyrin. Itsasontzi bereko beste bi barkuko gizonak Dýrafjörðuren erori ziren eta esan izan da batek baino ez zuela lortu bizirautea. Ezer jakin gabe Ísafjörðurera joan ziren, gure kapilauarekin eta nire gertuko bizilagunekin batera; guztira bost gizon. Borrokan parte hartzera derrigortu zituzten eta jarraian kontatzen den atakearen albisteak eta atakea gertatu zen moduari buruzko notiziak ekarri zituzten, hemen kontatzen den bezala.

Gizabanako hauek guztiak gizon otzanak zirela kontuan izanda —horietatik hiru Ari ondasundunaren maizterrak— eta espainiarren aurkako etsaitasuna erakusten zutela ikusita, batez ere itsasontzi handi hartan zeudenenganakoa, inguru hartako espainiarren kontuak zinez dirdirarik gabe jaso dira eta tokiko gizonenak, aldiz, edertuta eta hobetuta daude; Jainkoak berak ere badaki. Alabaina, espainiarren lekukotza duina da arrazoi askorengatik.

Kontakizun hartatik abiatuta gertaera hura erretratatu nahi dut, egiari estuki lotzen saiatuz. Hala eta guztiz ere, argi eta garbi diot zatarrena beti ezkutatu egingo dudala eta dena ez dudala inoiz kontatuko. Entzun ezazue nahi duzuenok eta ez jaramonik egin gogorik ez duzuenok.

Hitzaurrearen amaiera

1615. urteko egun haietan, frantsesez eta espainiarrez beteriko hamasei galeoi heldu ziren Hornstrandirrera. Horietatik hiru, uda erdi aldera, ainguratuta gelditu ziren, itsasoko izotzak nabigazioa oztopatzen zuelako. Baleen ehizara igorri zituzten eta, ohiturari jarraituz, lan horretarako baino ez zeuden prestatuta; baleen olio kantitate bera biltzeko aurrez ere bi urtetan joanak ziren. Lehenengo, bi ontzi ailegatu ziren, bata bestearen konpainian. Ontziotan Pedro de Agirre eta Esteban de Telleria kapitainak zeuden. Egun batzuk beranduago, galeoi handiagoa porturatu zen. Bertako kapitainak Martin de Villafranca zuen izena; Marteinn af Fakkaborg islandieraz. Guztiek Reykjarfjörður fiordoan hartu zuten lurra hasiera batean, aurrez Skrímslafjörður deiturikoan; Standir probintziako Trékyllisvíketik gertuen dagoen fiordoa da eta puntu honetatik hego-ekialderako norabidea hartzen du. Martin ahaltsuena zen eta ehizarako material eta eskulan gehien jartzen zuena. Nolanahi ere, balea-olio ekoizpena elkar banatu egiten zuten. Pedroren ontziak bi olio upel bazituen eta Estebanenak beste bi, Martinenak hiru zituen. Martinek Pierre izeneko pilotu frantsesa zuen. Pierre aspektu askotan bereizten zen gainerakoetatik eta ingelesen lagun handia zen. Frantziako kostako irla batean bizi zen, Holandatik gertu. Seme asko ezkonduta zituen eta bere koinatuak ospetsuak ziren. Ezaguna zen.

Donostiako gizon ezagun batek Juan de Argarate zuen izena; Donostia Espainiako erreinuko erregioa zen. Gizon zintzoa zen, goraipamenak merezi zituena. Bere anaiarekin, Martin de Argaraterekin harremana egin nuen, bere ontzia hemen ainguratu zen lehenengo udan. Aldi horretan, inolako ebasketa eta liskar gabe itzuli zen. Nik emandako hitzaldiei eta egindako eskariei esker bitartekaritza lan ona egin zuen eta hori hemengo jendeak nahi izango balu jakingo luke. Juan de Argarate kapitainak beste ontzi bat prestatu zuen Islandiara nabigatzeko, baina Martin bere anaia beste espedizio baterako prest zegoen. Juanek Pierre pilotu frantsesa kontratatu zuen. Ibilbidea egiteko jende askok eskatzen zuen pilotua zen. Aurre ikuspenetan eta gomendioetan ona zen eta adimenez bikaina. Hori egiaztatzeko aukera izan nuen behin. 1615eko apirilaren amaieran prest zegoen Juan Donostiako portuan, baina arrazoi berezi batzuk tarteko lurrean gelditu behar izan zuen Juan de Argaratek. Martin de Villafranca izeneko gizon hura bere ontzirako kapitain izatea lortu zuen. Orduan, Pierre pilotu frantsesak lurrean gelditu nahi izan zuen, baina Juanek ontzian joan zedin konbentzitu zuen. Uda hartan, elkarrekin topatu ginenean, ontzia hondoratzeko beldur zela esan zidan. Horregatik, itsasontzia fiordoan barrura zegoen portu batera eraman zuen; aski ona zen alde guztietatik batetik izan ezik, alde batetik izotza sar zezakeelako eta pilatuta gelditu. Horixe gertatu zen, Jainkoak hala jarri izan zuelako, geroago errebelatuko den modura. Horrelaxe egon ziren amarratuta hiru ontzi horiek, guregandik gertu, aurrez esan izan den modura. Martin kapitaina, beste inor ez bezala, beti joaten zen bakarrik txalupetan baleak ehizatzera, Pierre pilotua kapitaina bailitzan kontu guztiak kontrolatuz ontzian gelditzen zen bitartean. Pedroren itsasontziko espainiar batek Luis zuen izena eta Pedro de Agirreren aitaren parteko osaba baten semea zen; gizona aberatsa zen eta latina ondo zekien. Luis eta bere lehengusua baleen komertzioko arduradunak ziren,

Benetako historia

alegia, hegalak, balearen urdaiazpiko xerrak eta koipea edota komertzializatzen zen guztiaren arduradunak ziren. Asensio deitzen zen Pedro eta Luis lehengusuen konpainiako arpoilari onenetako bat. Hiru kaxalote ehizatu zituen gazteentzako eta arrazoizko prezioan saldu zituzten. Horrela, bada, sarri askotan 100 ukondo erreal balio zituen piezagatik XX baino ez zuten kobratzen kaxalote haiengatik. Hori horrela izanik, hemengo jende txiroak erabili zituen kaxaloteak eta atera zien probetxua eta negu gogor hartatik bizirauteko balio izan zien. Gizon hauek, batez ere ontzietan zeudenak, hemen lapurtzeko eta arpilatzeko asmotan ibilian zebiltzanaren gaineko albisterik ez zitzaigun heltzen. Martinen beste bi txalupetako gizonak, bere ikuskaritzarik gabe aritzen zirenak, bihurriagoak ziren eta zenbait etxaldetan aharia hartzen zuten; beste askok ahariak saldu egiten zizkieten edota esne, gurinezko pilula edota eskuzorroekin arazoa konpondu egiten zuten elkarren artean. Une horretan, XI bale handi ehizatu zituzten eurentzako, baina arpoitzen ari zirela beste XI bale galdu zituzten. Beti zituzten prest balearen urdaiazpiko xerrak nahi zuenarentzako eta ez zitzaien gustatzen jendea haragia mozten zen tokira ez joateko jarreraz ikustea, haragia fresko zegoen bitartean. Izan ere, jende gutxi zegoen erregioan eta urritasunezko urtearen ondoren ez zegoen ganadurik. Hala eta guztiz ere, espainiarrek nahiago zuten zerbait ezer ez baino: gurinezko pilula txiki bat edota eskularruak, biskak, txakurrak edota kume bat, zerbait jasotzea behintzat. Izendatutako elementuengatik gizon bakoitzak bere zaldian kargatzeko, edo izanez gero barkuan, urdaiazpiko xerrak jasotzen zituen. Batzuk ez ziren ausartu horiek hartzera joatera, Ari Magnússon ondasundunak eta autoritatea zenak idatzitako karta eta ediktuengatik; oraindik ere ikusgai daude. Beste batzuek ez zuten saihestu. Aharia eta objektu desberdinekin osatutako sorta saltzeko moduan zuen edonork irabazia lortzen zuen, balea beltzezko balekumeak erosi zituztenek frogatu zuten modura. Ez nintzen gehiago, uda hartan, euren ontzietara joan. Itsasontzi txikira baino ez nintzen joan, Pedro de Agirreren ontzira; guztien goraipamena merezi zuen, kalterik egiteko gaitasunik ez zuen tripulazioa zuela jakinda. Beste pilotu frantses bat ere bazuen, Andres izenekoa. Gizon ona zen. Esteban kapitaina, bere aitakidea zena, eta bere tripulazio guztia ebasketa eta pikareska guztietatik libre zeuden. Haatik, bere txalupetako batean zuhurtziagabeko bi pikaro zeuden. Antza zenez, Steingrímsfjörðurrera egindako bidaian aharia edo galtzerdiak hartu eta eraman zituzten, iazko udako Eyjarreko matxinadan euren aurka egin zuten etsaiak zeuden tokiren batetik; hori zioten eurek. Izan ere, itsasotik heldu berritan, itsasoko izotz eremuak eraginda jakirik gabe zeuden, larrituta, eta bi txalupetan atrapatuta egon ziren, iparraldeko itsasoan zeuden euren bi hagako ontzietatik bananduta, IIL miliara nabigatzen. Orduan, itsasontzi guztiak Moscoviamera bidean joan ziren, baina izotz eremua urrundu zenean aipaturiko hiru ontziak portura zuzendu ziren. Islandiako gizon batzuk, 30 guztira, Eyrarren bilduta zeudenak, izotz eremuan harrapatuta zeuden eta ospetsuak egiteagatik bakarrik 13 espainiar deuseztatzea planeatu zuten. Borroka hasi zenean, islandiarrak mendira alde egin zuten eta batzuek kalteak jasan zituzten. Probokazio honen eraginez, uda osoan, une oro, ontzi bakoitzean bi zelatari izan zituzten espainiarrek eta ez zituzten inoiz txalupak ontzitik begiztatzen ez ziren tokietara bidali eta ezta tiroak entzuten ziren tokietara ere. Hain ziren uda horretako gizonak diziplinatuak, ez zirela inoiz Reykjanesko etxaldera joan, euren arrantzarako zonalde horretako kostan egunero zazpi txalupa ainguratuta izaten bazituzten ere. Iazko udan, ostera, egunero etortzen ziren eskaera eta abusuekin, noizbehinka baita ebasketa txikiekin ere, eta gure erregearen baimena zuten uda hartan hor lau ontzi ainguratuta uzteko; aurrez, porturatu zirenean, Ari ondasundunak esan zigun bezala. Hala ere, gehiago etorri izan balira, baimenik gabe izango zatekeen eta Pedro eta Luis kapitainek, euren gutunen bidez, ez zirela baimenik gabe ari erakutsi zuten. Eurei kalterik egiten ez ziotenei kalterik ez egiteko betebeharra zutela ere erakutsi zuten.

Ontzi handiko Martin de Villafranca kapitaina ez zen gorputz handiko gizona, gaztea eta bizargabea eta atleta bikaina zen eta balearen ehizarako oparoki hornituta zegoena. Arraina edo itsas txakurra itsasoan eta uretan bezala mugitzen zen. Sarri askotan, udan, transakzio komertzialak proposatzen zizkion jendeari, gutxienez ahari bat sal ziezaioten eskatu zuen edota beste gauza txiki eta handiak, lurrean zerbait izan zezan. Izan ere, Pedrori eta Estebani ekartzen zizkioten artikuluak zituen mundu guztiak. Gainera, berak zera zioen: bera zela balearen urdaiazpiko xerren edota jatekoa zen balearen beste zatiren baten jabea, baina ez zuela inoiz bere partea jasotzen eta ezta ezer horren trukean ere. Martin kexuka aritzen bazen ere, ezezkoak, biraoak eta maldizioak jasotzen zituen bere eskubide edo eskaeren erantzun modura. Hala eta guztiz ere, ez genuen inoiz entzun ebasketarik egin zuenik eta ezta inori minik egin zionik ere. Islandiar bati bizia salbatu zion, aurrez bere tripulazioko kide bat harriz kolpatu eta konorte gabe utzi ostean. Egun batez, gure kapilau zen Jon Grimsson agurgarriaren etxaldera joan zen, Pierre handiarekin batera, alegia, bere pilotu frantsesarekin. Ohikoa zen modura, ahari bat saltzeko eskatu zion eta ezezkoa jasotzean ontzira itzuli zen, inongo kalterik egin gabe. Horrelaxe igaro zuen uda osoa, ontzia hondoratu zen arte; abentura handiagoak kontuan izan gabe, hemen zehaztutako lapurreta eta ebasketetatik aparte. Izan ere, jendea egunero joaten zen eurengana, zaldiz edo barkuz, beste edozein merkatuko plazara moduan. Mailuak, aizkorak, burdinak eta zaku oihalak erosi ahal zitzaizkien. Gure kapilau agurgarriak egun gutxitan falta izan zuen topaketetara eta hondoratu baino zertxobait arinagora arte ontzi guztiak bisitatu zituen. Behin, balearen buruko koipearen zati bat ilunetan desagertu egin zela jabetu ziren espainiarrak eta goizean Pedro eta Esteban Kesvogskoteko partzuerrari kexatu zitzaizkion, hango lurretako portuan baitzeuden ainguratuta. Bera errugabetu egin zen, baina ez zen gertakariaren egilearen izena esatera ausartu. Eskerrak eman zizkien eta bere patroiaren ardi bat eman zien ordainetan. Estebanek laguntasun zahar bati esker lortu zuen laguntza, baina Martinek ez zuen inolako ordainik jaso. Haatik, albiste hauek bere mendeko gizon baten bidez jaso zituen eta hasiera batean ez zuen erreakzionatu. Goiz batean, Martin etxalde txikian agertu eta bere aharia exijitu zuen. Ondasunak zituen gizona zela esan zuen eta ogiz eta ardoz ordainduko ziela, ogia eskainiz barrika erakusten zuen bitartean. Zerbait esateagatik berak zioen ez zutela proposamena onartu, baina Pedroren ontziko tripulazio guztiak zioen 32 ogi biribil onartu zituela eta katalintzarrean jarritako ardoa. Gero, Martinek, ardia kontatu dugun eran eraman zuen.

Honen ondoren, San Mateo jaiko aurreko martitzenean –irailaren 19. eguna zen–, ontzi bietako agintea zutenak, alegia, Pedro, Luis eta Esteban, hoberenak ziren euren gizonekin batera Martin de Villafrancaren galeoira lekualdatu ziren. Itzulerako bidaiarako prest zeuden eta joanaldiari ekin aurretik balearen olioaren gaineko zorrak kitatu nahi zituzten. Lehenengo egunean zenbait

Benetako historia

desberdintasun egon ziren eta, horregatik, bigarren egun batez itzuli behar izan zuten; orduan adiskidetu eta etxera pozik eta ardoa edanda itzuli ziren. Eguazten horretan, Pedroren gizonei agur esan ostean, Martin kapitaina bere gizon batzuekin batera lurrera jaitsi eta Naustavíkeko pasabideko bidetik Árneseko etxaldera arte joan zen. Gertakari horien gainean, kapilauaren eta une hartan han zegoen beste gizon baten lekukotzak ditut; horiek baino fidagarriagoak ez ditut. Ez nintzen inoiz egon ontzi handia ainguratura egon zen portuan, uda hasi zenean eta barkua hara lekualdatu zutenean, nire bizilagunarekin batera egon nintzen aldia kenduta.

Kapilauaren eta Martinen arteko tratuari buruz zera kontatzen da: Martinek bere ibilaldirako elizgizonaren ahariak nahi zituela eta eskubide bezala exijitzen zizkiola. Izan ere, Martinen ondasuna zen balearen haragia hartu zuen kapilauak, nahiz eta ez zuen onartzen. Horregatik, Martinek, gutxienez txekor bat eman behar ziola esaten zion; lortu arte ez zuen alde egingo eta, indarra erabilita, behiak edota ardiak kenduko zizkion. Kapilauak ez zuen emateko asmorik, baina zorretan zegoen Martinekin. Kapilauak, aldiz, esaten zuen udan Martinek berak eman ziola balearen haragia. Kontua da, azkenean, Martinen laguntzaile batek poltsikotik soka atera eta kapilauari saman jarri ziola, farfuilatuz, eta urkamena erakutsiz. Ondorioz, kapilau agurgarria haserrealdiaz eta eztabaidaz aspertu egin zen eta, azkenik, zekorra emango ziela promestu zien. Horrekin gustura gelditu zen Martin eta ontzira itzuli zen. Mutil ezkongabe bat eta zaldi bat utzi zizkioten gau hartan ontzira eramateko eta gau berean ontziak hondoratu egin ziren. Mutil ezkongabe hori han izan zen hondoratzearen unean eta gertakarien berri eman zuen. Goizean, kapilauak, bakearen izenean, Martini egin zion promesa betetzeko, etxaldetik urruti, mendiko artegira bidali zuen txekor bat bilatzera, baina segituan izan zuen hauen eta besteen hondoratzearen berri. Eguazten horretan, Pedro eta Esteban oso pozik itzuli ziren Martinen ontzitik eta gutako batzuk euren kanpamendutik hurbil geunden. Orduan, Pedrok eta Luisek esan ziguten ontzi handiko Martin kapitainak kapilauarekin bildu nahi zuela. Baleen inguruan gertatutakoaz adiskidetzeko hitz egin nahi zuen eta berea zena erreklamatu nahi zion, bai ilunetan desagertu zen balearen burua eta baita kapilauak erosi eta ez ordaindu eta ezta eskertu ez zizkionak ere; udan berekin tratu komertzialak izaterik ere ez zuen nahi izan. Eta gai honetaz ez dut gehiago hitz egiterik nahi, baina gure herrikideen intentzioa eta helburua zen, iazko udan bezalaxe oraingoan ere, ahal zutenean kanpotarrak bat-batean desagerrarazi eta engainatzea, nahiz eta batzuk zintzo portatzen ari ziren. Arrazoi hau dela medio, batzuetan, inozenteok ordaintzen dugu, kanpotarrek egiten zutena ebasketekin itzultzen zutenean. Hala eta guztiz ere, gutxi batzuek ulertzen zituzten edo inork ez euren arrazoiak eta, askok, nik bezala, badakite hau egia dela.

Gau berean, itsasoa harrotuta zegoen eta bankisatik izotz-blokeak eraman zituen arrastaka, kostaren eta Pedro eta Estebanen ontziak atrakatuta zeuden artera. Orduan, hurbilen zeuden etxaldeetara joan ginen, baina gauean sekulako denboralea etorri zen, sinestezina eta harrigarria, eta bankisak segituan kolpatu zituen bi ontziak arroka altuak zituen mutur baten aurka. Lehenengo, Estebanen ontzia triskatu egin zen eta bankisarekin Pedrorenaren kontra jo zuen. Ontzia guztiz hautsi zen, timoitik gora ere bai, eta, gero, pilatutako karga guztiarekin batera hondoratu egin zen. Alabaina, Pedroren ontzia kolpe gogor batekin atera egin zen eta indarrez lurmuturrarekin jotzean erdibitu egin zen. Goiko aldea

Benetako historia

lurmuturreko ertzeko arroketan igota gelditu zen eta, horrela, mareak behera egitean mehegunetik hartu ahal izan zen; beheko aldea hondoratu egin zen itsasoko sakontasunean. Une horretan, ontzian zeuden txalupa guztiak apurtu egin ziren, gaur hartan izotza zelai zabal bat bilakatu baitzen. Modu berean, jende guztia atsekabez iritsi zen lurrera. Lehenengo, Pedroren ontzira igoz, ontziek batak bestearekin elkar jotzen zutenean. Handik, gero, guztiak lurmuturrera joan ziren, urpeko igeriketan eta ahal zuten modura igerian eta batzuk izotzetik arrastaka. Nolanahi ere, Pedrok bere hiru gizon galdu zituen. Lehenik eta behin, Luis: latina zekien bere lehengusua. Gero, Asencio, gizon amultsua eta ehiztari bikaina zena. Hirugarrena, ontzimutil soil bat zen. Pedroren ontziko popako lau gelak osorik eta lehor gelditu ziren eta timoiaren gainetik guztia ateratzen zen itsasoaren gainera. Han erreskatatu zituen su-armak, lehorrak eta inongo kalterik gabe zeudenak. Guk kontatu eta ikusi egin genituen.

Gainera, nik ikusi nituen zortzi su-arma zeuden han, bustita eta apurtuta. Bi fardel eta ezer gutxi gehiago errekuperatu ahal izan zuten: arkoi huts bat baino ez, orain kapilauaren ondasuna dena, ogirik, ardorik, arroparik eta dirurik ez. Gabezia gorrian zeuden orain zorigaiztoko hauek. Lehenengo egun hartan arranguratuta zeuden eta jendeak, pausu bakoitzean, eurotariko bateren batekin egiten zuen topo. Ostiralean, zonaldeko bizilagun asko hurbildu ziren bertara eta, une horretan, jendearekin hitz egin zuten eta arrazoitu. Bjarni Ámunssonekin batera joan nintzen ni ere. Pedro eta bere hiruzpalau gizon, hoberenak zirenak, gelditzeko gonbitea zen nire helburu eta borondate irmoa eta horixe azaldu nion; gainontzeko gizonak sakabanatuta ere euren kabuz moldatuko ziren zerbaitekin. Bidean, lehenengo, Andresekin gurutzatu nintzen, Pedroren pilotuarekin, eta kontatu egin nion. Horri erantzunez, eskuak zerura altxatu zituen pozaren pozez negarrez, bera frantses bakarra izanda Pedrorekin geldi ote zezakeen galdetuz bezala. Nik baietz erantzun nion. Orduan erantzun nuen: "Eamus, eamus, hablar, hablar, capt", alegia, "Goazen kapitainari kontatzera". Pedroren kanpalekura iristean nire planaren berri eman nion eta bihotzez eskertu zidan, baina beranduegi heldu nintzela esan zidan, ontzi handi bat iritsi zelako eta beste edozer baino lehen ikusi eta ikuskatu egin behar zuelako. Erantzun eta zin egin nion ontzi hartan sekula ez zirela Espainiara iritsiko eta ezta Ingalaterrara ere, baizik eta arriskatu egingo zirela zentzugabekotasun hori eginez gero. Berak guztien izenean erabakia hartua zuela esan zuen. Eta horrelaxe uste zuten bere dendan zeuden islandiarrek ere; une horretan, kapilaua eta portuko lurren partzuerra, Jón Thórdarson, zeuden. Biek euren ontzietan, ahal zenik eta azkarren, penintsularen mendebaldeko zonaldera eramatea nahi zituzten, korronte arriskutsuek eta itsaso zakarrak segituan galaraziko zituztela pentsatuta. Pedrok bere ezezkoaren zergatia zein zen kontatu zidan, kontatzea luze joko lukeen beste argudio gehiagorekin batera: "Si deus pro nobis, qvis contra nos".

Andres lemazainak ondorio hau entzutean, korrika alde egin zuen negarrez. Agindupeko, bizargile eta ontzimutil askok hertsiki eskatu zuten har zitzatela, modu batean edo bestean, bizia salbatzeko, baina autoritatearen eraginez ez zen inor ausartu. Irtenbide askoren gainean eztabaidatu zuten, baina ez zen bat bera ere aurrera eraman: karitatean hartzea edota ondasundunarengana bidaltzea. Kasu honetan, ahaldundunen gomendioek indar handiagoa izan zuten: erabilgarri zeuden txalupa guztietan, Strandirreko kosta jarraituz iparralderantz joan zitezela. Ostiral horretan prest zeuden. Gelditzen ziren lau txalupa lurrean zeuden; Pedro ontziratu zena baino ez zen handia.

Ostiral goiz berean, kapilauak estortsioaren eraginez Martini promestu zion txekorra eman zion Pedro kapitainari, Martin ez baitzen txekorraren bila inoiz joan eta ez zen interesatu ere egin hondoratzeagatik. Hala eta guztiz ere, guztiak urrikaltzen zitzaizkien Pedrori eta Estebani euren lazeriagatik. Kapilauak eta bere gizonek ere errukia sentitzen zuten Pedro eta bere gizonengatik. Hainbeste gauza jaso eta onartu zuten eurengatik! Eta ez zieten inolako minik eta ustelkeriarik egin. Haatik, Pedrok txekorra ordaindu egin zuen, gizon handia zen eta. Eta, lehenengo, han zeuden balea koipez betetako pipak eskaini zizkion, baina kapilauak bi baino ez zituen hartu; gainerakoetatik apartatu eta barrutiko nagusien artean markatzeko eskatu zizkidan. Gero, kapilauak galdera bat eskatu zion, batere txikia ez zena, eta, segituan, eman zioten nahi zituen pipa huts guztiekin batera. Hala ere, kapilauak txekorraren azala bueltan eraman zuen. Goizean, kapilauak XIII arrain ere eraman zizkien eta, orduan, Pedrok bere zorrozteko biradera eman zion eta baita bere sarrailadun kutxa eta beste zenbait huskeria ere. Kapilau agurgarriak, ni aurrean nintzela, galdara separatu zuenez, Pedrok bere lekukotza eskatu zion. Nonahi ager zezaketen, herrialdearen barruan eta kanpoan, baina bere presentzian ontzi bietakoek ez zutela inolako kalterik eragin esan zuen kapilauak gogo onez; Martinen gizonak kenduta. Latinez gutuna konposatu eta idatzi zuen eta hizkuntza nordikoan berak esandakoaren gaineko oharrak har nitzan esan zidan, baina nik Pedrori idazteko eta gure ontasuna onartzeko eskatu nion; ontziak izotzaren eta denboralearen eraginez apurtu zirela esanez. Unean bertan egin zuen eta kapilauak segituan hartu zuen dokumentua. Ez nuen sekula gehiago ikusi.

Orain, Naustvíkeko senaietan Martinek izandako hondoratzea kontatzeko txanda da. Hara ez zen bankisa iritsi. Hala eta guztiz ere, han askatu zen, gauerdian, amarralekuetatik bere ontzia eta olatuek kostako hartxintxarretara arte eraman zuten arrastaka; bertan aritu zen batetik bestera balantzaka denbora luzez, ia zamatuta, eta ez zuen gehiago aguantatu. Lehenengo, timoia hautsi zen eta, gero, kaskoa zulatu zen; horrela, itsasoko ura sartzen zen. Orduan, jendeari sekulako oihuak eta zalaparta iritsi zitzaizkion. Iskanbila isildu zenean, malkoak eta negarrak egon ziren. Liburuak atera eta luzeki irakurri zituzten. Gero, gauari gelditzen zitzaion zatian, ontzitik nahi zuten guztia garraiatu zuten txalupetara, gizonak ez baitzeuden arriskuan. Horregatik, zati handiena eramatea lortu zuten, kanoiak eta koipea izan ezik. Arkoi eta barrika guztiak itxita eraman zituzten, arropa eta zeramaten beste edozein gauza lehorrera garraiatzeko. Hori guztia lau txalupetan eraman zuten gizonek eta baita ogi eta ardo pixka bat ere, gero guztien artean banatzeko. Ontzia zarratu eta abandonatu egin zuten. Merkantzia lotu eta han utzi zuten eta ontziaren barruko guztia ordenatu zuten. Euren irabaziak eraman edo ezkutatu ote zituzten ez zekiten hemengoek; hori esan zuten. Martinen kutxa handia, gehiengoaren laguntzaz kargatu behar izan zutena, eraman egin zuten eta baita agintarien kutxa batzuk ere. Aldiz, dezente kutxa eta arkoi atzean utzi zituzten.

Zapatu goizean, gizon haiek guztiak portutik atera ziren. 83 pertsona zeuden, ontzia hondoratzean ito baitziren hiru. Irteerako unean, kapilaua eta tokiko jende gehiena zegoen han. Ni ez nengoen. Zortzi txalupetan nabigatu zuten, arrezifeetatik haratago Strandirreko kosta osotik iparralderantz. Itsaskia zegoen eta itsasoa oso harrotuta. Harrigarria da nola lortu zuten heltzea. Irailaren 23an izan zen. Hurrengo martitzenean Dynjandira helduko ziren, Jökulfirðirren, bi hagako ontzia egongo zen tokira. Han, bi egunez egongo ziren. Ez dut Gunnsteinnen eta espainiarren arteko tratuaren benetako berririk. Kontatzen dutenetik, baserritar baten beldurra eta ihesaldia baino ez ditut ezagutzen eta zerbitzariak berari egindako biraoak eta maldizioak. Alde egitean, bere behietako bat hilko zuten eta gainontzekoak arbola bati lotu. Horrela gertatu zen, nik aurreikusi bezala, ontzia alferrikakoa iruditu zitzaiela. Dena den, bertan joan ziren Pedro eta Esteban eta nabigatzen ahalegindu ziren, oraindik aurrez zegoena baino okerrago zegoela uste izanda ere. Ísafjörðurrera joan ziren. Goi mailakoak eta Martin zihoazen txalupak Æðey irlara zuzendu ziren, baina beste biak Bolungarvíkera. Pedro eta Esteban bi hagako ontzian joan ziren ozeanorantz eta, gero, Önundarfjörðurreko mendebaldera. Han ainguratu zuten barkua eta gau batez han gelditu ziren. Une horretatik Patreksfjörðurrera iritsi ziren denbora tarteko berri fidagarri gehiagorik ez dut. Vatneyri daniarraren etxea okupatu zuten euren gotorleku izateko eta han egokitu ziren. Momentuz, hemen bukatzen da euren kontakizuna.

Kontatu zigutenez, San Migel jai egun gauez Bolungarvíkera nabigatu zuten Martin de Villafrancaren bi txalupa eskasenak han gelditu ziren gauean. Biharamunean, mendebalderantz joan ziren. Súgandafjörðurren, Staðurren, egonak ziren eta han kapilauaren ondasun asko ostu zituzten. Handik, azkar batean, Þingeyrira joan ziren, lapurretan arpilatutako guztiarekin. Dýrafjörðurreko bizilagunek mendebalderantz zihoazela ikusi zituztenean, gizonezkoak bildu eta tropa bat osatu zuten, itzulerakoan interzeptatzeko. Lau aitzingidari zeuden 30 gizonekin, baina etsaiak XIIII zituen. Txalupetakoak Dýrafjörðurrera bidean zegoen arrantzale etxolan gelditu ziren lotan; batzuek, barkuen estalpea dela esaten dute. Horrelaxe kontatu zion Bjarni Jónssonek gure kapilauari Ögurren. Eta, gero, berak kontatu zigun. Han egon ziren, txalupetan, bost gizon gauean esna eta gainontzekoek estalpean egin zuten lo. Armatutako jendea gauean iritsi zen eta estalpea inguratu zuten. Tropako gizon bat, ezkutuan, sartzen ahalegindu zen. Hain zen ausarta eta argia, arrantzaleen armak ezkutatu eta tropara eramatea lortu zuela. Bigarrenez egiten ahalegindu zen eta berriz jaitsi zen. Arrantzaleek detektatu eta atakatu egin zuten eta zauri handiak egin zizkioten berehalakoan. Gero, bere lagunen laguntza jaso zuen. Zauri sakona egin zioten eta beste batzuek are gehiago. Ezin izan zuen borrokatu eta garaitu egin zuten. Gero, txalupetako zelatariak puskakatu eta sakabanatu egin ziren. Segituan, estalpea jazarri zuten. Barruan zeudenek segituan itxi zituzten ateak harriekin, baina aurkariek sabaia apurtu zuten. Orduan, tokikoak sutsuki hasi ziren defendatzen eta tropa aldi batez ia menderatu egin zuten. Borroka honela amaitu zen: guztiak hil ziren, baita beroki urdindunak eta Spansarius handia ere. Txalupa haietan zeuden ia paganoak eta naturaz pikaroak ziren bi gizon, baina gainerakoetan, Martin beraren txalupetan, gizon askoz hobeagoak zeuden, gehiengoak baliagarriak zirenak. Kontatzen da, handik apartatutako bazter batean lo egin eta borroka begietsi zuen gazteak ihes egin zuela eta, gero, bi hagako ontzia jarraituz zihoan txalupetako bati garrasi eginez deituta lortu zuela eurekin bat egitea. Lehiaren ondoren, botina banatu zuten eta itsasoaren sakoneran hondoratu ziren biluztutako gorpuak, paganoen gorpuak, ez kristau koitadu txiroenak.

Orain, Æðeyra nabigatu zuten Martinen beste bi txalupekin gertatu zena kontatzea tokatzen da. Taldean pilotu frantses apala ere bazegoen, Pierre, Martin de Villafrancaren lemazaina. Euren barkuetako merkantzia deskargatu zuten Æðeyko portutik eta bertan egokitu ziren; handik ateratzen ziren arrantzara edota egokitzen bazen baleen bila. Orduan, erregearen ahaldundunak, alegia, Ari Magnússonek, espainiarrak sartu-irtenean zebiltzala enteratzean, gaizkile hauen gaineko ordenantza pasatu zion Súðavíkeko tribunalari. Horren gainean ez dut gehiago inoiz idatziko, ez baitut berri fidagarririk nik. Jendea, bitarteko propioak erabilita edota isuna ordainduta, euron aurka egitera derrigortuta zegoela baino ez dut idatziko. Batzuk gogo onez joan ziren, botina promestu zietelako. Beste batzuk, aldiz, gogo txarrez joan ziren. Alde egin zuten unean, gure kapilauak Ögurrera oharra bidali zuen eta, orain, autoritateak, egun seinalatu batez, guztiak Ögurrera joateko aholku zorrotza bidali zuen: bakoitza bere bitartekoekin, nagusiki eta lehenik eta behin ordenantzako partaideak eta, gero, behar izango zituen haiek. Langidalurreko kostakoak euren tropa antolatzeko prestaketa lanetan zebiltzala, iparraldetik gure kapilaua iritsi zen lau gizonekin batera, Djúpeko badia zeharkatu zuten gizonekin. Tropa hauek Ögurren bildu ziren urriaren 10. egunean; asteartea zen, udako azken asteartea. Dýrafjörðurreko batailako albisteak iritsi ziren ordurako. Egun horretan sekulako bisutsa altxatu zenez, ostiral gauera arte han egon ziren guztiak harrapatuta; neguko lehenengoa zen, urriaren 13. eguna. Orduan, Djúpetik Æðeyra zeharkatuz ontzi espia bat bidali zuten, berririk ba ote zegoen jakiteko. Albistea hauxe zen, Villafrancoek balea bat arpuilatu zutela eta beste aldean zegoen Sandeyriko kostara arte eraman zutela arrastaka. Gehiengoa han bildu zen, lau pertsona inguru izan ezik. Izan ere, gazte baten konpainian Æðeyko euren ondasunak zaintzen egon ziren, gainontzekoek balea zatikatzen zuten bitartean. Æðeytik esnea eta su egurra eta etxalde bateko zezen bat eta txekor bat eraman zituzten; hori da une horretan eraman zutenaren inguruan jaso den notizia. Beti bezala, Pierre pilotu frantsesak lekukotzarik hoberena jaso zuen. Bere irakurketak eta otoitz orduen liburuak irakurtzera dedikatzen zen; hori zen bere ohitura. Bidalitako barkua Ögurrera iristean, han armekin bilduta zegoen jende guztia presaka atera zen, juezak izan ezik; iristen lehenak izan behar zutenak ez ziren joan. Ögurretik berrogeita hamarretik gora joango ziren. Æðeyra gauez iritsi ziren, bizilagunak lotaratu baino lehen. Ordurako, Pierre pilotuak itsasertzera jendea bidali zuen barkuak begiztatzeko, ontzitik atera zenetik ez baitzegoen lasai. Gero, irakurtzera itzuli zen eta denbora luzez irakurtzen aritu ostean liburua itxi, buruaren azpian jarri eta lo gelditu zen. Zabal zegoen etzanda gela nagusiko eskaileretan. Bere kidea, Lazaro izeneko gizon lodia, luzatuta zegoen lurrean, txanoa zuen berokian. Tropa Æðeyra iritsi bezain pronto, oihuak eta zalaparta entzun ziren eta bidean zihoazela aurkitzen zituzten gauza desberdinak lapurtu eta ebatsi zituzten.

Orduan, batek, barku batetik hartuta, esku batean mailu handia eta bestean gudarako aizkora jarri zituen eta etxaldera arte jarraitu zuten. Ostatu hartu zuten gela printzipalerako bidean emakume bat jarri zuten aurrean argia emanez, tropa barrura sartu zen bitartean. Gizon basatia zen ilarako burua eta Pierrerengana hurbildu zen. Mailu handiarekin kolpea jo zion eta, esnatu eta berehala, begiak zabaltzean, aizkorakada eman zion. Gero, bularrean daga bat sartu zioten, alderik alde zulatuz, eta hil egin zen. Hori kontatu zuenak atetik ikusi zuen. Bere atzean zegoena, mailu handiaren kolpea entzutean, esnatu egin zen eta Pierre zutik jartzen ahalegindu zen. Orduan, han zeudenek atakatu egin zioten eta borrokatu egin zuten. Nahikoa izan zuten guztiek. Laguntzailea hiltzen laguntzera nor joan zen ezin da jakin, kontakizunak ez baitu jasotzen, alegia, borratuta dago. Une horretan, kanpoko patioko burdinolako estalpean zeuden hiru baino ez ziren gelditzen. Han zeuden bizargile gaztea, ke dariola egoten zen gaztea eta garbiketa lanak egiten zituen mutila. Soldaduek pitzatu eta euren gainera bota zuten sabaia, baina besteek uste zutena baino gehiago defendatu zuten euren burua. Alabaina, indarrez gehiago zirenek garaitu egin zituzten, espero zen modura. Horren ostean, arropak erantzi zizkieten eta, biluzik, amildegira arte eraman zituzten andetan; binaka lotu eta itsasora bota zituzten. Logela printzipalekoei ere arropak erantzi zizkieten. Pierre frantses zaharrak zerbait zeraman bere baitan bi paketetan. Hori zioten soldaduek. Bere magia izango zen. Hala eta guztiz ere, hilik zegoen. Objektuak zabaltzean, bietako baten barruan askok eramaten duten moduko gurutze txiki bat zegoen; urre-koloreko tantez josia, gainean zilarrezko gurutze batekin. Bestea zenbait kapaz bilduta zegoen eta barruan lau txirbil zituen; ez azkazal zati bat baino handiagoak, eta gorrixkak ziren. Batzuek interpretatu duten modura, erlikiak edo Jainkoaren gurutzeak ziren. Ondoren, bere gorpu biluzia ere eraman egin zuten, baita logela nagusiko beste bi gizonenak ere, eta gainerakoak bezala amildegitik jaurti zituzten. Biharamunean, Fótur deitzen den inguruan dagoen Ísafjörður badiako mendebaldera, lehorretara, iritsi ziren gorpuak eta han enterratu zituzten, itsas bazterrean. Hori eginda, tropa osoa bere ontzira itzuli zen eta ekaitza zeharkatuz, nolabait, nabigatu zuten kanal estu hartatik. Gau berean, suzko espata begiztatu zuten eta tropako buruak esan zuen garaipenaren seinale modura interpretatu behar zutela. Mendiaren gainean sekulako tximistak jo zuen beste une batean eta hori ere euren garaipenaren iragarpena zen. Ondoren, Sandeyriko etxaldera joan ziren oinez. Etxaldea inguratu zuten eta bizilagunei keinuak egin zizkieten. Jón de Snæfjöll kapilauaren bila joateko agindua ere eman zuten. Hiru kapilauak, armatutako beste hiru gizon garrantzitsurekin batera, gobernadorearen ondoan kokatu ziren. Martin kapitaina etxe bateko patioan zegoen, gizon gutxirekin eta su txikiarekin, baina gainontzekoak etxeko gela nagusian zeuden suaren ondoan, gaubeilan, eserita. Orduan, aginduak eman zizkieten eta bakoitza bere postuan jarri zuten, ate eta leiho bakoitzean, baina batzuk Martinen etxera hurbildu eta barrura tiroka hasi ziren. Martinek gutxi disparatu zuen edo ia ezer ez, baina kexuka aritu zen eta zeruko jainkoari deiadar egin zion: ez zekiela berak edota bere gizonek horrenbesteko errua zutenik eta horrelako zapalkuntza eta suntsiketa pairatu behar zutenik. Gure kapilauak erantzun zuen berari eta bere jendeari merezitakoa gertatzen ari zitzaiela.

Historiako A bertsioaren amaiera

Martinek kanpora begiratu zuen errekonozitu eta han zegoela ikusteko. Solasean jarraitu zuten eta Martinek mehatxatu egin zuela esan zuen. Martinek ezagutu egin zuen eta Jainkoaren izenean barka ziezaion eskatu zion, baina berak ez zekiela beste islandiar batzuk iraindu zituztenik. Eskaria entzunda, kapilauak hala egingo zuela esan zion eta latinez hizketan jarraitu zuten. Orduan, kapilau agurgarria tropako buruarengana joan zen eta Martini bizia barkatuko ote zion galdetu zion; gizon noblea eta kapitaina zen Martin. Ahaldunduna, pozez, eskariarekin bat etorri zen segituan eta defendatzeari amore eman eta garaitua izateko baldintza jarri zion. Kapilauak Martini esan eta onartu egin zuen eskaera.

Benetako historia

Kapilau agurgarriak aldean zeraman arma jaurtitzeko esan zion. Martinek halaxe egin zuen, kaxa aurrean zuela. Gero, pertsonalki irten egin zen eta belauniko jarri. Ari ahaldundunak hiru gizon agindu zituen Martin hartu eta eramateko, baina tropa basatasunez ari zen kexuka; eurotariko bat aizkora handi batekin erasotzera joan zitzaion, lepoan emanez. Kolpeak klabikulan eman zion, zauri txiki bat eginez; ez zen larria. Kolpea jasotzean, Martin salto batez zutik jarri zen eta bat-batean alde egin zuen korrika. Ekintza hori ikusi zuten guztiei gelditu zaie memorian. Itsasora arte joan zen korrika, olatuetatik balantzaka. Une horretan hasi zen ekaitza baretzen. Han zeudenak, oihu eta zirikatze artean, harriak botatzen hasi ziren. Bera itsasoratu egin zen, kantikak abestuz. Askori bikaina iruditu zitzaion bere kantua eta igeriketarako artea. Itsasoan flotatu egiten zuen edota esku bat burugainetik pasatzen zuen bestea izter azpian zuen bitartean; eskuak trukatu ere egiten zituen. Bizkarrez atzeraka egiten zuen igeri eta albo banatara era batean baino gehiagotan. Afan handiz jarraitu zioten barkuetan, baina itsas txakurra edo amuarraina zirudien. Ontziko bat harro zegoen ur azpian igerian zebilela harri batekin jo ziolako. Haatik, bat datoz guztiak esatean ahaldundunaren mutiko Björn Sveinssonek harriarekin bekokian jo arte indartsu aritu zela igerian. Ontziari eutsi eta eskua ebaki ote zioten ezin da jakin, historiak ez datozelako bat, baina harriarekin emandako kolpe horren ostean bere adore guztia desegin egin zela bai.

Gero, lehorrera arrastaka eraman eta biluztu egin zuten. Han presente egon zen gure kapilaua eta gogoangarria zela esan zuen bai bere balorea eta baita aurkariek eman zioten tratu krudela ere. Izan ere, une horretan, bere gorputza lurrean buruz gora biluzik zegoela marmar egin zuen Martinek eta gizonetako batek labaina sartu zion eguzki plexuan, alderik alde zulatuz, eta ebaki batez genitaletara arte moztu zuen. Martinek sekulako astindua eman zuen eta buruz behera jartzeko biratu zen. Hilik zegoen, hesteak gorputzetik sakabanatu zitzaizkionean. Armatutako gizonak presaka joan ziren gizona eta bere odola ikustera. Gero, bere gorpua itsasora eraman zuten eta sakontasunera jaurti zuten. Handik bi egunera, gorpua lehorrera iritsi zen, Ögurreko muinoetan, eta hantxe lurperatu zuten. Ekaitz gogorraren ostean barealdia etorri zela zioten guztiek Martin hiltzean; guztiak harrituta zeuden eta Martin sorgin handiaren indarra egiten zuten horren errudun. Gero, Martinen jarraitzaile zena atxilotu zuten, gure kapilauari saman soka jarri zion bera. Bere krimena errekonozitu eta barkamena eskatu zuen; azkenean ere kapilau agurgarriak barkatu egin zion. Dena den, bi gizon izendatu zituzten bera hiltzeko. Une horretatik aurrera, ez zion inori balio izan bizia salbatzeko eskaria egiteak, damua erakutsita ere. Batzuk, ahal zuten bitartean, defentsan aritu ziren eta ez zuten beldur zantzurik erakutsi. Beti onartzen zuten euren erasotzaileek gudu-zelai baten armekin egonez gero, ez zituela inoiz garaituko. Guztiei arropak erantzi zizkieten eta itsasoratu egin zituzten, baina eurotariko bakoitzaren gorpuak olatuek eraman zituzten arrastaka hurbilen zegoen kostara arte eta hantxe hil ziren. Tropek promestu zieten botin handia banatu nahi zuten, baina horretan buru-belarri hastean beste kanpai batek jo zuen eta bat-batean diru hura guztia, gutxi edo asko izan, erregearen botin izendatu zuten eta guztiei debekatu zien banatu edo ukitzea. Orduan, soldaduak isilik gelditu eta euren bidaiaz eta jarreraz damutu egin ziren. Modu txarrean banatu eta atsekabetuta etxera itzuli ziren. Botin guztia Ögurrera eraman zuten eta baita Martinen kutxa handi pisutsua eta beste kutxa batzuk ere.

Benetako historia

Eta hemen bukatzen da Martin de Villafrancaren eta bere tripulazioaren historia. Kontakizun hau eta bere ekintzak horrelakoxe ederrak dira.

Historiako B bertsioaren amaiera

Martinek kanpora begiratu zuen errekonozitu eta han zegoela ikusteko. Solasean jarraitu zuten eta Martinek mehatxatu egin zuela esan zuen. Martinek ezagutu egin zuen eta Jainkoaren izenean barka ziezaion eskatu zion, baina berak ez zekiela beste islandiar batzuk iraindu zituztenik.

Eskaria entzunda, kapilauak hala egingo zuela esan zion eta latinez hizketan jarraitu zuten. Orduan, kapilau agurgarria tropako buruarengana joan zen eta Martini bizia barkatuko ote zion galdetu zion; gizon noblea eta kapitaina zen Martin. Gainera, mendekurako aukera gutxiago leudeke. Ahaldunduna, pozez, eskariarekin bat etorri zen segituan eta defendatzeari amore eman eta garaitua izateko baldintza jarri zion. Kapilauak Martini esan eta onartu egin zuen eskaera. Kapilau agurgarriak aldean zeraman arma jaurtitzeko esan zion, errukitasuna nahi bazuen. Martinek halaxe egin zuen, kaxa aurrean zuela. Gero, pertsonalki irten egin zen eta belauniko jarri. Ari ahaldundunak hiru gizon agindu zituen Martin hartu eta eramateko, baina tropa basatasunez ari zen kexuka; eurotariko bat aizkora handi batekin erasotzera joan zitzaion, lepoan emanez. Kolpeak klabikulan eman zion, zauri txiki bat eginez; ez zen larria. Kolpea jasotzean Martin salto batez zutik jarri zen eta bat-batean alde egin zuen korrika. Ekintza hori ikusi zuten guztiei gelditu zaie memorian. Itsasora arte joan zen korrika, olatuetatik balantzaka; hegaka zihoala zirudien. Une horretan hasi zen ekaitza baretzen. Orduan, espantu handiak eginez jendez betetako barkua bidali zuten, armekin eta harriekin, bikingo hura garaitzeko. Martinek hori ikustean, itsasoratu egin zen eta latinez kantikak abestu zituen. Askori bikaina iruditu zitzaion bere kantua eta igeriketarako artea. Horrelaxe kontatu zidan gure kapilauak: itsasoan flotatu egiten zuen edota esku bat burugainetik pasatzen zuen bestea izter azpian zuen bitartean, eskuak trukatu ere egiten zituen. Bizkarrez atzeraka egiten zuen igeri eta albo banatara era batean baino gehiagotan.

Ontzikoek afan handiz jarraitu zioten, baina itsas txakurra edo amuarraina zirudien. Ontziko bat harro zegoen ur azpian igerian zebilela harri batekin jo ziolako. Haatik, bat datoz guztiak esatean ahaldundunaren mutiko Björn Sveinssonek harriarekin bekokian jo arte indartsu aritu zela igerian. Ontziari eutsi eta eskua ebaki ote zioten ezin da jakin, historiak ez datozelako bat, baina harriarekin emandako kolpe horren ostean bere adore guztia desegin egin zela bai.

Gero, lehorrera arrastaka eraman eta biluztu egin zuten. Han presente egon zen gure kapilaua eta gogoangarria zela esan zuen bai bere balorea eta baita aurkariek eman zioten tratu krudela ere. Izan ere, une horretan, bere gorputza lurrean buruz gora biluzik zegoela marmar egin zuen Martinek eta gizonetako batek labaina sartu zion eguzki plexuan, alderik alde zulatuz, eta ebaki batez genitaletara arte moztu zuen. Martinek sekulako astindua eman zuen, uzkurtu egin zen eta lau hankatan jarri. Orduan, erraiak gorputzetik atera zitzaizkion, ohikoa zen bezala, eta bere azken mugimendua izan zen. Une horretan, armatutako gizonak barrez hasi ziren eta burlaka. Asko, afan handiz, hurbildu egin ziren, gizonaren barrualdea ikusteko, baina odolak ez zuen uzten.

Gero, bere gorpua itsasora eraman zuten eta sakontasunera jaurti zuten. Hala eta guztiz ere, harrigarriena zera zen, ekaitz gogorraren ostean barealdi gozoa etorri zela; Martin sorgin handiaren indarra egiten zuten horren errudun.

Gero, etxean zeudenak atakatu zituzten. Martinen jarraitzailea, gure kapilauari saman soka jarri zion bera, atxilotu egin zuten. Bere krimena errekonozitu eta barkamena eskatu zuen; azkenean ere kapilau agurgarriak barkatu egin zion. Dena den, bi gizon izendatu zituzten bera hiltzeko. Une horretatik aurrera, ez zion inori balio izan bizia salbatzeko eskaria egiteak, damua erakutsita ere. Batzuk, ahal zuten bitartean, defentsan aritu ziren eta ez zuten beldur zantzurik erakutsi. Beti onartzen zuten euren erasotzaileek gudu-zelai baten armekin egonez gero, ez zituztela inoiz garaituko, ezta Martin berak ere.

Oraingoan, etxeko sabai osoa apurtu behar izan zuten zortzi edo bederatzi gizon harrapatu ahal izateko. Izan ere, batzuk Martinen etxean zeuden. Etxalde nagusia ezin da kontuan izan, ez zelako inoiz inor han defendatu eta ezta ukabilez armarik heldu ere. Hura ere Martin deitzen zen; otzan deitzen zioten eta bera ere, iaz, hona etorri zen, bere izaera onbera erakutsiz. Arotza zen. Ezpaina moztu zioten gauaren hasieran, bataila nagusia hasi aurretik. Behin baten, azpian ezkutatuta egon zen gau osoan. Orain, gainontzekoak adorez eta maltzurkeriaz defendatu ziren gau osoan goiza egin arte; armen eraginez, jende gutxi gelditu zen ezgai. Orduan, Magnús Arasoni deitu eta bere su-armarekin etxaldean zeuden etsai haiek guztiak txikitzeko zeregina jarri zioten. Besteek, euren lagunak gutxitzen ari zirela ikustean —zutik gutxi batzuk baino ez ziren gelditzen— beste estrategia bat topatu zuten eta oheen azpian edota beste txoko batzuetan ezkutatu ziren. Orduan, hornitutako gizon bat bidali zuten barrura, beste batzuekin batera. Orduan, gela nagusian zegoen mutil gazte bat harrigarriro defendatu zen, baina su-arma batekin garaitu zuten. Denak hilda zeudenean, Martin otzana topatu zuten behiaren azpian. Sartu zen inork ez zuen bera hiltzeko bihotzik. Orduan, kanpora eraman zuten, guztien aurrera, eta askok errukia sentitu zuten beregatik, baina batzuek madarikatu egin zuten, gertatu ohi den bezala. Tropako buruak bizia barkatzen ziola esan zion eta joan zedila etxera eta sendatuz gero dedikatzeko arotz lanetara; argi ikusten zuelako ezin zuela kalterik egin. Martin belaunikatuta zegoen, besoak zabalik zituelarik, zezelka Kristo, Kristo esanez, hunkigarriki errukia eskatzen. Tropak bizirik utziko zuela ikusi zuenean apartatu egin zuten, baina berak begiak itxi zituen gutxika, belauniko jarrita hazi egin zen eta sorbaldak jaso zituen kolpea jasotzeko. Batek burua zatitu zion aurretik eta besteak atzetik. Aurrerantz erori zen garondoan aizkorakada hartzean eta horixe izan zen Martinen gizonetatik azkena hil zutena. Bataila horren ostean, neguko lehen zapatu hartan gertatu zen guztia bukatu egin zen. Bere gorpu biluzia itsasoko sakontasunean urperatu zen; aurrez, hildako gorputz horiei iseka egin zieten. Batzuei lotsagarria iruditzen zitzaien, baina beste batzuk burlaka eta dibertituz aritu ziren; ondasundunaren dekretuak zioen tropek nahi zuten modura trata zitzaketela hildakoak, nahi bazuten bortxaz tratatu edo ez. Hala eta guztiz ere, ez zuten ezer jasoko botinetik, soilik odolusten ari ziren piltzarrak kentzen bazizkieten; gainontzeko guztia erregearen ondasun izendatu zuten eta Ögurrera eraman. Armatutako gizonek odoleztatutako arropak hartu eta guztien artean banatu zituzten, baina euren burua garrantzitsutzat jotzen zutenek odolez beteriko hondakinak gutxietsi eta ondasundunari iraindu egin zioten; batez ere Martini kolpea luzatu zionak, bere ekimenez, treguak iraun zuen bitartean. Beste asko disgustatuta gelditu ziren ez zutelako botinaren zati bat jaso, nahiz eta hori lortzera hurbildu ziren. Hildakoen gorpuak zulatu egin zituzten alboetan edota lepoan, zuloetatik soka pasa zieten eta guztiak batera bildu zituzten txirikorda batez. Batzuek horrela kontatzen dute, baina nik ez nuen ikusi, hegoaldera egin nuen bidaian bainengoen. Horregatik ez nituen euren genitalak moztuta ikusi eta ezta begiak sakonunetik hustuta ere. Belarri moztuak ere ez eta ezta ere ebakitako zintzurrak eta zeharkatutako zilborra. Azkenik, guztiak itsasoan hondoratu zituzten, nahiz eta olatuek, bi astez, etengabe ekartzen zituzten. Alabaina, ez zituzten lurperatu edota arrokez bete. Han agertu ziren baita ere kalteren bat pairatu zutenak, espainiarrek min edo lapurtu zietela kexatzen zirenak. Hala ere, ez zuten inolako kalte-ordainik jaso. Horrela, Sandeyritik joan egin ziren euren botinarekin. Bidean tribunalekoekin gurutzatu ziren, batailara zihoazenekin, eta ez ziren hizketan gelditu. Æðeyra joan ziren eta botin nagusia berenganatu zuten eta gauza gehiago, batzuek dakiten modura. Orduan, dantzatu eta euren ardoa edan zuten, pozez, eta han gelditu ziren igande osoz. Astelehenean etxera itzuli ziren.

Ekintza eta garaipen gogoangarri hura eta gero, guztiak ardoz eta euforiaz asebeteta, astea ondo burututa, gogo onez edan zuten.

Hemen bukatzen da idazketa hau. Incerti Auctoris.

Morsa dibujada por Jón Guðmundsson para su *Historia natural de Islandia*. Signatura. JS_401_XI_4to. Biblioteca Nacional y Universitaria de Islandia. Handrit.is.

Introducción
La masacre de 1615

Jón Guðmundsson lærði, periodista y heterodoxo en la Islandia del siglo XVII

La noche del 20 de septiembre de 1615, víspera de la festividad de San Mateo, los balleneros vascos perdieron sus naves en un fiordo cerca de Trékyllisvík a causa del hielo y de la tempestad. Ello dio lugar a una serie de hechos que desembocaron en la masacre de octubre, con la muerte horrible de más de treinta y dos marinos cuyos cuerpos, descuartizados, no serían sepultados.

Los hechos fueron narrados por Jón Guðmundsson a partir de los testimonios recogidos de los propios protagonistas de la masacre, entre ellos el del reverendo Jón Grímsson, capellán de la parroquia de Árnes[76], en Trékyllisvík, y cinco de sus vecinos más cercanos, los cuales fueron, junto con otros, forzados a participar en la masacre, "y nos trajeron de vuelta las noticias del ataque y la manera en la que ocurrió, tal como aquí se narra". Y subrayó Guðmundsson el valor de los testimonios al afirmar que "sabe el mismo Dios que es cierto" que estos hombres cometieron hechos horribles, "pero aun así su testimonio es digno por muchas razones", fundamentalmente porque su testimonio constituía la principal fuente de información. El propio Guðmundsson fue testigo presencial de algunos de los pasajes de su narración, como la llegada de los balleneros y de la campaña de caza en Strandir en el verano de 1615.

Introducción. La masacre de 1615

Tanto por el contenido como por el formato, así como por la metodología utilizada para la composición del *Sönn frásaga* o *Relato veraz*, podemos considerar el escrito de Guðmundsson como un primer ejemplo de práctica periodística. Tal como expresa el propio el autor, describió los hechos con la sola intención de dar a conocer la verdad, en respuesta a las narraciones interesadas vertidas por "hombres sumisos", tres de los cuales eran arrendatarios del hacendado Ari Magnússon (1571-1652), instigador de la masacre, los cuales, además, "tenían bastante enemistad hacia los vascos, sobre todo hacia aquellos de la gran nave de [Martin] Villafranca", quienes consiguientemente "desfiguraron" los hechos "embelleciendo y mejorando todo lo concerniente a los hombres de Ari". Y subraya el autor, "yo deseo retratar ese suceso y las noticias del mismo a partir de su relato, procurando ceñirme a la verdad, aun proclamando que ocultaré siempre lo más feo y nunca lo contaré todo".

El relato veraz de Guðmundsson se adelanta varios siglos a los primeros códigos deontológicos de la profesión al hacer suyos los principios fundamentales de la praxis periodística: 1) su intención es aportar una información veraz y objetiva, 2) contrasta varias fuentes de información, 3) realiza un trabajo diligente en busca de dicha información, 4) filtra la información, identificando las noticias verídicas y rechazando los rumores o informaciones no confirmadas, 5) fundamenta su narración en fuentes de información directa, 6) omite hacer juicios de valor, 7) declara que existen diversas versiones de los hechos, 8) rechaza beneficios personales e, incluso, decide relatar la verdad cuando ello redunda claramente en su contra, 9) respeta la identidad y honor de algunos de los implicados en la masacre al expresar que omitirá deliberadamente algunos de los detalles más escabrosos de la misma y, 10) escribe inmediatamente después de ocurridos los hechos[77].

Guðmundsson participa asimismo de muchas de las cualidades de un periodista contemporáneo. Fue un hombre abierto a otros hombres, a otras razones y a otras culturas, tolerante y humanitario y enfrentado a aquellos que utilizaron la información para generar odio, hacer propaganda u ocultar la verdad. Un código ético que sintetiza el autor al rubricar "escuchen los que quieran e ignórenlo los que lo deseen". Si a todo ello añadimos el hecho de que Guðmundsson escribió el *Relato veraz* entre el invierno de 1615 y la primavera de 1616, esto es, inmediatamente después de los hechos, concluimos que se trata de una notable fuente de información histórica, sin duda alguna la más relevante para arrojar alguna luz sobre los acontecimientos que tuvieron lugar en 1615.

Jón Guðmundsson nació en 1574 en el distrito Strandir, en Ófeigsfjörður, en la costa este de la península que se adentra en el noroeste de Islandia conocida como Vestfirðir (es decir, los Fiordos del Oeste). Es sin duda una de las figuras más interesantes de la época, un hombre curioso, inteligente y de mucho talento, por lo que en las fuentes le dieron el apodo de *lærði* 'el sabio', *málari* 'pintor' y, *tannsmiður* 'tallador de dientes' (alguien que labra objetos a partir de dientes de ballena o de morsa[78]). De hecho, algunos de sus dibujos de ballenas y otros animales marinos dan testimonio de sus habilidades de observación y de su capacidad artística. Guðmundsson era un verdadero 'hombre del Renacimiento': multifacético e interesado en muy diversos temas del conocimiento humano. Por consiguiente, dejó una gran cantidad de documentos que han sobrevivido hasta nuestros días, desde el *Relato veraz* sobre la masacre de los

Introducción. La masacre de 1615

balleneros vascos, a los tratados sobre naturaleza, crítica literaria, literatura y mitología nórdica antigua[79].

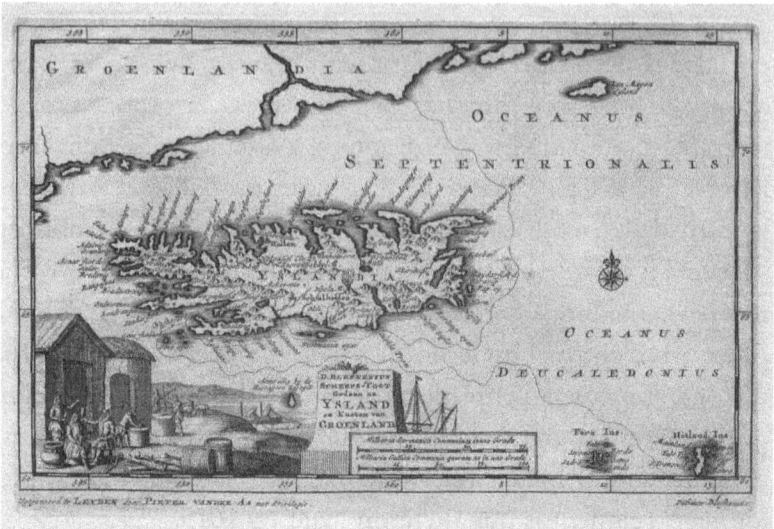

Mapa de Islandia del cartógrafo Pieter Van der Aa fechado en 1706. En la esquina inferior izquierda los dibujos representan una estación bacaladera que guarda un gran parecido a la estación cuyos restos arqueológicos han excavado Magnús Rafnsson y Ragnar Edvardsson en Strákatangi. El mapa incluye en la parte superior derecha del dibujo: "Anno 1613 by de Biscayers beseylt", lo cual es una prueba más de la presencia de balleneros vascos en Islandia desde al menos 1613. Reproducido con el permiso de la Biblioteca Nacional y Universitaria de Islandia / Islandskort.is.

Guðmundsson fue criado por su abuelo paterno Hákon Þormóðsson en el lugar de Ós, sito en el fiordo de Steingrímsfjörður, el mismo fiordo donde Magnús Rafnsson y Ragnar Edvardsson excavaron las ruinas de lo que parece ser una estación ballenera vasca del siglo XVII. Jón lærði también tuvo mucho contacto con su abuelo materno, el reverendo Indriði Ámundason, quien acaso transmitió a su nieto una cierta simpatía hacia el catolicismo en una época en que estas tendencias eran extremadamente peligrosas, es decir, en los años posteriores a la implantación de la Reforma en Islandia[80]. Como en muchas otras partes de Europa, la Reforma en Islandia tuvo lugar a mediados del siglo XVI y estuvo marcada por un fuerte carácter político que permitió a la Corona danesa apoderarse de las posesiones de la Iglesia Católica en la isla, ampliando de este modo el poder político de la Corona. Los administradores de estas tierras incautadas se convirtieron en unos de los terratenientes más poderosos de Islandia, compatibilizando su funciones administrativas con las judiciales, como el caso de Ari Magnússon de Ogur, que combinaba el cargo de gobernador de los distritos de Ísafjarðardjúp y Strandir en los Fiordos del Oeste con su posición de autoridad judicial.

Alrededor del año 1601, Guðmundsson se casó con Sigríður Þorleifsdóttir, con quien tuvo un hijo, Guðmundur Jónsson, quien más tarde sería pastor o capellán. Guðmundsson estaba lejanamente relacionado con familias de cierto estatus social y económico, pero nunca heredó ni amasó fortuna alguna, y vivió con las rentas de su dedicación al campo. Sabemos por sus propios escritos que había libros en los hogares donde creció, y que aprendió a leer y a escribir mediante el uso de dichos libros y manuscritos. Probablemente aprendió alemán y danés, y aunque expresó que nunca aprendió latín, las referencias a esta lengua que se encuentran en sus escritos son en su mayoría muy correctas. Además, poseía considerables talento como pintor y escultor, tenía un buen ojo para el detalle y vivo interés por la naturaleza, así como por la poesía por lo que fue en palabras de Hermannsson, "uno de los mejores poetas de su época[81]", si bien sólo algunos de sus poemas han sobrevivido. Ninguna de sus pinturas o esculturas han llegado a nosotros, excepto los dibujos de su *Historia Natural de Islandia*[82]. Guðmundsson

Introducción. La masacre de 1615

sabía sobre las propiedades medicinales de las plantas, y se cree que era capaz de utilizar esos recursos para curar a la gente.

En contraste con su faceta científica, Guðmundsson creía en duendes y personas ocultas, y escribió un tratado sobre seres ctónicos[83], del inframundo, declarando que éstos poseían poderes mágicos y que eran muy similares a los hombres, si bien carecían de alma inmortal, por lo que eran más fácilmente presa del diablo. Tal como expresa en sus propios escritos, Guðmundsson creía que era capaz de "poner los fantasmas a descansar" cuando molestaban o amenazaban a la gente, mediante la recitación de versos, algunos de los cuales ha sobrevivido hasta nuestros días (por ejemplo, el *Snæfjallavísur*). Tales ideas fueron consideradas heréticas y enfrentaron a Guðmundsson con los poderes religiosos del lugar en una época en la que muchos hombres y mujeres estaban siendo quemados en la hoguera acusados de brujería[84].

Acusado de brujería, fue declarado 'fuera de la ley' por el Alþingi o parlamento islandés en 1635. Se exilió a Copenhague para solicitar la absolución, pero la sentencia fue confirmada en 1637. Debido a que tenía cualidades innegables como naturalista, copista y dibujante, fue protegido por hombres como el obispo Brynjólfur Sveinsson y probablemente por esta razón salvó la vida y evitó la prisión, pero su curiosidad, su amor por el aprendizaje y equidad, así como su franqueza, fue recompensada tan sólo con el exilio, con períodos en prisión en Islandia y en Dinamarca, y con la pobreza extrema durante toda su vida, hasta el extremo de estar obligado a vivir de la caridad. Desde los Fiordos del Oeste se trasladó a la península de Snæfellsnes, de ahí a Copenhague, al suroeste de Islandia, para morir finalmente en 1658, en los fiordos del este de Islandia, cerca de su hijo, a los 84 años de edad.

Si bien Jón Guðmundsson es conocido y su talento debidamente reconocido a día de hoy en Islandia, es preciso mencionar que durante los siglos XVII, XVIII y buena parte del XVIII no fue apreciado. Cierto es que ya en su época era conocido como Jón lærði o Jón el sabio, y que cuando en 1792 el reverendo Snorri Björnsson copió el manuscrito del *Relato veraz*, hizo referencia a Guðmundsson como Jón el sabio, no obstante, Jón Espolin (1769-1836), magistrado y escritor de los anales, contribuyó a la reputación negativa de lærði por su relación de la masacre de 1615, enfrentada al libelo de Ólafur Jónsson pastor de Sandar, autor de las *Spænsku vísur* o *Estrofas españolas*, una versión de los hechos en la que se retrata a los balleneros vascos como malhechores. Sólo a finales del siglo XIX se comenzó a recuperar la imagen de Jón lærði, fundamentalmente a partir del estudio de Ólafur Davíðsson (1862-1903), quien criticó a Espolin en 1895 por dar crédito a la versión de Ólafur Jónsson sobre los acontecimientos de 1615. Davíðsson concluyó diciendo que Guðmundsson se atrevió a ponerse del lado de los vascos porque contó la historia con imparcialidad y, teniendo en cuenta el poder de las autoridades a las que se enfrentó, se convirtió en la única voz contra las actividades del gobernador Ari Magnússon y sus seguidores, algo que nadie se atrevió a hacer[85].

El texto

Partiendo de un análisis histórico y estilístico, así como codicológico del texto, Jónas Kristjánsson concluyó en 1950 que Jón Guðmundsson era el autor del *Sönn frásaga* o

Relato veraz y del poema biográfico *Fjölmóður*, que significa correlimos o correlimos oscuro (Calidris maritima) si bien mediante un juego de palabras el título podría traducirse como *Mucha exasperación*.

Kristjánsson determinó asimismo que el autor compuso el *Relato veraz* en el invierno de 1615 a 1616, señalando dos lugares donde el autor emplea el verbo en tiempo presente, lo que indudablemente indica cercanía a los acontecimientos narrados[86]. Por otro lado, algunas expresiones como "desde aquí en dirección sudeste", podría indicar que el autor aún residía en Stóru-Ávík, esto es, en las cercanías de su lugar de residencia habitual en los Fiordos del Oeste.

Han sobrevivido dos copias del *Relato veraz* de Jón Guðmundsson. En 1950 Jónas Kristjánsson realizó una edición de esta obra que fue publicada por Möller en Copenhague. Tal como relata el propio Kristjánsson en el prólogo a su edición del *Relato veraz*, la obra estuvo a punto de perderse. En el otoño de 1699 Skúli Ólafsson se hizo con un manuscrito sobre la masacre de 1615 que remitió al filólogo y coleccionista de manuscritos Árni Magnússon porque no tenía nada más que enviarle de modo que le hacía llegar "como curiosidad" un relato sobre el asesinato de los balleneros vascos en los Fiordos del Oeste que había encontrado "entre papeles para tirar[87]".

La primera versión del *Relato veraz*, denominada versión A por Kristjánsson, es el manuscrito JS 246 4to (pp. 72r–79v) que el reverendo Snorri Björnsson de Húsafell copió en 1792 indicando que siguió "el texto manuscrito por Jón Guðmundsson el sabio".

Primera página del manuscrito Lbs 1430 a 4to, conservado en la Biblioteca Nacional y Universitaria de Islandia. Copia realizada sobre el original de Jón Guðmundsson en 1760. Jón Guðmundsson, Um Íslands aðskiljanlegu náttúrur (Lbs 1430 a 4to). Landsbókasafn Íslands - Háskólabókasafn / handrit.is

Este texto está mejor conservado pero le falta el inicio y el capítulo final es más corto y por tanto ofrece menos detalles sobre la muerte de los hombres de la nave capitaneada por Martin Villafranca.

La versión B del manuscrito es de menor calidad pero contiene la introducción y el inicio del relato, y concluye con una descripción más larga de la masacre de Sandeyri[88].

Hemos tomado para esta edición ambas versiones A y B del manuscrito tal como fueron transcritas por Kristjánsson su versión de 1950. No obstante, Kristjánsson publicó en su edición de 1950 una versión fundida de ambas versiones A y B, especificando la procedencia de las partes mediante notas a pie de página. En la presente versión hemos preferido incorporar al final del relato los finales de ambas versiones por separado.

El *Relato veraz* de Guðmundsson es un texto de gran valor histórico, lingüístico y literario. Hemos procurado hacer justicia al autor en nuestra edición al traducir al euskara, castellano e inglés el texto original. El texto inglés ha sido traducido por la Dra. Viola Miglio directamente del islandés. El texto castellano ha sido traducido por Hólmfríður Matthíasdóttir directamente del original islandés. El texto en euskara ha sido traducido por Ane Urrundaga a partir de las traducciones inglesa y castellana.

Nos hacemos por tanto eco del autor afirmando como hace 400 años que, aquéllos que quieran saber lo que ocurrió lean este escrito, y que aquéllos que no se preocupan de lo que ocurrió, se olviden libremente del asunto.

Primeros viajes de balleneros vascos a Islandia

Prácticamente extinta la ballena en las aguas de Terranova, los balleneros vascos comenzaron a explorar otras aguas ricas en cetáceos. Tal como relata Trausti Einarsson, es posible datar la presencia de vascos en Islandia desde 1604 y los anales de Ballará registran la presencia de "españoles" en la región de Strandir en 1608. Los anales de Skarðsá fijan el inicio de la caza de ballenas en los Fiordos del Oeste en 1610 e informan de la presencia de balleneros en 1611[89].

Exploradores holandeses arribaron a las costas de Svalbard en 1596 en busca de nuevas rutas comerciales y en 1607 Henry Hudson descubrió gran cantidad de ballenas en estas islas. La Muscovy Company, fundada en 1555, decidió en la primavera de 1611 enviar dos naves a la zona[90]. Seis marinos de Donibane Lohitzune fueron contratados a fin de que enseñaran a los marinos ingleses las técnicas de la caza de la ballena y procesado del aceite y, a pesar de que la campaña no resultó provechosa, en 1612 la compañía envió dos barcos más grandes a los que se sumaron un galeón holandes y otro de Donostia. La caza fue abundante y el 30 de marzo de 1613 la Muscovy Company consiguió el permiso de pesca en exclusiva de manos del rey de Inglaterra, quien prohibió a otras naciones cazar ballena en los alrededores de estas islas. Tal como relató el representante de la villa de Donostia a las Juntas Generales de Gipuzkoa, la falta de ballenas en Terranova había obligado a los balleneros a seguir el curso de los cetáceos en las aguas de Noruega, a donde llegaron diez naves donostiarras en 1613: "los vecinos del cuerpo d'esta Muy Noble y Muy Leal Provincia de Guipuzcoa de muchos años a esta parte an acostunbrado nabegar con sus naos en la provincia de Terranoba a pesca de ballenas. Y abiendo faltado aquellas, respeto de la continua nabegación, los mareantes an tenido grandes quiebras. Y por escusarlas ycieron sus discursos e venieron a tener noticia de que las dichas vallenas abían pasado a la parte del norte, en la Noruega, nabegacion mas brebe e facil. Y así este presente año salieron para la dicha navegación de los puertos de la dicha villa de San Sevastian diez naos de vecinos d'ella y de otros de esta Provincia. Y abiendo conseguido su viaje, en la yda las nuestras de las dichas naos tomaron puertos en la dicha Noruega, e para acer su costera sacaron a tierra los pertrechos e hicieron las demas prebenciones necesarias. Y en este tiempo llegaron a los dichos puertos ciertas naos yngleses armadas y tomaron a las nuestras los dichos pertrechos con que avian de matar las vallenas, y les ynpedieron acer la pesca y los echaron de los dichos puertos[91]". Ese año de 1613 Martin Mandiolaza y Cristobal Eguzkiza se quejaron a las Juntas de Gipuzkoa de la actitud de los buques ingleses que, bajo pretexto de controlar dicha aguas, habían "despojado de algunos pertrechos a los naturales d'esta Provincia e ympedido-les el acer la dicha pesca, echandoles fuera de los puertos con pena de la bida, en que han tenido de daños mas de cinquenta mil ducados en la armazón y municiones[92]".

En 1614 partieron hacia Svalbard siete naves inglesas más, con venticuatro marinos de Lapurdi. Comerciantes de Amsterdam enviaron dos naves con doce marinos de Donibane Lohitzune a bordo y tres naves salieron de esta ciudad, una con licencia de la Muscovy Company. Dos naves partieron de Bordeaux y La Rochelle en Francia y no menos de ocho naves de Donostia. Los ingleses, valiéndose de la superioridad de su armamento, expulsaron a todas las demás naves de Svalbard y requisaron la captura, excepto la de aquellos barcos que contaban con el permiso del rey inglés[93].

Durante el viaje de vuelta, las naves de Lapurdi y Gipuzkoa se detuvieron en Islandia.

En el verano de 1615 buques de guerra daneses apresaron dos barcos vascos, Nuestra Señora del Rosario y San Pedro, en Kjelvik, Noruega, bajo la acusación de que marinos vascos habían causado disturbios en Islandia en 1613 y 1614. Dos de los propietarios, Miguel Eraso y San Juan del Puy, acudieron a Copenhague en febrero de 1616 para reclamar sus naves[94]. Eraso y Del Puy informaron a las autoridades danesas que en 1613 había un gran número de buques balleneros vascos en Islandia porque los ingleses les habían negado el derecho de caza de cetáceos en aguas de Svalbard. Los balleneros vascos obtuvieron el permiso para cazar ballena y hacer acopio de madera de deriva procedente de Siberia de una autoridad local a quien Eraso y Del Puy denominaron 'Ariasman' y que con toda probabilidad era el gobernador Ari Magnússon de Ögur. No hubo ningún altercado con los lugareños por lo que en 1614 las dos naves retornaron junto con ocho más desde Donostia y dos de Lapurdi y volvieron a obtener de Ariasman las licencias de caza de ballena y recogida de madera. Eraso y Del Puy negaron que la tripulación de sus naves "hubiese quemado casas e intentado violar a mujeres, ni robado, hurtado o expulsado a la gente de sus hogares. La tripulación había tomado tierra en dos localidades y había regalado pan, sidra, aceite y carne de ballena, sopa y más a los habitantes[95]". A tenor de las informaciones que aportaron los propietarios de las naves a las autoridades danesas, en 1614 naves piratas abordaron uno de los buques balleneros procedente de Donostia, por lo que es de suponer que fueron aquéllos los autores de los daños que denunciaron los islandeses ante las autoridades danesas en Copenhague.

Introducción. La masacre de 1615

El viaje de Gipuzkoa a Islandia era largo y difícil. Mapa de Vincenzo Coronelli (1688). Reproducido con el permiso de la Biblioteca Nacional y Universitaria de Islandia / Islandskort.is.

Los datos que se deducen de estas cartas coinciden con la información que aporta Jón Guðmundsson en el *Relato veraz* cuando dice que balleneros vascos acudieron a las costas de los Fiordos del Oeste durante dos años seguidos, en 1613 y 1614, procedentes tanto de Gipuzkoa como de Lapurdi, para hacer acopio de aceite de ballena. Los anales de Skarðsá informan que en 1613 dieciocho buques balleneros faenaron en las costas de Islandia y que cometieron pillajes en algunos lugares. Sin embargo, los anales de Sjávarborg subrayan que el comportamiento de los balleneros vascos en 1613 fue inofensivo[96] y lo propio apunta Guðmundsson al afirmar que en 1613, "el primer verano que su nave fondeó aquí", conoció a Juan y a Martin Argarate (Jóhann y Marteinn de Argaratte), "que navegaron de vuelta sin ningún tipo de hurto ni altercados", y rubrica, "eso es algo que la gente de aquí sabría si quisiera escucharlo". Años más tarde, en el poema autobiográfico *Fjölmóður* que data de 1649, Guðmundsson repitió que en 1613 un buque ballenero vasco recaló en Kaldbaksvík y que obtuvo el permiso del gobernador Ari Magnússon de Ögur para cazar en el fiordo de Steingrímsfjörður. La campaña de aquel año fue excelente, con un saldo total de diecisiete ballenas capturadas gracias en parte a la colaboración de la población local con los balleneros vascos, entre ellos "el buen pastor Ólafur[97]".

De acuerdo con el testimonio de Guðmundsson, en la primavera de 1614 veintiseis barcos procedentes de Gipuzkoa y Lapurdi se aprestaron para la caza de ballena en Islandia, si bien buques ingleses interceptaron la flota y tan sólo diez de ellos lograron alcanzar las costas del noroeste de Islandia. Muchas de las naves se dirigieron a Steingrímsfjörður y otras amarraron un poco más al norte. Algunos buques procedían de Lapurdi y aquéllos eligieron quedarse en Kóngsey. La temporada fue muy provechosa si bien se perdió un barco. A pesar de que los anales de Sjávarborg expresan que en 1614 los balleneros empezaron a "robar terneras y ovejas en la península de los Fiordos del Oeste y asustar a la gente para quitarles el dinero[98]", Guðmundsson escribió en su poema autobiográfico *Fjölmóður* que la amistad entre vascos e islandeses se mantuvo intensa, en parte gracias a las labores del reverendo Ólafur, que murió ese mismo verano.

    El autor narra que la caza de ballena comenzó a menguar y, libres de la vigilancia del sacerdote, algunos jóvenes comenzaron a robar a los balleneros. Esta región había sido habitada por delincuentes a quienes Ari Magnússon había perdonado sus delitos para poblar las tierras deshabitadas del norte de Islandia y fueron éstos, que "no respetaban nada ni a nadie", quienes protagonizaron los primeros hurtos. La tensión escaló y "los servidores de la mentira suplantaron a los honrados y se erigieron a sí mismos administradores de la justicia". Magnússon declaró a los gipuzkoanos fuera de la ley, lo que equivalía a una pena de muerte, dictamen que comunicó a la tripulación de los barcos de Lapurdi con orden de que mantuvieran el secreto, si bien éstos últimos pronto alertaron a sus compañeros. Los gipuzkoanos y Magnússon cruzaron cartas pero el gobernador no aceptó la cantidad en monedas de plata que le ofrecían aquéllos en concepto de diezmos de ballena. Uno de los barcos permaneció algo más tiempo en el lugar y su capitán amenazó a la población con llevarse a algunos jóvenes para adoctrinarlos en el catecismo, probablemente argumentando que el hecho de no ser católicos los había corrompido, no obstante, gracias a la intermediación de Guðmundsson, todo quedó en un susto[99].

La campaña de 1615

Islandia fue durante el período 1602-1786 un territorio controlado por la Corona danesa que estableció un monopolio comercial[100]. El monarca Christian IV, investido en 1588, tuvo noticias de la práctica de los balleneros vascos en el norte de Islandia y, a fin de proteger el monopolio de la Corona en la isla, decretó el 30 de abril del 1615 que dado que "el verano pasado vascos y gentes de otras nacionalidades se dedicaban a la caza de ballenas en aguas nuestras y de la corona alrededor de Islandia, que allí saquearon a nuestros súbditos, los ahuyentaron de sus viviendas y les causaron un gran daño y perjuicio[101]", las naves procedentes de "Buschaien" (Bizkaia o, genéricamente, la costa vasca) podían ser asaltadas y sus tripulaciones asesinadas sin que los perpetradores de tales acciones incurrieran en ningún delito. El decreto fue confirmado en el parlamento islandés (Alþingi) en julio de dicho año[102]. Al margen de dicho decreto, el código de leyes Jónsbók de 1281 establecia que los malhechores podían ser asesinados sin incurrir en delito alguno (réttdræpir) e incluso requería que todos los subditos ayudaran a la autoridad del lugar si éste solicitaba su ayuda, algo por otro lado habitual en lugares de frontera o alejados de los centros de población en la Edad Media[103].

Esto significaba que la población de Strandir y otras zonas de los Fiordos del Oeste tenía que encauzar cualquier tipo de transacción comercial con los comerciantes daneses sitos en Skagaströnd, es decir, al otro lado de la bahía de Húnaflói, a unos 50 km en barco, si el comerciante no visitaba la zona, lo cual no sucedía a menudo. Este hecho provocó las quejas de los habitantes, tal como reflejan las fuentes del siglo XVII que mencionan Rafnsson y

Introducción. La masacre de 1615

Edvardsson[104]. Obviamente la población local obtenía muchas ventajas de los tratos comerciales con los balleneros extranjeros, pero al hacerlo estaban infringiendo la ley impuesta por las autoridades danesas en 1602. Dado que este tipo de actividad era ilegal, y por lo tanto punible por la ley, las fuentes locales no hacen mención de ella a menudo.

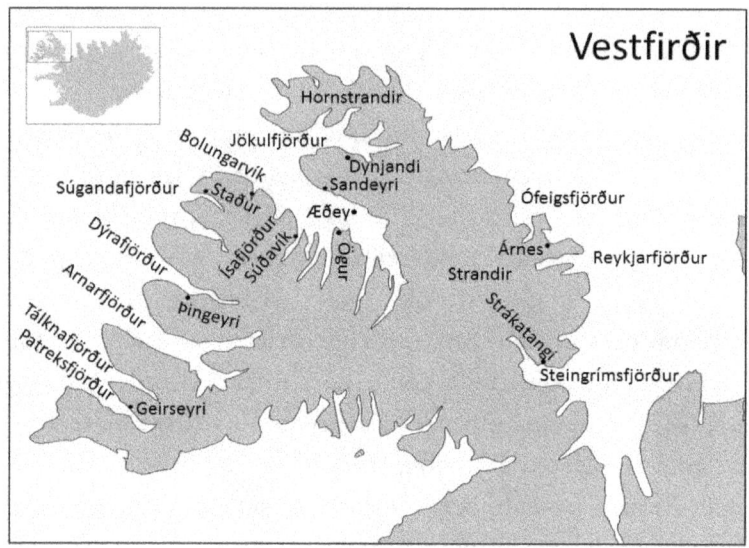

Los Fiordos del Oeste.

En virtud de la legislación sobre el monopolio comercial danés, tan sólo el virrey, residente en Bessastaðir, en el sur de Islandia, tenía la autoridad para emitir permisos para la caza de ballena. No obstante, tenemos noticias ciertas de que esta legislación se vulneraba a menudo, tanto por parte de los balleneros, como por parte de los habitantes de las zonas visitadas por éstos, como por las autoridades locales, que vendían licencias de forma ilícita en nombre de la Corona. Tal es el caso del gobernador del distrito de Strandir e Ísafjarðardjúp, Ari Magnússon de Ögur. La posibilidad de obtener sustanciosas sumas de dinero era alto, ya que la zona estaba despoblada y el control de los oficiales reales sobre las actividades de la población local, escaso. Por otro lado, tras una serie de duros inviernos, la población local encontraba ventajas en el trueque con los balleneros que, además, podían ocasionalmente contratar habitantes de la zona para realizar tareas que no requerían especialización alguna.

Tal como refiere Guðmundsson, los balleneros vascos que arribaron en 1615 proclamaron que tenían el permiso del rey para fondear unas cuatro naves durante el verano y el propio Ari Magnússon lo había anunciado con anterioridad a la llegada de los balleneros vascos, con el aviso de que si vinieran más naves sería sin permiso o deberían pagar una suma más elevada al gobernador. A su llegada al lugar, los capitanes de las dos primeras naves en arribar a la costa demostraron con sus cartas que no obraban sin autorización y que tenían obligación de ser inofensivos con los que se mostraban inofensivos hacia ellos.

Todas estas precauciones demuestran que las partes implicadas en este contrabando debían actuar de forma cautelosa a fin de proteger sus intereses comunes. Por otra parte, estos hechos ocurrieron en momentos en que piratas procedentes de diversos lugares saquearon algunas zonas de la costa de Islandia. Tal es el caso del Tyrkjaránið (el secuestro de los turcos) en 1627, cuando más de 400 personas fueron secuestradas de las islas Vestmann y la costa sur de Islandia para ser vendidos como esclavos[105]. Estos hechos provocaban –al menos en un principio- el recelo de los habitantes de las zonas visitadas por los buques extranjeros.

No obstante todo ello, el contacto con los extranjeros era exactamente lo que Jón lærði buscaba, ya que estos

Introducción. La masacre de 1615

extranjeros podían tener libros y conocimiento que compartir con él y es muy posible que su inclinación hacia el catolicismo facilitara su acercamiento a los balleneros vascos. El hecho de que era capaz de hacerse entender también pudo haber levantado sospechas entre la población local, o tal vez envidias, ya que era capaz de obtener alguna ventaja práctica de sus interacciones con ellos. Se podría decir que el conocimiento que adquirió a través de sus propias actividades intelectuales y artísticas fue más un obstáculo que una ventaja en la vida de Guðmundsson.

El hecho cierto es que, muy a pesar de las prohibiciones, dieciséis galeones llegaron hasta Hornstrandir en 1615, si bien sólo tres de ellos decidieron quedarse en la zona con un total de 86 hombres a bordo, la mayoría procedentes de Gipuzkoa, fundamentalmente de Donostia. Anclaron hacia la mitad del verano ya que el hielo marino les había impedido navegar hasta entonces. Tal como subrayó Guðmundsson, habían sido despachados para la caza de ballenas y venían sólo pertrechados para ello y, como hemos comentado más arriba, habían comprado su derecho de caza en dichas costas de mano del gobernador de Ögur.

Primero llegaron dos navíos en compañía capitaneados por 'el prudente' Pedro Agirre (Pétur Agvirre, Pétur Ageirus, o Pedro de Argvirre) y Esteban Telleria (Stefán o Stephan de Tellaria) que pilotaba el segundo buque y trabajaba para el citado Agirre. Unos días más tarde atracó el galeón más grande. Su capitán se llamaba Martin Villafranca (Martinus Billa de Franca, Martinum á Frakkaþorpi, Marteinn af Frakkaborg o Martin af Frakkaborg). Las noticias sobre la localización exacta de las tres naves no son del todo ciertas porque Guðmundsson tan sólo menciona que aquellos hombres llegaron a Hornstrandir y que "perdieron sus naves en un fiordo cerca de Trékyllisvík", pero no menciona en qué preciso lugar se hallaba la estación ballenera vasca aquel verano de 1615. Tampoco existen evidencias arqueológicas, pero es posible pensar que la estación ballenera se encontraba en efecto en el fiordo de Reykjarfjörður, antes denominado Skrímslafjörður, que es el fiordo más cercano a Trékyllisvík en la provincia de Strandir, el lugar donde se hundieron las naves. La razón de pensar que las dos bases de los balleneros vascos estuvieron en Reykjarfjörður es que existen muchas probabilidades de que Guðmundsson viviera en 1613 en una granja en Stóra Ávík en la bahía de Trékyllisvík. El autor dice literalmente en el *Relato veraz* que los naufragios tuvieron lugar en un fiordo "cerca de Trékyllisvík" que se encuentra "al sureste de aquí". Es posible que en este contexto "aquí" significase su granja en Stóra Ávík, y que el fiordo que según el autor estaba cerca de Trékyllisvík sea Reykjarfjörður, localizado a pocos kilómetros al sur de esta bahía. Desde Stóra Ávík al lugar donde los dos barcos anclados con cuyos líderes Guðmundsson trabó amistad en el verano de 1614 hay alrededor de siete kilómetros, una distancia razonable a Reykjarfjörður. Por otra parte, el autor señala que las chalupas acudían a diario a faenar cerca de la costa de Reykjanes[106] y, cuando Guðmundsson y Martin Argarate se encontraron en verano, éste le dijo que temía naufragar de modo que trasladó la nave de Villafranca fiordo adentro a un puerto excepcionalmente bueno, excepto por un lado por el cual podía entrar el hielo y acumularse, "tal como más tarde sucedió porque Dios así lo dispuso". Y así permanecieron esas tres naves atracadas "cerca nuestro", cerca de la población.

Al poco de llegar los primeros buques balleneros, arribaron a la costa de Strandir, a la altura de Eyjar, dos

Introducción. La masacre de 1615

chalupas ocupadas por trece balleneros apurados por la falta de alimentos, ya que la banquista o hielo marino flotante los había mantenido atrapados a bordo de dos chalupas separadas de sus buques en el mar del norte, a unas 48 millas de navegación. En ese momento, un grupo de unos treinta hombres del lugar, que entonces estaban congregados en Eyjar, atrapados también por la banquisa de hielo marino, "con la sola idea de hacerse famosos, planearon exterminar a los trece balleneros". Los marinos defendieron sus vidas y los atacantes se vieron obligados a huir monte a través. Dos de los atacantes fueron heridos y otros sufrieron rasguños producidos por las pedradas que les propinaron aquéllos. Al fin, el capitán del barco, de nombre Ascensio, hizo las paces y partió hacia los mares del norte junto con otros doce galeones[107]. Cuando la banquisa se alejó, las tres naves anteriormente mencionadas atracaron muy posiblemente en el fiordo de Reykjarfjörður.

No obstante haber hecho las paces, los balleneros mantuvieron el verano de 1615 dos vigías en cada nave en todo momento y, como medida de precaución, nunca enviaron a sus chalupas tan lejos que no avistaran las naves o no pudieran oír disparos. Evitaron asimismo acudir a la granja de Reykjanes, "a pesar de fondear en la costa de dichas tierras a diario en siete chalupas".

Guðmundsson aporta detalles sobre algunos de los 86 hombres de la tripulación de los tres barcos. Trabó franca amistad con Pedro (Pétur), el piloto de la nave de Villafranca, a quien describe como un hombre revestido de muchas virtudes y "gran amigo de los ingleses", residente en una isla en la costa francesa, a poca distancia de Holanda, que tenía muchos hijos casados y cuñados ilustres y era muy popular en su país de origen. Y añade el autor que "era muy solicitado como piloto, y era considerado un buen hombre en previsión y consejos y sobresaliente en intelecto", algo que el propio autor pudo comprobar según su propio testimonio.

Juan Argarate era donostiarra, "un hombre justo y merecedor de alabanzas". Guðmundsson lo conoció y entabló relación de amistad con su hermano Martín en 1613. Juan Argarate preparó una nave más para navegar a Islandia pero su hermano Martín estaba preparado y contrató al referido Pedro como piloto en Donostia a finales de abril del año 1615, no obstante, "por varias circunstancias especiales", el citado Juan se vio obligado a quedarse en tierra. Consiguió por capitán para la nave a Martin Villafranca. Entonces, por razones que el autor no explica, Pedro quiso quedarse en tierra, pero Juan consiguió convencerlo de que fuera con las naves.

Martín Villafranca, capitán de la mayor de las tres naves que arribaron a aquellas costas en 1615, no era un hombre corpulento; joven y barbilampiño, era un excelente atleta y estaba ricamente pertrechado para la caza de la ballena. "Se movía como un pez o una foca en el mar y siempre acudía en persona en las chalupas a la caza de ballenas, cosa que ningún otro capitán había hecho". En ausencia del capitán, Pedro quedaba a bordo y supervisaba todo como si fuera el propio capitán y mantenía al día las cuentas.

Otro de los miembros de aquellas tripulaciones era Luis (Luys), tripulante de la nave de Pedro Agirre que tenía lazos de parentesco con aquél (era hijo del tío paterno de éste). Luis era un hombre muy rico y hablaba latín fluidamente. Luis y su primo Pedro eran los encargados del comercio de la ballena y sus productos, así como del resto de los objetos con los que comerciaba la tripulación. Asensio se

Introducción. La masacre de 1615

llamaba uno de los mejores arponeros de la compañía de Pedro y Luis. Tan sólo en 1615 cazó o logró 'el primer hierro' sobre tres cachalotes que vendieron a una quinta parte de su valor comercial, "de modo que de su utilidad y provecho vivió aquí gente pobre y sobrevivió a ese duro invierno". Pedro Agirre tenía otro piloto llamado Andres, un buen hombre. El capitán Esteban Telleria, "compadre" de Pedro Agirre, era asimismo un hombre honrado "libre de cualquier hurto y picaresca, así como su tripulación". Por lo que respecta a la tripulación de Martin Villafranca, el autor menciona a un hombre muy grueso llamado Lázaro, a Martin 'el manso' que era carpintero, y a un joven grumete de apellido Garcia, único superviviente de la masacre de Skaganaust en el fiordo de Dýrafjörður.

Guðmundsson se muestra taxativo cuando expresa que los hombres de aquellas naves no saquearon la zona ni cometieron actos ilegales por los que merecieran ser perseguidos y menos aún, la muerte. Según el autor los marinos demostraron un comportamiento honrado, fundamentalmente los de la nave de Agirre, "a quien todos deberían alabar, tan inofensiva que era su tripulación". El capitán Telleria y su tripulación eran asimismo hombres honrados a los ojos del autor. Tan sólo apunta Guðmundsson la presencia de "dos bribones imprudentes", que por lo visto se llevaron en un viaje a Steingrímsfjörður un carnero o calcetines en un lugar donde, según ellos, tenían enemigos. También menciona el autor algunos hombres de la tripulación de Villafranca que cuando no se hallaban bajo la supervisión inmediata de su capitán se mostraron "más revoltosos y tremendos" y se llevaron de algunas granjas un carnero cuando los habitantes del lugar se negaban a vendérselo. En estos casos hubo que solucionar el asunto con leche, pastillas de mantequilla o manoplas. Guðmundsson no tuvo noticia de que Villafranca robara ni que le hiciera daño a nadie, e incluso señala que salvó la vida de un islandés que había dejado sin sentido de una pedrada a un miembro de su tripulación.

Por lo que respecta a la población del lugar, Guðmundsson hace asimismo referencia a una población pacífica, que supo convivir con los balleneros de forma cordial. En una ocasión los balleneros se percataron de que alguien había sustraído una cantidad de grasa de una cabeza de ballena, lo cual causó las quejas de los capitanes Pedro y Esteban que se dirigieron al aparcero de Kesvogskot, en cuyas tierras estaban anclados los buques. Éste último se exculpó, pero no dio el nombre del autor del hurto. Todo quedó saldado con la entrega de una oveja. No obstante, Villafranca no recibió compensación alguna por lo que una mañana se presentó en la granja y exigió que le dieran un carnero a él también, y que pagaría con pan y vino, "enseñando una garrafa a la vez que le ofreció pan". El aparcero aceptó treinta y dos hogazas de pan y el vino en una damajuana. Y Villafranca se llevó la oveja.

La región no estaba muy habitada y había falta de ganado tras un invierno duro que produjo gran penuria. Dado que los balleneros siempre tenían carne preparada para quien quisiera canjearla por otros productos y no les gustaba que la gente dejara de acudir al mercado después del trinchado de la carne para que ésta no se estropease, vendían la carne a muy buen precio, aceptando en trueque objetos producidos por la población local, como pastillas de mantequilla, manoplas, ligas o incluso perros y cachorros de perro: "por cualquiera de las cosas que he nombrado cada hombre recibía carne magra para cargar en su caballo o barco, si lo tuviere".

Introducción. La masacre de 1615

Por lo general, algunos de los habitantes de Strandir no se atrevieron a socializar y comerciar con los balleneros a causa de las prohibiciones de la autoridad, pero la mayoría hicieron caso omiso de las prohibiciones movidos por las evidentes ventajas de dicho comercio e incluso por necesidad, por lo que "cualquiera que tuviera un carnero para vender y un surtido de cosas, obtenía una gran ganancia". Por lo general preferían comerciar con los hombres de Agirre y Telleria, lo cual provocó las protestas de Villafranca pero, rubrica el autor, "la gente acudía a ellos continuamente y a diario como si fueran a cualquier plaza de mercado, tanto a caballo como en barcos. Martillos, hachas, hierros y arpillera se les podía comprar. Nuestro reverendo [Jón Grímsson] faltó pocos días a su encuentro y visitó todas las naves hasta poco antes de su naufragio".

De esta manera transcurrió todo el verano hasta su naufragio, sin más novedades que las reseñadas. Cazaron en total once ballenas grandes, pero arponearon y perdieron otras once, si bien no es claro si esto lo hicieron los hombres de Villafranca o las tres naves en conjunto. Según las tradición de las cofradías de mareantes, a pesar de que la nave de Villafranca era la de mayor envergadura y de que, por consiguiente, era la que más material y mano de obra proporcionaba para la caza de la ballena, todos ellos colaboraban en la producción de aceite de ballena y compartían el producto de forma proporcional "de tal manera que allí donde la nave de Pedro tenía dos barriles de aceite y la de Esteban tenía otros dos, la de Martín tenía tres".

La de 1615 fue una buena temporada de pesca y caza de ballena, con una captura de once ballenas tan sólo en Reykjarfjörður. De hecho, cuenta Juan Ignacio Iztueta en su *Historia de Gipuzkoa* publicada en 1847 que en aquella temporada los marinos vascos que fueron a cazar ballena consumieron un total de 3.680 barricas de sidra, de a tres medidas. Ello es indicativo del alcance de aquellas aventuras marinas.

La tempestad

El martes 19 de septiembre[108], Pedro Agirre, su primo Luis y Esteban Telleria se desplazaron al gran galeón de Martin Villafranca para ajustar las cuentas del producto de la campaña antes de emprender el viaje de vuelta a casa. No llegaron a un acuerdo el primer día, por lo que volvieron a discutir un segundo día y, una vez de acuerdo, volvieron a sus barcos con la intención de partir al día siguiente. Ese mismo miércoles[109] 20 de septiembre, tras despedirse de los hombres de Agirre, el capitán Villafranca bajó a tierra con unos de sus hombres y se dirigió por el camino del paso de Naustavík[110] hasta la granja de Árnes. Villafranca había querido encontrarse con el reverendo Jón Grímsson para saldar cuentas, ya que éste le debía algún dinero. Villafranca exigió un carnero al capellán para la travesía pero éste se negó inicialmente a pagarle. El acompañante de Martín tomó una cuerda y se la puso en el cuello, de modo que al final el reverendo les prometió que les llevaría el becerro a la mañana siguiente, antes de que partieran.

Esa misma noche del miércoles[111] 20 de septiembre, víspera de San Mateo, el oleaje arrastró bloques de hielo hacia la costa. Al anochecer se levantó tal inaudito y sorprendente temporal que la banquisa inmediatamente golpeó las naves de Agirre y Telleria contra un cabo con altas rocas:

Introducción. La masacre de 1615

94 Truenos y relámpagos con ruidos estruendosos
    Se sentían dentro en las casas y fuera en el campo.
    La galerna arrastraba las casas,
    Y arañaba y las echaba a tierra.

95 Durante toda la negra noche
    Rayos y estruendos hicieron retumbar la tierra;
    No tuvieron paz ni reposo los hombres
    hasta que ya avanzado el día se adueñó del cielo[112].

Reykjarfjörður. El miércoles 20 de septiembre de 1615, víspera de San Mateo, las olas provocadas por la tempestad arrastraron grandes bloques de hielo que, al chocar contra los tres barcos, provocaron su hundimiento.

El temporal rompió los cabos de la nave de Telleria que chocó violentamente contra la nave de Agirre, rompiéndolo todo y se hundió con toda la carga. La nave de Agirre se precipitó contra las rocas y se partió por la mitad. La parte superior se encaramó a las rocas, pero el resto se hundió. Entonces se rompieron todas las chalupas que estaban amarradas junto a las naves. La mayor parte de la tripulación pudo salvarse, encaramándose a la nave de Agirre cuando las naves entrechocaban y luego, desde allí, a nado o incluso arrastrándose por el hielo hasta la orilla. Pero tres hombres perecieron, dos del barco de Agirre y uno del de Telleria. Eran éstos su primo Luis, Ascencio, 'un hombre bondadoso y excelente cazador', y un joven grumete. La nave de Villafranca naufragó en Naustvík. La nave se zafó y, cerca de la medianoche el oleaje la arrastró a la gravilla de la costa. "Primero se rompió el timón y luego se agujereó el casco de modo que entraba el agua del mar".

Entonces sobrevino un enorme griterío y alboroto, pero cuando todo se calmó, aquellos hombres que lo habían perdido todo prorrumpieron en lágrimas, sacaron los misales y leyeron largamente. Cuando la tormenta amainó, durante lo que quedaba de noche, procuraron salvar lo que pudieron. Poco se salvó de las naves de Agirre y de Telleria. Se pudo rescatar lo que se había guardado en los cuatro camarotes de popa de la nave de Agirre, entre otras cosas sus diecisiete armas de fuego, secas y sin sufrir daño alguno. "Nosotros las contamos y las vimos". Además había allí unas ocho armas de fuego mojadas y quebradas, dos fardos y poca cosa más, sólo un arcón vacío, que se quedó el capellán Jón Grímsson; ni pan, ni vino, ni ropa, ni dinero pudieron recuperar del naufragio. Los hombres de Villafranca transportaron en sus barcas todo aquello que pudieron de la nave, a excepción de los cañones o el saín. Transportaron a tierra todos los arcones y las barricas cerradas, la ropa y cualquier otra cosa que fueron capaces de llevarse junto con los hombres en cuatro barcas.

De la nave de Villafranca pudieron rescatar algo de pan y vino que repartieron entre todos. Abandonaron el resto de la mercancía bien recogida en la nave. Se llevaron el arcón de Villafranca, "que necesitó ser cargado por la mayoría de los hombres", así como otros baúles, pero dejaron atrás la mayor parte de los cofres.

> 97 Mal encontramos a aquellos desgraciados.
> aún junto a las cabañas, era triste verlos:
> heridos y golpeados, casi desnudos,
> tumbados a la intemperie, medio muertos[113].

El viernes[114] 22 de septiembre acudieron allí muchos de los habitantes de la zona. El propio Guðmundsson acudió también al lugar, acompañado de Bjarni Ámunsson. Invitó al capitán Agirre a quedarse con tres o cuatro hombres en su casa. En principio Andres, el piloto, quiso aceptar el ofrecimiento pero Agirre, que agradeció a Guðmundsson su generoso gesto, le informó de que habían decidido tomar rumbo norte en varias chalupas y hacerse con una gran nave si bien no sabían si estaría en condiciones de navegar hasta el golfo de Bizkaia. Guðmundsson les aconsejó que cejaran, ya que la nave era del todo inservible. Pero tanto Jón Grímsson como el aparcero de los terrenos del puerto, Jón Þórðarson, deseando que los marinos salieran cuanto antes del lugar, convencieron a los capitanes de que había un barco en la granja de Gunnstein que podían utilizar para volver a sus hogares. Asimismo, les aconsejaron que fueran prudentes, y que se separaran en pequeños grupos y pidieran caridad en varios lugares del camino, y "ellos su consejo siguieron, engañados por su conspiración". Cuando Andres tuvo noticia de la decisión, se alejó llorando. "Muchos de los subalternos, barberos y grumetes, pidieron encarecidamente que los acogieran de algún modo para que pudieran conservar la vida, pero nadie se atrevió a causa de la autoridad".

Esa misma mañana de viernes el capellán Grímsson entregó a Villafranca la ternera, pero aquél le dijo que Agirre estaba en peor situación que él, y que se la llevase a éste. Villafranca le ofreció primero unos barriles llenos de grasa de ballena que allí se hallaban, pero el capellán no quiso aceptar sino dos, Guðmundsson hizo de testigo de la venta "en presencia de las principales personas del distrito". Grímsson se llevó asimismo una caldera y algunos barriles vacíos. El capellán se llevó de vuelta la piel del ternero pero a la mañana siguiente les llevó también trece pescados y Agirre le entregó su gran piedra de afilar con manivela y también su cofre. Agirre pidió al capellán un escrito declarando que no habían causado daños y éste escribió "de buen grado" una carta en latín especificando que los hombres de las naves de Agirre y Telleria no habían hacho mal alguno a los vecinos del lugar y que las naves habían se habían hundido a causa de la tempestad.

Todo el mundo se entristeció por las penurias de estos hombres, incluso el capellán y sus hombres porque esta gente, subraya Guðmundsson, "había recibido y aceptado tantas cosas y que no les habían causado ningún daño ni infligido injusticia alguna".

Ruta hacia el norte

La mañana del sábado[115] 23 de septiembre todos estos hombres salieron del puerto. Los despidió el capellán y la mayoría de los locales, pero Guðmundsson no estaba ya allí. Nunca los volvería a ver.

Introducción. La masacre de 1615

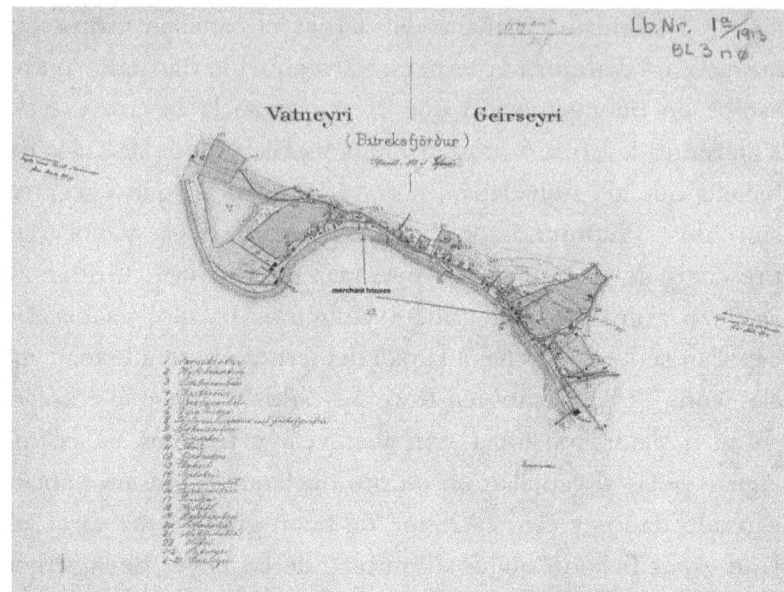

Ubicación de las casas de los comerciantes (# 5 y # 16 en la lista numerada de la izquierda del mapa) en la ciudad de Vatneyri / Geirseyri en Patreksfjörður en un mapa de 1913, cuando era probablemente todavía muy similar a la aldea cuando los balleneros vascos estuvieron allí en 1615. Mapa: Landmælingar Íslands.

Los 83 hombres marcharon en ocho chalupas navegando en dirección norte recorriendo toda la costa de Strandir y bordeando la costa de Hornstrandir "en tanta marejada y oleaje que es sorprendente que lo consiguieran". Llegaron a Dynjandi en Jökulfirðir el martes[116] 26 de septiembre, donde estaba el velero de dos mástiles (Dynjandi está en un fiordo llamado Leirufjörður que es uno de los fiodos Jökulfirðir). Allí pasaron dos noches. Al parecer cuando llegaron a Dynjandi el aparcero Gunnsteinn huyó y se negó a tratar con los marinos vascos. Éstos mataron una de sus vacas y ataron las demás en el establo al marcharse. Y, tal como Guðmundsson había predicho, la nave resultó del todo inútil para navegar en alta mar.

En este punto, siguiendo el consejo de Grímsson, los hombres de Agirre y Telleria se separaron de los de Villafranca. Aquéllos requisaron el bote de Gunnsteinn y tomaron rumbo sur hacia Önundarfjörður. Allí fondearon y se quedaron una noche. Tras unos pocos días de navegación llegaron a Dýrafjörður el 5 de octubre[117]. De allí se dirigieron Arnarfjörður, donde permanecerían unos días, hasta llegar finalmente al fiordo de Patreksfjörður. Allí ocuparon la casa danesa de Geirseyri (se hace referencia a esta aldea como Vatneyri) y, "los generosos y honrados Björn y Ragneiður, madre e hijo, benditos de Dios, a lo largo del invierno se apiadaron de los pobres extranjeros extraviados[118]".

Los hombres de Villafranca, en cuatro barcas, tomaron rumbo a Ísafjörður y de allí se dirigieron a la isla de Æðey que era propiedad de Ari Magnússon. Desde aquí, Villafranca se dirigió con dos de sus barcas a Sandeyri donde cazaron y trocearon una ballena. Otras dos de sus barcas navegaron hasta Bolungarvík en la noche de la festividad de San Miguel, el viernes[119] 29 de septiembre, y allí pernoctaron. A la mañana siguiente siguieron hacia el oeste, a Staður en Súgandafjörður "y allí hurtaron muchas pertenencias del capellán". Desde allí se dirigieron a Þingeyri.

La masacre

Tal como narra Guðmundsson en *Fjölmóður*, si Ari Magnússon hubiese logrado en 1614 que los balleneros de Lapurdi se enfrentasen a los de la nave gipuzkoana, podría haber reclamado la nave y su contenido en nombre del rey de Dinamarca. Aunque no había ninguna ley marítima común en la Edad Media, simplemente porque no habría ninguna autoridad superior para implementarlo[120], en general se

Introducción. La masacre de 1615

aceptaba que los restos flotantes que alcanzaban tierra eran propiedad del terrateniente local. Por tanto, no era raro que la población local tratara de matar a los supervivientes de un naufragio a fin de obtener todo lo que pudieran recuperar de la nave.

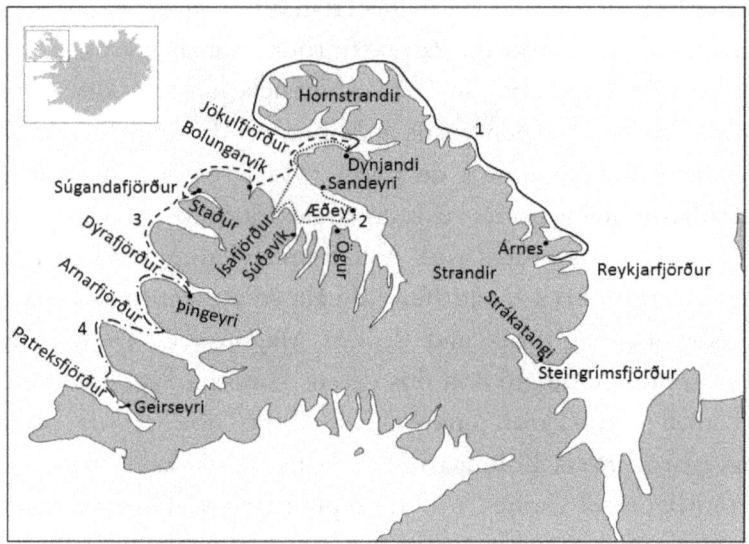

Las cuatro rutas de la masacre. 1) Tras la tempestad, todos los balleneros partieron en txalupas desde Reykjarfjörður a Dynjandi; 2) Ruta navegada por los hombres de Martin Villafranca hasta Æðey y Sandeyri donde serían asesinados; 3) La segunda txalupa de los hombres de Martin Villafranca partió de Dynjandi a Þingeyri donde se convertirían en las primeras víctimas de la masacre; 4) Los hombres de las embarcaciones de Pedro Agirre y Esteban Telleria partieron de Dynjandi en dirección a Geirseyri donde pasarían el invierno.

Si las naves no hubiesen naufragado es probable que nada hubiese ocurrido. Los marinos habrían vuelto a sus lugares de origen y nadie habría sabido nunca más nada de ellos ni de los permisos que Ari Magnússon les había vendido ilícitamente. Tras el hundimiento de las naves, 83 hombres comenzaron su éxodo a través los Fiordos del Oeste llevando consigo las cartas escritas por el reverendo Jón Grísson y exhibiendo el derecho que les había sido vendido de forma ilegal por Magnússon. Éste estaba ahora obligado a tomar medidas contra los balleneros. El miedo de Magnússon a que sus actividades fraudulentas fueran descubiertas y a ser castigado por las autoridades danesas que supuestamente representaba, son el motivó más plausible de la organización de la masacre. La codicia de Ari, unido a la falta de humanidad de diversas figuras de la autoridad en el distrito (el magistrado, ciertos pastores, algunos de los terratenientes más notables), subyace en la narración de Guðmundsson sobre el naufragio y los asesinatos.

El miedo de Magnússon no era gratuito. Había gobernado la provincia de Ísafjörður durante diecisiete años y la provincia de Strandir algunos años menos, pero la venta ilícita de licencias podía afectarle seriamente. Tal como narra Tapio Koivukari en un manuscrito entregado al editor de este libro, en 1614 Gísli Þórðarson, magistrado de la península de Snæfellsnes, había dado un permiso para atrapar halcones a un comerciante inglés. Pero además de cazar halcones realizó tratos comerciales ilícitos en la zona y comerciantes daneses lo arrestaron y confiscaron sus bienes. Este inglés protestó ante el rey de Inglaterra y aquél remitió su protesta a su primo, Christian IV de Dinamarca. El rey escribió a su gobernador en Islandia y el magistrado Gísli fue condenado en el parlamento islandés en 1614, despedido de su cargo y obligado a pagar una fuerte multa. La decisión se debe a que Gísli no tenía derecho ni autoridad para vender licencias para la caza de halcones[121]. Es muy probable que Magnússon sintiera que su posición estaba amenazada y entendiera que encabezando una acción sonora contra los marinos vascos podría acallar a sus adversarios y silenciar a los marinos. Por otro lado, tal como apunta Guðmundsson, el botín no era desdeñable.

Cuando los habitantes de Dýrafjörður vieron desplazarse a catorce marinos de la nave de Villafranca en dos chalupas hacia el oeste, juntaron un total de treinta hombres armados para interceptarlos a la vuelta. Era el jueves[122] 5 de octubre de 1615.

> 121 Dos hombres de Dýrafjörður reunieron una partida
> y atacaron a los vascos en Skaganaust.
> Ahora que en Islandia era legal matar
> llegó a ser algo fácil de hacer[123].

Bjarni Jónsson contó lo que ocurrió aquella noche al reverendo Grímsson y éste último se lo contó a Guðmundsson. En el camino de vuelta a Dýrafjörður los marinos se quedaron a dormir en una caseta de pescadores en Fjallaskagi. Cinco de ellos velaron las barcas mientras el resto dormían en el interior de la citada chabola. La gente armada llegó por la noche, mató a los vigías y rodeó la caseta. Acto seguido asaltaron el cobertizo. Los nueve marinos que se encontraban en el interior cerraron las puertas con piedras, pero los adversarios quebraron el techo. Todos murieron, "también los de los grandes gabanes azules y el gran Spansarius". Tan sólo un joven apellidado Garcia (Garcius) consiguió escapar que, corriendo desde su escondite logró tomar un bote y escaparse de los asaltantes[124]. Tras la matanza los cuerpos de las trece víctimas fueron desnudados, despedazados, perforados y atados entre sí con cuerdas para que se hundieran en las profundidades del mar. Los allí presentes se repartieron posteriormente el escaso botín.

Entre tanto las otras dos chalupas de la nave de Villafranca habían navegado a la isla de Æðey que por entonces era propiedad de Magnússon[125]. En el grupo estaba también 'el modesto' Pedro, el timonel. Descargaron las mercancías de sus barcas en el puerto de Æðey y se acomodaron allí. Sin noticias sobre lo que había acontecido a sus compañeros, salieron a pescar, en busca de ballenas.

Tres días más tarde, el domingo[126] 8 de octubre, Magnússon convocó a doce jueces en Súðavík[127]. "Reunió gente de Sandeyri, su región, para asesinar y matar" y obligó a la gente a enfrentarse a los marinos por medios propios o a pagar una multa. Tras el llamamiento, algunos acudieron de buen grado, porque se les había prometido el botín, mientras que otros fueron de mal grado. Debían acudir en primer lugar los jueces que habían escrito la ordenanza, y luego todos aquéllos hombres que necesitaran. Asimismo, los hombres de la costa de Langidalur, en el extremo oriental de Reykjarfjörður, estaban preparando su partida cuando llegó desde el norte Jón Grísson con cuatro hombres, quienes cruzaron con ellos la bahía de Djúp en dirección a Ögur. La partida de más de cincuenta hombres armados se reunió en Ögur el día 10 de octubre, último martes del verano[128]. Tal como advierte al inicio de su relato, Guðmundsson omitió los detalles más sórdidos de la historia y evita dar los nombres de las personas que cometieron directamente las atrocidades. Ésta es la razón por la cual el autor tan sólo nombra a unos pocos de los participantes de la masacre: Ari Magnússon y su hijo Magnús Arason, un mozo asalariado de Magnússon de nombre Björn Sveinsson, Bjarni Jónsson y los reverendos Jón Grímsson y Jón Þorleifsson de Snæfjöll. En el poema *Fjölmóður* menciona asimismo a un tal Grimur.

No obstante, ese día se levantó tal ventisca que la partida tuvo que permanecer allí hasta la noche del viernes[129] 13 de octubre, primer día del invierno. Entonces enviaron un bote a Æðey para saber que ocurría allí. Descubrieron que los hombres de Villafranca habían arponeado una ballena y la habían arrastrado hasta Sandeyri. La mayoría se había reunido allí, excepto unos pocos que vigilaban sus pertenencias en Æðey mientras los demás procesaban la ballena. Los cincuenta hombres armados salieron apresuradamente, "excepto los jueces, que ninguno de ellos acudió aunque deberían haber ido los primeros". Llegaron a Æðey de noche. Pedro, el piloto, había leído un rato y se hallaba dormido, con la cabeza reposada sobre el libro. Estaba tendido en los escalones de la estancia principal. Su compañero, 'un hombre muy grueso llamado Lazaro', dormía tendido en suelo, sobre su abrigo de capucha.

127 [...]
    Un mazo destrozo la cabeza de Lazaro
    y rompió la frente de Pedro.

128 Le atravesó bajo los ojos la cara
    un rápido tajo de hacha,
    y junto al corazón y en el dorso se la hincan.
    Él esa noche dormía su muerte.

129 La cabeza del joven estaba hendida
    y cortadas sus piernas desde las rodillas.
    Tres compañeros en la casa y un sólo destino,
    morir, aunque mucho resistieron[130].

"El que lo contó lo vio desde la puerta". Entonces quedaban los tres que estaban en el cobertizo de la forja, fuera en el patio, "el joven barbero, el mozo de los humos y el muchacho de los lavados". Los soldados hendieron el techo sobre ellos, pero los otros se defendieron más allá de lo esperado. Tras ello fueron despojados de sus ropas y, desnudos, llevados en andas hasta el acantilado, donde fueron atados de dos en dos y arrojados al mar. Los de la estancia principal también fueron despojados de sus ropas. Los cuerpos desnudos de Pedro y los de los dos hombres de la estancia principal fueron asimismo lanzados desde el acantilado. Pero por la mañana sus cuerpos habían llegado a tierra al oeste de la bahía de Ísafjörður, en un lugar llamado Fótur, y fueron enterrados allí en la orilla.

Si bien Guðmundsson habla de 'unos cuatro marinos' y un grumete en Æðey, de su relato se deduce claramente que fueron al menos seis las víctimas mortales de esta masacre, Pedro, Lazaro y un joven sin identificar en la estancia principal, y al menos tres más en el cobertizo, si bien el autor señala que ataron a éstos últimos "de dos en dos" por lo que es posible que también éstos fueran más de tres.

Cometida la matanza, retirados los cuerpos y hecho el reparto del botín, la tropa se dirigió a su nave y cruzó las aguas "en medio de tal tempestad que apenas pudieron navegar un canal tan estrecho". La partida llegó hasta la granja de Sandeyri esa misma noche del viernes 13 al sábado 14 de octubre.

El grupo armado se aproximó a la granja de noche y la rodeó. Enviaron al capellán Jón de Snæfjöll y éste, junto con Jón Grímsson y un tercer sacerdote, junto con destacados hombres armados, se posicionaron alrededor de Magnússon. Villafranca se hallaba en el patio de una de las

Introducción. La masacre de 1615

dos chabolas de la granja con unos pocos hombres alrededor de un pequeño fuego, y el resto de sus hombres estaban en la estancia principal, sentados alrededor de su fuego de vigilia. Entonces Magnússon dio las órdenes pertinentes y se dispusieron en sus puestos frente a cada puerta y a cada ventana de la granja y dispararon repetidas veces al interior sin otro aviso, y sin intención de dar tregua a sus ocupantes. Una vez comenzó la lucha, Villafranca miró hacia fuera a través de una ventana y al ver a Grímsson lo reconoció y le dijo:

139 "Aquí, en esta tierra, yo la ley obedecí
y como dice mi carta[131], el diezmo ofrecí.
Por la paz cualquier cosa haré
y porque vida y bienes respetados me sean".

140 Respondió el cura: "Ésa es la verdad,
y yo puedo atestiguar,
Pero nuestro deber es seguir,
y de nuestro rey las órdenes obedecer".

Siguieron conversando en latín y Grímsson dijo que Villafranca lo había amenazado y le había puesto una cuerda al cuello. Éste reconoció esto y le pidió perdón, pero subrayó que no había ofendido ni hecho mal a ninguna otra persona. El reverendo le dijo que le perdonaría, ya que se lo pedía y dirigiéndose a Magnússon le preguntó si perdonaría la vida de Villafranca, un hombre noble. El hacendado accedió inmediatamente si se rendía. El reverendo le dijo que lanzara fuera su arma y Villafranca lo hizo. Luego salió en persona y se arrodilló. Magnússon designó a tres hombres para que se lo llevaran, pero algunos protestaban con gran fiereza, hasta que uno de ellos llamado Grimur se lanzó con un hacha hiriéndole en la clavícula. Al recibir el golpe Martín se puso en pie de un salto y salió corriendo "tan rápido que se le ha quedado grabado en la memoria a aquellos que lo vieron, hasta el mar, balanceándose sobre las olas". En ese momento empezó a amainar la tormenta.

Villafranca se adentró en el mar nadando de espaldas mientras entonaba cánticos religiosos en latín, probablemente rezando. Entonces unos cuantos hombres se lanzaron tras él en una barca mientras le lanzaban piedras en medio de un gran griterío. Al fin Björn Sveinsson, el mozo del hacendado Magnússon, le asestó un golpe con una piedra en la frente. En este momento Villafranca quiso agarrarse a la nave y le cortaron la mano. Después fue arrastrado a tierra y desnudado. Allí estuvo presente Grímsson y contó a Guðmundsson que Villafranca demostró tener mucho valor porque, cuando su cuerpo yacía desnudo boca arriba, uno de los atacantes le ensartó un cuchillo en el vientre y lo rajó de un tajo hasta los genitales. Villafranca se sacudió violentamente y se giró boca abajo y murió con los intestinos derramados de su cuerpo. Entonces algunos se burlaron y otros se acercaron al cadáver para ver en su interior, pero la sangre no lo permitía.

Entre tanto la lucha seguía su curso en la granja. Apresaron al compañero de Villafranca, aquél que le había puesto la cuerda al cuello al reverendo Grímsson. Reconoció su crimen y pidió perdón, que al final le fue concedido por el reverendo, si bien dos hombres fueron designados para matarlo. Y "a partir de ese momento no le sirvió a nadie suplicar por su vida".

Luego rompieron el techo para alcanzar a los ocho o nueve hombres que quedaban en la casa en la que se encontraba Villafranca. La lucha se prolongó durante toda la noche e incluso hasta bien empezado el día. Entonces Magnús Arason redujo con su arma de fuego a algunos de los balleneros que se defendían desde el interior y lograron penetrar en el interior de la casa y los mataron a todos. Por su parte, los que se hallaban en la granja principal nunca se defendieron ni empuñaron arma alguna, posiblemente buscando el perdón de los atacantes. Se hallaba en ésta un marino de nombre Martin, al que apodaban 'el manso', por su talante bondadoso. Era carpintero. Se ocultó debajo de una vaca toda la noche pero, cuando todos los demás estaban muertos dieron con él y lo arrastraron al exterior, delante de los allí presentes. Muchos pidieron clemencia, pero otros pedían su muerte. Magnússon prometió perdonarle la vida, pero como había ocurrido con el resto, cuando Martín "estaba arrodillado con los brazos extendidos, balbuceando sobre Cristo, pidiendo clemencia patéticamente", uno de los presentes "le partió la cabeza desde delante y el otro atrás y cayó hacia delante al recibir el hachazo en la nuca, y ese fue el último que fue matado de los hombres de Villafranca".

Muertos todos, los hombres exigieron la parte del botín que se les había prometido Magnússon, pero en ese momento sonó una campana y "el gran y pesado cofre de Martín y muchos otros arcones" fueron declarados propiedad del rey, con orden de ser transportados a Ögur, residencia del gobernador. A muchos les disgustó perder el derecho a obtener parte del botín a pesar de haber acudido a su propia costa. Allí se presentaron también los que declararon haber sufrido robos a mano de los balleneros, como por ejemplo Gunnsteinn, que había perdido una de sus vacas y un bote, pero a pesar de sus protestas no recibieron indemnización alguna. La tropa quedó en silencio "y arrepentidos de su viaje y comportamiento, se separaron a malas y, cada uno volvió a su casa disgustado". Magnússon tan sólo cedió a los que habían participado en la matanza la ropa ensangrentada de los cuerpos de las víctimas, "y se la repartieron entre todos". Cuando salían de Sandeyri se cruzaron con los miembros del tribunal, que no habían llegado a tiempo a la lucha, pero que fueron a Æðey y tomaron posesión del botín principal "y de muchas cosas que algunos saben". "Entonces bailaron y bebieron bien alegres del vino de ellos y se quedaron allí todo el domingo[132], pero el lunes[133] volvieron a casa".

Los cuerpos de las víctimas fueron objeto de escarnio. Arrancaron sus ojos de las órbitas, seccionaron las orejas, cercenaron sus genitales, los degollaron y, abrieron los cuerpos por el vientre, a la altura del ombligo. Posteriormente "perforaron los cuerpos por los costados o el cuello, pasaron una cuerda por los agujeros y fueron atados juntos en ristra y echados al mar". A pesar de ello, las olas trajeron incesantemente los cadáveres a la costa durante dos semanas, pero aun así no fueron enterrados o cubiertos de rocas. También el cuerpo de Villafranca fue lanzado al mar, pero dos días más tarde la corriente lo arrastró a tierra en las colinas de Ögur, donde fue posteriormente enterrado.

Al término de la masacre se hizo de repente una dulce calma y amainó el temporal. Los hombres de la partida "interpretaron que aquello se debía a la fuerza de ese gran brujo que era Martin".

Murieron en Sandeyri la noche del 13 al 14 de octubre Villafranca y su compañero, 8 o 9 más, y los de la otra casa, Martín el manso y algunos jóvenes, más de trece personas en total, si bien no se puede precisar un número exacto.

"Este relato y sus hechos son así de hermosos" rubricó Guðmundsson.

Introducción. La masacre de 1615

El 26 de enero de 1616, Magnússon declaró que los marinos vascos que habían buscado refugio en Patreksfjörður debían ser ejecutados como el resto y organizó una nueva partida para dar caza a los hombres de las naves de Agirre y Telleria. No obstante, y tras varios intentos de llegar Patreksfjörður, la abundante nieve impidió que alcanzaran Vatneyri durante el invierno. Al parecer, en la primavera de 1616 los aproximadamente cuarenta marinos lograron hacerse con un barco inglés y abandonaron Islandia[134]. No tenemos noticias de su llegada a Donostia.

A partir del *Relato veraz* sabemos que en 1615 murieron más de 32 hombres asesinados y tres más perecieron en el curso del temporal que azotó Reykjarfjörður en septiembre de 1615. Un galeón ballenero de gran tamaño como el de Villafranca podía tener una tripulación de hasta sesenta hombres. Sabemos asimismo gracias a la información que aporta Guðmundsson sobre el reparto de la grasa de ballena que en entre las tres naves de este viaje había un total de 86 hombres y que la proporción de la tripulación de Villafranca frente a las de las naves de Agirre y Telleria era de tres a cuatro[135], lo cual nos permite calcular que la tripulación del buque de Villafranca debía de ser de entre cuarenta y cincuenta hombres, todos los cuales murieron, excepto un grumete.

No obstante, apenas tenemos los nombres y apellidos de los muertos en la masacre. Sabemos que Villafranca tenía 27 años cuando fue asesinado, y que había nacido en Donostia en 1588[136]. Por lo que respecta al resto de las víctimas, no es mucha la información que poseemos. Tal como señaló Selma Huxley en 1987, los libros parroquiales de Deba de 1615 mencionan en la entrada del primero de octubre que "vino nueva de como en Frislandia se aogaron en una chalupa de Andres de Goiçuela, el mismo Andres, Martin de Amezqueta, Francisco de Gainça, otros tres de Motrico[137]". En el correspondiente registro de Mutriku, en las partidas de los fallecidos, con fecha del 20 de septiembre de 1615, aparecen los nombres de San Joan de Andonegui, Andres del Puerto, y Andres de Ysasy y Armencha, que se ahogaron "yendo en una chalupa a bela en las partidas de Noruega[138]". Es muy probable que los tres marinos que menciona el parte de Deba sean los tres mutrikuarras que menciona la partida de Mutriku. Por otro lado, sabemos que tres marinos murieron en efecto ahogados a causa de la tempestad que hizo naufragar los buques de Villafranca, Agirre y Telleria en Reykjarfjörður en septiembre de 1615. No obstante, uno de los partes menciona Frislandia y el otro Noruega, de modo que no coinciden, y sabemos que aquel año balleneros vascos visitaron asimismo las costas de Noruega, de forma que no es posible afirmar con absoluta certeza que estos marinos de Deba y de Mutriku estuvieran entre los muertos en Islandia ya que existe la posibilidad de que efectivamente murieran en un accidente en las costas de Noruega.

Tal como expresa Guðmundsson, la forma en que fueron perseguidos, asesinados, y cómo fueron tratados los cadáveres de las víctimas no se justifica en virtud de las acciones de los balleneros. De hecho, una de los aspectos más característicos de la masacre de 1615 es la extrema brutalidad de las muertes y la profanación de los cuerpos. Ni el argumento de Páll Eggert Ólason de que "la fuerza física y el coraje se mantuvo por más tiempo en la península de Vestfirðir que en otras partes del país", ni la explicación de Helgi Þorláksson, quien indicó que "el duro clima de ese año causó la desesperación de los locales ante la estremecedora idea de tener durante un invierno entero a más de ochenta hombres vigorosos saqueando y robando en la región, ya desabastecida[139]" resultan convincentes para explicar la masacre y, menos aún, la extrema brutalidad de quienes la provocaron, y tampoco ayudan a explicar por qué no ocurrieron otros hechos similares a lo largo del siglo XVII islandés, ni por qué se ensañaron de la manera que lo hicieron con los cuerpos de las víctimas. Por otro lado, tal como argumenta convincentemente Guðmundsson, los marinos vascos ni saquearon, ni quemaron, ni cometieron ofensas relevantes y sus actos se limitaron al robo de objetos de poco valor, de modo que los vecinos de la zona no tenían argumentos para sentir "desesperación".

Tampoco es posible argumentar que ese comportamiento era común en aquella época. Ningún siglo en la historia de la humanidad compite en crueldad ni en número de víctimas mortales con el siglo XX, pero ello no explica nada ni ayuda a dilucidar la causa de los acontecimientos. Por otro lado, los datos históricos de que disponemos indican que la islandesa era una sociedad eminentemente pacífica y que la masacre de 1615 es un episodio aislado, lo cual permite descartar que la violencia entre marinos y vecinos fuera inevitable. De hecho, tal como menciona Guðmundsson, las acciones más descarnadas fueron llevadas a cabo por un reducido número de personas que destacaron por su actitud cruel e insensible, propia de personas acostumbradas a este tipo de acciones. Es muy posible que Magnússon contara entre los hombres contratados para dicha acción con algunos de los delincuentes a quienes —tal como relata Guðmundsson- el propio magistrado había perdonado sus delitos para poblar las tierras deshabitadas del norte de Islandia. Tan sólo aquellos que "no respetaban nada ni a nadie" y acostumbrados a hacer uso de la violencia serían capaces de matar a mazo y a hacha o a lanzar vivas por un acantilado a personas desarmadas, algunas de ellas menores de edad y pidiendo clemencia, y a mutilar los cuerpos, abrirlos en canal, extraer las entrañas y coserlos de la forma en la que lo hicieron. Estos actos, y la negación de sepultura, repetidos en los tres episodios que tuvieron lugar entre el 5 y el 14 de octubre, evidencian que algunos de los protagonistas estaban instruidos en este tipo de prácticas, que de otro modo son muy difíciles de explicar. En efecto, tal como expresa el autor de los anales de Ballará "la manera en que se les dio muerte (que se hizo de un modo miserable), no quiero que quede narrada de mi mano para la posterioridad[140]".

Nada se ha encontrado hasta el momento en los registros parroquiales o civiles de Donostia o Gipuzkoa sobre los marinos vascos muertos en Islandia en 1615. El 1618 hubo una disputa sobre la herencia de Martin Villafranca en los tribunales y no se hace ninguna referencia a cómo acaeció su muerte[141]. No obstante, el hecho de que no poseamos registros escritos de lo ocurrido en Islandia en 1615 no significa que no existan o que no existiesen y, menos aún, que la muerte de estas personas no interesasen a los naturales y a sus familiares y allegados. Es preciso especificar que en los archivos en los que los investigadores hemos buscado, no ha aparecido nada aún. En cualquier caso, nadie está en disposición de argumentar que se ha realizado una búsqueda exhaustiva en archivos vascos, españoles, islandeses, daneses e ingleses, y consta que gran parte del archivo municipal de Donostia se perdió al quemarse el ayuntamiento, sede del consulado y del archivo, en 1812.

Introducción. La masacre de 1615

Las Rimas vikingas, las Estrofas españolas, y la propaganda

Ya fuese por mandato o solicitud del gobernador Ari Magnússon o simplemente por limpiar la imagen dejada por la masacre, se escribieron dos piezas poéticas sobre los hechos de 1615 en las que los autores ofrecen una imagen distorsionada de los hechos al presentar a los marinos vascos como piratas y forajidos y a aquellos que terminaron con sus vidas como héroes legendarios. La primera de estas obras, de autor desconocido, es el poema narrativo *Víkinga rímur*[142] o *Estrofas vikingas*, escrito en las proximidades de Patreksfjörður, donde los náufragos supervivientes de la masacre pasaron el invierno. Tal como expresa Magnús Rafnsson, el autor narra los sucesos de Strandir como consecuencia de la constante agresividad de los marinos vascos que describe como personas sin ley que, hambrientos y negligentes, realizan varias incursiones en Patreksfjörður y fiordos vecinos en busca de alimento y botín. Actuando como malhechores, amenazan a los habitantes del lugar y cometen graves atrocidades. En contraste, Ari Magnússon destaca como un noble líder local[143]. El autor menciona a una mujer que acogió y alimentó a los malhechores, que no es otra que la madre del propio Magnússon quien, de acuerdo con el autor del poema, actuaba por temor a las represalias de los piratas. Esta versión de los hechos contrasta con la de Guðmundsson que en su poema autobiográfico afirma que esta mujer y su hijo, Ragneiður y Björn, actuaron por caridad. Ragneiður en efecto era la madre de Magnússon y Björn, hermano del gobernador de Ögur, el gobernador de la provincia (o distrito) de Barðastrandasýsla[144].

El *Spænsku vísur* o *Estrofas españolas* del reverendo Ólafur Jónsson (ca. 1560-1627) es un segundo ejemplo de este tipo de literatura propagandística[145]. Jónsson es considerado uno de los poetas más populares del siglo XVII islandés y su *Kvæðabók* o *Libro de Poemas*, una de las piezas clave de la poesía islandesa de aquel siglo. Jónsson sirvió en la parroquia de Sandar, en el fiordo Dýrafjörður, desde 1596 hasta el año de su muerte, en 1627, de modo que era conocedor en primera persona de los hechos que tuvieron lugar en 1615. No obstante, el poema de reverendo Jónsson ofrece una versión de los acontecimientos que condujeron a la muerte de los balleneros vascos de forma diametralmente distinta a la de Guðmundsson y constituye asimismo un texto de naturaleza muy diferente al de lærði, ya que en ningún momento pretende ser objetivo ni imparcial, sino que, muy por el contrario, el autor, revestido de autoridad teocrática, exige que su texto sea creído como la única verdad acerca de los acontecimientos de 1615. Por otro lado, la información de la que se nutre el poeta es la petición de indulto o *supplicatio* que fue enviada al parlamento islandés y a la corte suprema tras la masacre, a fin de justificar dicha atrocidad y, en consecuencia, exonerar a los perpetradores de toda culpa y responsabilidad legal.

El tono y el vocabulario utilizado para describir a los balleneros vascos es ciertamente deshumanizante. Tal como Torfi Tulinius señala, el autor establece claros contrastes entre el pueblo 'piadoso' y 'sabio' de los Fiordos del Oeste y los marinos vascos, que retrata como 'merodeadores', 'ladrones', 'gente mala' y 'criminales'[146]. Este factor, unido el hecho de que el poema se basa en la mencionada *supplicatio*, y el hecho de que el reverendo Jónsson era probablemente amigo de Ari Magnússon de Ögur, revela el carácter propagandístico del poema. De hecho, el escrito justifica los asesinatos de los balleneros vascos utilizando la metáfora bíblica de que los balleneros eran un azote enviado por Dios a fin de poner a prueba las virtudes de la población local, convirtiendo la masacre en una acción de la justicia divina contra el mal, representado por los 'papistas' vascos. La razón de ser del poema es básicamente difundir la idea de fondo de la *supplicatio*, esto es, justificación y absolución legal y religiosa (ética) de los homicidas al destruir —citando la resolución del parlamento islandés del verano de 1615- "las vidas y bienes de la nación mencionada con toda la fuerza y el poder posibles[147]".

Por otro lado, el reverendo Jónsson critica a "uno o dos" vecinos de los fiordos que se posicionaron con los marinos vascos, en lugar de defender a los de su grupo:

Davíðsson y Tulinius opinan que dicha estrofa estaba dirigida a Guðmundsson, debido a su amistad con algunos de los marinos vascos, como medio de desacreditar la versión de los acontecimientos narrados por éste en el *Relato veraz*. De aquí se podría colegir que, temiendo por su vida, Guðmundsson decidiera abandonar los Fiordos del Oeste. Enfrentado al poder político personificado por Ari Magnússon de Ögur, a la popularidad del pastor de Sandar y su convincente propaganda poético-teológica, a la legalidad vigente que representaba la real orden de Christian IV, y a la subsiguiente ordenanza del parlamento islandés que convirtió a los balleneros vascos en 'réttdræpir' o personas fuera de la ley 'que pueden ser asesinadas impunemente' y, sobre todo ello o acaso en virtud de todo ello, enfrentado a las acusaciones de brujería, Guðmundsson no tuvo otro remedio que exilarse[148].

Repercusiones y secuelas de la masacre

Ari Magnússon obtuvo la justificación legal de su acción contra los balleneros en el parlamento y los tribunales de Islandia en Þingvellir en 1616. Es muy probable que en este contexto, encargara a los poetas locales en connivencia con él que escribieran poemas describiendo a los marinos vascos como sanguinarios malhechores, salteadores, incendiarios y violadores. La población común de los Fiordos del Oeste, y tal vez el propio Magnússon, temía represalias por parte de los vascos y pidió que enviaran a la zona buques de guerra daneses para patrullar las costas de Islandia, pero no hubo represalia alguna. Tras una ausencia de diez años, los balleneros regresaron a las costas de los Fiordos del Oeste en 1626, cuando los anales islandeses registran la llegada de un barco "francés", muy probablemente procedente de Lapurdi. Rafnsson y Edvardsson señalan que el registro de visitas de buques vascos es frecuente, así como el de barcos balleneros holandeses. Se registran visitas los años 1656, 1662, 1663, 1673, 1677, 1678, 1683, 1685, 1689, 1690, 1691, 1695, 1698, 1699 y 1701. Los anales mencionan dos barcos más, posiblemente vascos; uno que naufragó a causa de una banquista de hielo en 1673 y otro que fue quemado por los "franceses" en Ísafjarðardjúp en 1690. Por tanto, cabe decir que la caza de ballenas en las costas de Islandia se dilató a lo largo de todo el siglo XVII después del paréntesis de diez años causado por la masacre de 1615. El último barco registrado fue a Islandia en 1712 y las fuentes históricas que conocemos no hacen ninguna otra mención de los balleneros vascos después de ese año. Esta ausencia es la consecuencia directa de la pérdida de derechos de faena en estos mares tras la firma del Tratado de Utrecht entre 1712 y 1715. A partir de

Introducción. La masacre de 1615

1728 los intereses comerciales de los marinos de Gipuzkoa se centraran en las actividades de la Real Compañía Guipuzcoana de Caracas que operaría en la Capitanía General de Venezuela entre 1730 y 1785.

Lugar de la excavación de los arqueólogos Magnús Rafnsson y Ragnar Edvardsson en Strákatangi, en el fiordo de Steingrímsfjörður. En este lugar tuvieron los marinos vascos su base de operaciones durante el siglo XVII. Foto del autor.

Es relevante subrayar que si bien ocurrió una matanza en 1615, la sociedad islandesa era pacífica, y que durante cien años vascos e islandeses colaboraron y convivieron, generando una intensa red de relaciones comerciales, pero también sociales y culturales, a lo largo de cien años de pacífica convivencia cultural vasco-islandesa en los Fiordos del Oeste entre 1630 y 1713.

Las interacciones entre los balleneros vascos y la población local fue multifacética e intensa tal como atestiguan los glosarios vasco-islandeses que los marinos vascos y la población local compusieron en el siglo XVII para facilitar la comunicación entre los miembros de ambos grupos. El lingüista holandés Nicolaas Deen dio a conocer en 1937 los tres primeros glosarios y recientemente el profesor Shaun Hughes de la Universidad de Purdue, encontró en la Houghton Library de la Universidad de Harvard un cuarto glosario. Es importante subrayar que estos glosarios no fueron escritos con intención de mejorar las relaciones comerciales ya que apenas mencionan expresiones o léxico relacionado con la caza de la ballena. Este hecho resulta muy revelador, ya que su contenido refleja una interacción muy profunda entre ambas comunidades.

La imagen representa una estación bacaladera vasca en Islandia. La ilustración guarda muchas similitudes con la prospección arqueológica de Strákatangi realizada por los arqueólogos Magnús Rafnsson y Ragnar Edvardsson, y reproduce la poco habitual silueta de los montes que la rodean. Reproducido con el permiso de la Biblioteca Nacional y Universitaria de Islandia / Islandskort.is.

Los glosarios constituyen un corpus de 859 palabras procedentes de variedades dialécticas de Bizkaia, Gipuzkoa y Lapurdi así como muchas curiosidades, como por ejemplo una receta mágica para enamorar a las mujeres incluida en el documento que conserva los glosarios, prueba que la interacción entre vascos e islandeses era sólida y enriquecedora[149]. Entre las expresiones incluidas en los glosarios figuran frases hechas como "Ungetorre Sappelle gorre" (bienvenido boinaroja), expresiones poco ortodoxas como "Gianzu caca" (come mierda) o "Sickutta Samaria" (fóllate a un caballo) y, locuciones curiosas como "Mala gissona" (mal hombre o mala persona) y "Kikomiciuca" (juego de niños que podríamos traducir como "la gallina ciega")[150].

En general, el balance de estos casi cien años de interacción arroja un saldo extremadamente positivo. Por ejemplo, en 1656, una carta de la correspondencia entre el obispo Brynjólfur Sveinsson y el pastor local, el lugar donde naufragaron los tres barcos en 1615, menciona que la población local está ocupada trabajando para los balleneros vascos, ya que las empresas balleneras no sólo proporcionaban carne y objetos útiles a la población local, tales como herramientas de madera, metal o tela, sino que supusieron una fuente de trabajo para los vecinos de las zonas por ellos visitadas. Magnús Rafnsson y Helgi Guðmundsson han estudiado un documento que es indicador de estas relaciones. Los anales del gobernador Magnús Magnússon incluyen la historia de un buque que naufragó en Bolungarvík en 1663. Incapaces de encontrar pasaje de vuelta a sus hogares, estos hombres se distribuyeron entre las granjas de la región, conviviendo con familias islandesas durante el invierno. Un documento escrito en Þingeyri (Dýrafjörður) el siguiente verano narra que un tal San Joan de Ansoa había tenido una estrecha relación con una joven llamada Þórunn. Cuando el marino quiso abandonar la isla ella lo acusó ante el juez de paz y aquél declaró que él era católico y un hombre casado, y que por tanto no estaba interesado en mantener una relación con la mujer[151]. Obviamente aquel hombre no era un santo, como tampoco lo era Kastero, popular personaje de los versos de Etxahun.

Estas interacciones y el intercambio de opiniones y noticias de Europa continental habría sido el tipo de conversación que tanto habría interesado a una persona como Jón Guðmundsson. No obstante, éste falleció en 1658 y, por tanto, es muy improbable que fuera él el autor del primero y más antiguo de los cuatro glosarios vasco-islandeses que ha llegado a nosotros, que probablemente data de finales del siglo XVII.

Aunque en el texto del *Relato veraz* el autor hizo referencia a españoles y franceses, los marineros provenían del señorío de Bizkaia, de la provincia de Gipuzkoa y del bailío de Lapurdi y eran, por tanto, vascos. En 1615 la provincia de Gipuzkoa era un estado con ejecutivo, legislativo y judicial propios, regido por el código de leyes aprobado en 1583 que ordenaba la actividad política y mercantil de los marinos gipuzkoanos y al amparo de la cual vivieron los habitantes de la provincia en todo lo relativo a su vida pública hasta la reforma de los fueros en 1692. Gipuzkoa no era Castilla en 1615, ni fue parte del estado español hasta el siglo XIX. Lo propio cabe decir del señoría de Bizkaia y del bailío de Lapurdi con respecto de la corona de Francia. Desde un punto de vista cultural aquellos marinos eran obviamente vascos, y de ello dan sobrado testimonio los cuatro glosarios vasco-islandeses. En consecuencia, a pesar de que aquel suceso ha sido denominado históricamente "La matanza de los españoles" o "Spánverjavígin", aquellos marinos eran legal y políticamente -así como culturalmente- gipuzkoanos, por lo que deberíamos hacer uso del término más exacto de "Baskavígin" para hacer referencia a la masacre de 1615.

Guðmundsson no acuñó el término "Spánverjavígin". De hecho, dicho término no se utilizó hasta finales del siglo XIX, y ni siquiera como palabra compuesta sino como sintagma: "víg spánverjanna". El primero que usó este sintagma fue Ólafur Davíðsson en 1895 en un artículo titulado "Víg Spánverja á Vestfjörðum 1615 og Spönsku vísur eptir síra Ólaf á Söndum", publicado en la revista Tímarit Hins íslenzka bókmentafélags (vol. 16, pp 88-163). Antes se utilizaron otros términos como "dráp" y "aftaka".

Cuando en 1950 Jónas Kristjánsson llevó a cabo la primera edición académica de *Sönn frásaga*, que se titula justamente "Spánverjavígin 1615", publicada en Copenhagen por Hið íslenzka fræðafélag, se popularizó dicha expresión en Islandia. No obstante, el mismo Jónas Kristjánsson participó en el congreso que Ólafur J. Engilbertsson organizó en Snæfjallaströnd en 2006. Este autor tituló su artículo justamente "Baskavígin" y con este título fue publicado en las actas de dicho congreso. Adoptamos por tanto como título de este libro el nombre que le dio a la masacre Jónas Kristjánsson en 2006 -el mismo que ideó o al menos popularizó la palabra compuesta 'Spánverjavígin' en 1950 y que decidió reemplazarla por la de Baskavígin en 2006.

Shargasco Jón lærði

Relato veraz
Jón Guðmundsson

Relato veraz de los naufragios y contienda de los españoles, quienes, Año 1615, la víspera de la festividad de San Mateo, el veintiuno de septiembre, perdieron sus naves en un fiordo cerca de Trékyllisvík a causa del hielo y la tempestad, y quienes luego fueron muertos por las tropas del hacendado Ari Magnússon de Ísafjörður. Cinco se hallaban entonces en la isla de Æðey y trece en Sandeyri, pero poco antes los hombres de otros dos barcos de la misma nave fueron abatidos en Dýrafjörður, con la excepción de uno que se dice que consiguió sobrevivir. Y con que nuestro capellán y mis vecinos más cercanos, en total cinco hombres, se habían desplazado sin saber nada a Ísafjörður, fueron junto con otros forzados a participar en la misma contienda, y nos trajeron de vuelta las noticias del siguiente ataque y la manera en la que ocurrió tal como aquí se narra.

Habida cuenta de que todos estos individuos son hombres sumisos y tres de ellos arrendatarios del hacendado Ari, y que además tenían bastante enemistad hacia los españoles, sobre todo hacia aquellos de la gran nave, se desluce verdaderamente [el relato de] todos los asuntos de los españoles por estos lares, a la vez que todo lo que concierne a los primeros es embellecido y mejorado; sabe el mismo Dios que es cierto, pero aun así su testimonio es digno por muchas razones. Pero yo deseo retratar ese suceso y las noticias del mismo a partir de su relato, procurando ceñirme a la verdad, aun proclamando que ocultaré siempre lo más feo y nunca lo

Relato veraz

contaré todo. Escuchen los que quieran e ignórenlo los que lo deseen.

Fin del prólogo

Ocurrió en esos días Anno Domini 1615 que dieciséis galeones con franceses y españoles llegaron hasta Hornstrandir, pero tres de ellos se quedaron fondeando hacia la mitad del verano, ya que el hielo marino impedía navegar hasta entonces. Habían sido despachados para la caza de ballenas y sólo pertrechados para ello, según su costumbre, y habían antes acudido dos años seguidos para hacer acopio de la misma cantidad de aceite de ballena. Primero llegaron dos navíos en compañía. En ellos habían estos capitanes: Pedro de Agirre y Esteban de Telleria. Unos días más tarde atracó el galeón más grande. Su capitán se llamaba Martín de Villafranca, o Marteinn af Frakkaborg. Todos ellos atracaron inicialmente en el mismo puerto, en el fiordo llamado Reykjarfjörður, antes llamado Skrímslafjörður, que es el fiordo más cercano a Trékyllisvík en la provincia de Strandir, y que se extiende desde aquí en dirección sudeste. Martín era el más poderoso y quien más material y mano de obra proporcionaba para la caza, pero aun así todos ellos compartían la producción de aceite de ballena de tal manera que allí donde la nave de Pedro tenía dos barriles de aceite y la de Esteban tenía otros dos, la de Martín tenía tres. Martín tenía un piloto francés llamado Pierre, un hombre distinguido en muchos aspectos y gran amigo de los ingleses, que vivía en una isla en la costa de Francia a poca distancia de Holanda, que tenía muchos hijos casados y cuñados ilustres, muy popular.

Juan de Argarate se llamaba un hombre conocido en San Sebastián, una región del reino de España, un hombre justo y merecedor de alabanzas. Entablé relación de amistad con su hermano, Martín de Argarate, el primer verano que su nave fondeó aquí y en esa ocasión navegó de vuelta sin ningún tipo de hurto ni altercados, todo por su propia mediación en respuesta a mis ruegos y discursos, y eso es algo que la gente de aquí sabría si quisiera escucharlo. Este capitán, Juan Argarate, preparó otra nave más para navegar a Islandia, pero su hermano Martín estaba preparado otra expedición. Juan contrató al piloto francés Pierre, ya que él era muy solicitado como piloto para el recorrido, y era considerado un buen hombre en previsión y consejos y sobresaliente en intelecto, y eso lo pude comprobar notablemente yo en una ocasión. Estando el mismo Juan preparado en el puerto de San Sebastián a finales de abril del año 1615, sucedió que, por varias circunstancias especiales, el citado Juan de Argarate se vio obligado a quedarse en tierra. Consiguió por capitán para la nave a aquél llamado Martin de Villafranca. Entonces el piloto francés Pierre quería quedarse pero Juan consiguió convencerlo de que fuera con las naves. Este verano cuando nos encontramos me dijo que temía naufragar así que trasladó la nave fiordo adentro a un puerto excepcionalmente bueno excepto por un lado por el cual podía entrar el hielo y acumularse, tal como más tarde sucedió porque Dios así lo dispuso, tal como será revelado más adelante. Así estuvieron esas tres naves atracadas cerca nuestro, como antes se ha dicho. El capitán Martín siempre acudía en persona en las chalupas a la caza de ballenas, cosa que ningún otro capitán había hecho, mientras el piloto Pierre se quedaba a bordo y supervisaba todo como si fuera el propio capitán y mantenía al día las cuentas. Luis se llamaba un español en la nave de

Relato veraz

Pedro y era hijo del tío paterno de Pedro Agirre, hombre muy rico y que sabía bien latín. Este Luis y su primo eran los encargados del comercio de la ballena, aletas, carne magra de ballena y saín, o lo que fuera con lo que se comerciara. Asencio se llamaba uno de los mejores arponeros en la compañía de los primos Pedro y Luis. Cazó tres cachalotes para provecho de los jóvenes y los vendieron a un precio asequible de tal manera que a menudo no cobraban más que unos 20 codos reales por una pieza que valía cien de aquellos cachalotes, así que de su utilidad y provecho vivió aquí gente pobre y sobrevivió a ese duro invierno. No nos llegaron noticias de que estos hombres cometieran hurtos aquí ni de que cabalgaran para saquear, sobre todo los de estas dos naves. Los de las otras dos chalupas de Martín que no estaban bajo su supervisión inmediata eran más revoltosos y tremendos y en algunas granjas se llevaron un carnero cuando no se lo vendían como hacían muchos otros, y había que solucionar el asunto con leche, pastillas de mantequilla o manoplas. Ahora cazaron para ellos 11 ballenas grandes, pero sucedió que arponearon y perdieron otras 11 y siempre tenían carne magra preparada para quien quisiera y les desagradaba si la gente desdeñaba acudir al trinchado de la carne antes de estropearse, porque poca gente vivía en la región y había falta de ganado tras un año de gran penuria; pero los españoles antes querían recibir algo que nada, aunque no fuera más que una pequeña pastilla de mantequilla o manoplas, ligas, un perro o un cachorro; por cualquiera de las cosas que he nombrado cada hombre recibía carne magra para cargar en su caballo o barco, si lo tuviere. Algunos no se atrevieron a acudir a ellos a causa de las cartas y edictos de la autoridad, el hacendado Ari Magnússon, cuyas cartas aún se exhiben. Algunos no lo evitaban; pero cualquiera que tuviera un carnero para vender y un surtido de cosas, ése obtenía una gran ganancia, tal como podían atestiguar aquellos que compraron los ballenatos de rorcual negro. Nunca jamás en aquel verano acudí a sus naves, a excepción de la más pequeña, que era de Pedro Agirre, a quien todos deberían alabar, tan inofensiva que era su tripulación. Él tenía, además, otro piloto francés, de nombre Andres, un buen hombre. El capitán Esteban, su compadre, estaba asimismo libre de cualquier hurto y picaresca, así como su tripulación. Sin embargo en una de sus chalupas había dos bribones imprudentes, que por lo visto se llevaron en su viaje a Steingrímsfjörður un carnero o calcetines, en un lugar donde, según ellos, tenían enemigos que les habían llevado la contraria en la revuelta de Eyjar, que tuvo lugar esta primavera pasada, cuando ellos fueron provocados, recién llegados de la mar, apurados por la falta de alimentos a causa de la banquisa de hielo marino; habían estado atrapados a bordo de dos chalupas separadas de sus queches en el mar del norte, a unas 48 millas de navegación. Entonces todas las demás naves se dirigieron al este hacia Moscoviam, pero cuando la banquisa se alejó, las tres naves anteriormente mencionadas se dirigieron a puerto. No obstante, algunos hombres islandeses, treinta en total, que entonces estaban congregados en Eyrar, atrapados también por la banquisa de hielo marino, con la sola idea de hacerse famosos, planearon exterminar a los trece españoles. Al iniciarse la contienda los islandeses huyeron al monte, y algunos sufrieron daños. Debido a esta provocación los españoles mantuvieron este verano en todo momento dos vigías en cada nave y nunca enviaron a sus chalupas tan lejos que no avistaran las naves o pudieran oír disparos y tan disciplinados eran los de este verano que nunca acudieron a la granja de Reykjanes, a pesar de fondear en la costa de dichas tierras a diario en siete chalupas para su pesca; contrariamente a esto, el verano pasado venían diariamente a molestar con peticiones y abusos y a veces con pequeños hurtos, y decían tener el permiso de nuestro rey para fondear unas cuatro naves aquí este verano, tal como con anterioridad nos había dicho el hacendado Ari, cuando atracaron en el puerto, pero si vinieran más sería sin permiso, y los capitanes Pedro y Luis mostraron con sus cartas que no obraban sin autorización y se encontraban bajo la obligación de ser inofensivos con los que se mostraban inofensivos hacia ellos.

El capitán Martín de Villafranca de la nave grande no era un hombre corpulento, joven y barbilampiño, atleta excelente y ricamente pertrechado para la pesca de la ballena. Se movía como pez o foca en mar y agua. A menudo proponía transacciones comerciales a la gente durante el verano, pidió que le vendieran aunque solo fuera un carnero, u otras cosas pequeñas y grandes para tener algo de la tierra, ya que todo el mundo llevaba los artículos que traían a Pedro y Esteban. Además siempre sostenía que él era propietario de parte de la carne magra de ballena o de otra parte comestible de la ballena, pero nunca recibía su parte ni nada a cambio. Pero por mucho que este Martín se lamentara de ello sólo recibía negaciones, blasfemias y maldiciones como respuesta a su derecho o peticiones. Sin embargo no tuvimos noticia de que robara ni que le hiciera daño a nadie. Le salvó la vida a un islandés una vez que antes había dejado sin sentido de una pedrada a un miembro de su tripulación. Un día acudió a la granja de nuestro capellán el reverendo Jón Grímsson acompañado por Pierre el grande, su piloto francés, y le solicitó que le vendiera un carnero como solía, y al serle denegado volvió inofensivamente a la nave. De esta manera transcurrió todo el verano hasta su naufragio, sin contar otras aventuras más grandes, robos o hurtos que los aquí detallados, aparte de que la gente acudía a ellos continuamente y a diario como si fueran a cualquier plaza de mercado, tanto a caballo como en barcos. Martillos, hachas, hierros y arpillera se les podía comprar. Nuestro reverendo faltó pocos días a su encuentro y visitó todas las naves hasta poco antes de su naufragio. En una ocasión los españoles detectaron que una cantidad de grasa de una cabeza de ballena había desaparecido en la oscuridad, y por la mañana Pedro y Esteban se quejaron al aparcero de Kesvogskot, en cuyas tierras estaba el puerto donde estaban anclados. Él se exculpó, pero no se atrevió a nombrar al autor del suceso. Les dio las gracias y les compensó con una oveja de su patrón. Le ayudó una vieja amistad con Esteban. Pero Martín no recibió ninguna compensación. Sin embargo recibió noticias de esto a través de uno de sus subordinados y en principio no reaccionó. Una mañana Martín apareció en la pequeña granja y exigió su propio carnero también, aunque dijo que por ser un hombre de bien le pagaría con pan y vino, enseñando una garrafa a la vez que le ofreció pan. Por decir algo sostiene no haber aceptado, pero toda la tripulación de la nave de Pedro dijo que aceptó treinta y dos hogazas de pan y el vino en una damajuana. Luego Martín se llevó la oveja de la manera que hemos contado.

Después de esto, el martes inmediatamente anterior a la festividad de San Mateo, que era el diecinueve de septiembre, los mandos de las dos naves, Pedro, Luis y Esteban se desplazaron con sus mejores hombres al gran galeón de Martín de Villafranca para ajustar las cuentas de su aceite de ballena antes de emprender el viaje de vuelta, porque ya estaban preparados. Se habían producido algunas diferencias el primer día, por lo que volvieron un segundo día y entonces se reconciliaron bien y volvieron a casa alegres y bebidos de vino. Ese mismo miércoles, tras despedirse de los hombres de Pedro, el capitán Martín bajó a tierra con unos de sus hombres y se dirigió por el camino del paso de Naustavík hasta la granja de Árnes. De esos sucesos no tengo otro testimonio más fiable que el del capellán y de otro hombre allí presente y nunca estuve en el puerto donde había anclado la nave grande excepto una vez con mi vecino al inicio del verano cuando acababan de trasladar allí la nave.

    Se cuenta del trato entre el capellán y Martín que éste había querido carneros del clérigo para la travesía exigiéndolo como su derecho ya que algunos testigos aseguraban que había obtenido carne de ballena de su propiedad, lo que el capellán negó en redondo. Martín dijo que como mínimo le debería dar un ternero y que no se marcharía antes, y que bien podría quitarle sus vacas u ovejas por la fuerza si quisiera, pero no lo deseaba hacer. Sin embargo el capellán le era deudor de otro tanto, pero el capellán decía que Pedro le había proporcionado su carne de ballena durante el verano. Fuera como fuere, al final llegó a suceder que el acompañante de Martín sacó una cuerda de su bolsillo y se la puso en el cuello al capellán farfullando para indicar un ahorcamiento, de modo que al final el reverendo se cansó de su acaloramiento y de su disputa y les prometió el becerro. Con eso Martín se quedó satisfecho y retornó a la nave. Le dejaron un mozo y un caballo para llevarlo a la nave esa noche. Y esa misma noche naufragaron sus barcos y ese mismo mozo estuvo presente con ellos durante el naufragio y relató los sucesos. Por la mañana el capellán envió a un hombre a buscar un ternero en un redil de montaña a cierta distancia de la granja para cumplir con la promesa que había hecho a

Martín para comprarse la paz, pero enseguida, esa misma mañana, le llegó la noticia del naufragio de éstos y de los otros. Ese miércoles, cuando Pedro y Esteban volvieron de la nave de Martín muy alegres, unos cuantos del lugar nos hallábamos al lado de su campamento. Entonces Pedro y Luis nos dijeron que a estas alturas el capitán Martín de la nave grande había querido encontrarse con el capellán para hablar de la reconciliación de lo de las ballenas, y reclamar lo que le correspondía, tanto por su parte de la cabeza de ballena desaparecida en la oscuridad, como por lo que le correspondía por aquello que el capellán a sabiendas había habitualmente comprado y nunca le había pagado o agradecido; ni siquiera había querido tener tratos comerciales con él a lo largo del verano. Y con esto ya no quiero hablar más del tema. Pero era la intención y propósito de algunos de nuestros paisanos, tanto el verano pasado como ahora, escamotearles y engañar a los forasteros en cuanto pudieran, aunque algunos querían permanecer honrados. Por esta razón algunas veces pagamos los inocentes cuando los de fuera resarcían con hurtos, pero pocos o ninguno comprendían sus razonamientos, y muchos saben como yo que esto es verdad.

Esa misma noche el oleaje arrastró bloques de hielo de la banquisa entre la costa y las naves atracadas de Pedro y Esteban. Nos quedamos allí hasta que se hizo de noche, entonces fuimos a las granjas más cercanas. Pero tras el anochecer se levantó tal inaudito y sorprendente temporal que la banquisa inmediatamente golpeó ambas naves contra un cabo con altas rocas. Primero la nave de Esteban se zafó y chocó contra la nave de Pedro contra la banquisa, hasta que todo se rompió más arriba del timón y luego se hundió con toda la carga que se había acumulado; la nave de Pedro salió con un severo golpe forcejeando hasta dar contra el cabo y allí se partió por la mitad. La parte superior acabó subida a las rocas de la orilla del cabo, de tal manera que pudo ser alcanzada a vado al bajar la marea, pero la parte inferior se hundió en las profundidades. No fue hasta ese momento que se rompieron todas las chalupas que estaban con las naves, ya que el hielo se convirtió en un extenso campo esa misma noche. Igualmente toda la gente alcanzó la orilla con gran aflicción, primero subiendo a la nave de Pedro cuando las naves entrechocaban y luego, desde allí, buceando a trancas y barrancas, a nado y de cualquier modo, algunos incluso arrastrándose por el hielo. No obstante, Pedro perdió tres de sus hombres. En primer lugar Luis, su primo que sabía latín, y luego Asencio, un hombre bondadoso y excelente cazador; el tercero era un grumete llano. Los cuatro camarotes de popa de la nave de Pedro se mantuvieron enteros y secos y sobresalía de la mar todo por encima del timón. Allí rescató sus diecisiete armas de fuego, secas y sin sufrir daño alguno. Nosotros las contamos y las vimos.

Además había allí unas ocho armas de fuego mojadas y quebradas que yo vi. Pudieron recuperar dos fardos y poca cosa más, sólo un arcón vacío, que ahora es propiedad del capellán; ni pan, ni vino, ni ropa, ni dinero. En tal penuria se encontraban ahora estos desgraciados, tanto se lamentaban ese primer día que la gente a cada paso se encontraba con alguno de ellos. El viernes acudieron allí muchos de los habitantes de la zona y entonces hablaban con la gente y razonaban. Yo acudí también junto con Bjarni Ámunsson. Yo le había explicado mi propósito y firme voluntad de invitar al capitán Pedro a quedarse con tres o cuatro hombres, los mejores, aunque los otros se dispersaran: ellos mismos se hubieran podido emplear en alguna cosa. Por el camino me crucé primero con Andres, el piloto de Pedro y se lo conté.

En respuesta alzó los brazos al cielo llorando de alegría por si él, el único francés, podría quedarse con Pedro. Yo le contesté que sí. Entonces repuso "Eamus, eamus, hablar, hablar capt", es decir "vayamos a contárselo al capitán". Al llegar al campamento de Pedro cuando yo le conté este plan mío, me lo agradeció de corazón, pero dijo que llegaba demasiado tarde, ya que le habían llegado noticias de una gran nave y antes que todo debía verla e inspeccionarla. Le contesté y juré que a bordo de aquella nave jamás llegarían in Spaniam, ni a Inglaterra sino que se exponían al peligro si hacían esa insensatez, pero él dijo que ya estaba decidido por parte de todos ellos, y así opinaban también los dos islandeses que se hallaban entonces en su tienda que eran el capellán y el aparcero de los terrenos de su puerto, Jón Þórðarson, quienes deseaban que se desplazaran en sus barcos lo antes posible al lado oeste de la península, creyendo que los perderían rápidamente en las peligrosas corrientes y mala mar. Pedro me contó el razonamiento de su negativa: "Si deus pro nobis, qvis contra nos", junto con otros muchos argumentos que sería demasiado largo detallar.

Cuando el timonel, Andrés, escuchó esta decisión se alejó llorando. Muchos de los subalternos, barberos y grumetes, pidieron encarecidamente que los acogieran de algún modo para que pudieran conservar la vida, pero nadie se atrevió a causa de la autoridad. Se discutieron muchas soluciones, aunque ninguna llegaría a realizarse: acogerse a la caridad o bien al hacendado [Ari]. En esta ocasión tuvieron más peso los consejos de los poderosos: que fueran en todas las chalupas disponibles hacia el norte siguiendo la costa de Strandir y así para ello se prepararon ese viernes. Cuatro barcas estaban en tierra de las que les quedaban, pero ninguna de las grandes, excepto una en la que se montó Pedro.

Relato veraz

Esa misma mañana del viernes el capellán le había entregado al capitán Pedro el ternero que antes le había prometido a Martín bajo extorsión pero Martín no fue nunca a recogerlo ni se interesó por él tras su naufragio. Todo el mundo se entristeció por Pedro y Esteban y por sus penurias, y el capellán y sus hombres también se sintieron conmovidos de compasión por Pedro y sus hombres de manos de quienes la gente había recibido y aceptado tantas cosas y que no les habían causado ningún daño ni infligido injusticia alguna. Sin embargo Pedro incluso le pagó el ternero, como hombre noble que era, y le ofreció primero unos barriles llenos de grasa de ballena que allí se hallaban, pero el capellán no quiso aceptar más de dos, los apartó del resto y me pidió que se los marcara en presencia de las principales personas del distrito. Luego el capellán le pidió una caldera, nada pequeña, y en seguida se la cedieron junto con todo lo que quisiera quedarse de los barriles vacíos. El capellán se llevó de vuelta la piel del ternero. Por la mañana el capellán les llevó también 13 pescados y entonces Pedro le entregó su gran piedra de afilar con manivela y también su cofre con cerradura y otras minucias. Dado que el reverendo había separado la caldera en mi presencia, Pedro le pidió su testimonio, doquier que pudieran aparecer, tanto dentro del país como fuera, de que no habían causado daños con su presencia y el capellán lo hizo de buen grado y todos los presentes gustosamente en cuanto a esas dos naves, excepción hecha de los hombres de Martín. Compuso y puso por escrito a continuación una carta en latín y me hizo a mi tomar nota en lengua nórdica de lo que él mismo me dictó, pero yo pedí a Pedro que nos escribiera y dejara su reconocimiento de nuestra benignidad y de que las naves habían quebrado a causa del hielo y de la tempestad, lo cual hizo al momento, y el capellán se hizo rápidamente con el documento y nunca más lo volví a ver.

Ahora toca contar el naufragio de Martín en las calas de Naustvík. Allí no llegó la banquisa de hielo. Aun así se zafó su nave también de los amarres sobre la medianoche y el oleaje la arrastró a la gravilla de la costa, donde se tambaleó durante largo tiempo de un lado para otro hasta que finalmente la nave, prácticamente estibada, ya no lo aguantó más. Primero se rompió el timón y luego se agujereó el casco de modo que entraba el agua del mar. Entonces sobrevino un enorme griterío y alboroto, pero cuando se calmó el alboroto hubo lágrimas y llanto, se sacaron los libros y se leyeron largamente y luego, durante lo que quedaba de noche, transportaron en sus barcas todo aquello que pudieron de la nave, porque en ningún momento los hombres corrieron peligro en la nave, y pudieron llevarse la mayor parte, con excepción hecha de los cañones o el saín, pero todos los arcones y barricas cerrados, la ropa y cualquier otra cosa fue transportada a tierra firme, todo cuanto fueron capaces de llevarse junto con los hombres en cuatro barcas. También se llevaron algo de pan y vino que luego repartieron entre todos, pero cerraron la nave y la abandonaron, trabaron la mercancía y la dejaron allí y ordenaron todo dentro de la nave. Los de aquí dijeron que no sabían si se llevaron su gran ganancia o si la escondieron. Se llevaron el gran baúl de Martín, que necesitó ser cargado por la mayoría de los hombres, así como los baúles de algunos de los mandos, pero dejaron atrás un gran número de cofres y arcones.

Y la mañana del sábado todos estos hombres salieron del puerto, contaban ochenta y tres personas, puesto que tres se ahogaron en el naufragio. A su salida estaba presente el capellán y la mayoría de los locales, pero yo no estuve allí. Se

Relato veraz

marcharon en ocho chalupas navegando más allá de los arrecifes recorriendo toda la costa de Strandir en dirección al norte en tanta marejada y oleaje que es sorprendente que lo consiguieran. Todo esto ocurrió el sábado 23 de septiembre, y el martes siguiente habrían llegado a Dynjandi en Jökulfirðir, donde estaba el queche o velero de dos mástiles. Allí pasaron dos noches. Del trato entre Gunnsteinn y los españoles no tengo noticias verídicas, excepto acerca del temor y huida del granjero, y de sus grandes blasfemias y maldiciones sobre un servidor por lo que muchos me cuentan. Por lo visto mataron una de sus vacas y ataron las demás en el establo al marcharse. Y sucedió, tal como yo había predicho, que la nave resultó serles inútil.

Aun así salieron en ella Pedro y Esteban e intentaron navegar, aunque les pareció todavía peor que antes. El capitán Martín con sus cuatro barcas se separó allí de los demás, de Pedro y Esteban. Estos se dirigieron a Ísafjörður. Las barcas en las que iban los superiores y Martín se dirigieron a la isla de Æðey, pero las otras dos a Bolungarvík. Pedro y Esteban se dirigieron en el queche al océano y luego al oeste de Önundarfjörður. Allí fondearon y se quedaron una noche. Desde ese momento no tengo noticias fiables de su viaje hasta que llegaron a Patreksfjörður y ocuparon la casa danesa de Vatneyri y se acomodaron allí. Y de momento aquí termina su relato.

Las dos peores barcas de Martín de Villafranca que navegaron hasta Bolungarvík en la noche de la festividad de San Miguel, según nos contaron, se quedaron allí durante la noche. A la mañana siguiente siguieron al oeste. Fueron a Staður en Súgandafjörður y allí hurtaron muchas pertenencias del capellán. Desde allí fueron a toda velocidad hasta Þingeyri con el botín de su robo y pillaje. Cuando los habitantes de

Dýrafjörður los vieron desplazarse hacia el oeste juntaron hombres a fin de formar una tropa e interceptarlos a la vuelta. Allí se reunieron un total de cuatro cabecillas con treinta hombres y se enfrentaban a 14 hombres. Los de las barcas se quedaron a dormir por el camino de vuelta a Dýrafjörður en una caseta de pescadores que algunos dicen que era un cobertizo de barcos. Bjarni Jónsson así lo contó a nuestro capellán en Ögur y luego él nos lo contó a nosotros. Allí cinco hombres velaron las barcas y los demás durmieron en la citada chabola. La gente armada llegó por la noche y rodeó el cobertizo. Uno de los hombres de la tropa se atrevió a entrar a escondidas. Era tan osado y listo que pudo esconder las armas de los marineros y se las llevó a la tropa y se propuso volverlo a hacer por segunda vez y bajó de nuevo. Fue detectado y atacado por todos los marineros que le causaron grandes heridas; luego recibió refuerzos de sus compañeros, hasta que recibió una profunda herida y otras muchas, no pudo luchar más y fue vencido. Luego los vigías de las barcas fueron despedazados y dispersados. Acto seguido asaltaron el cobertizo. Los de dentro cerraron las puertas inmediatamente con piedras, pero los adversarios quebraron el techo. Entonces aquellos se defendieron vivamente y la tropa casi se vio doblegada en una de sus rachas. Tres hombres sobresalieron de entre los demás. Pero el combate terminó finalmente de manera que todos murieron, también los de los grandes gabanes azules y el gran Spansarius. Había allí en esas barcas dos hombres prácticamente paganos y bribones por naturaleza, pero en las otras, en las barcas del propio Martín, había hombres mucho mejores, útiles en su mayoría. Se cuenta que un joven que había dormido en un rincón apartado y desde allí contemplado el combate, se escapó y que luego había llamado a gritos a una de las barcas que seguía a los del queche y que así consiguió unirse a ellos. Tras la batalla se repartió el botín y los cuerpos fueron desnudados y hundidos en las profundidades del mar, algo que conviene a paganos, pero no a pobres e inocentes cristianos.

Ahora toca contar lo que sucedió con las otras dos chalupas de Martín que navegaron a Æðey. En el grupo estaba también el modesto piloto francés, Pierre, el timonel de Martín Villafranca. Descargaron las mercancías de sus barcas en el puerto de Æðey y se acomodaron allí. Salieron de allí a pescar o en busca de ballenas si se terciaba. Ahora que el apoderado del rey, Ari Magnússon, se enteró de que los españoles habían venido de incursión, hizo pasar una ordenanza en el tribunal de Súðavík sobre estos malhechores, sobre la cual no volveré a escribir más, ya que ignoro los hechos, excepto que se obligó a la gente a enfrentarse a ellos por medios propios o a pagar una multa. Algunos acudieron de buen grado, porque se les había prometido el botín, mientras que otros fueron de mal grado. En el momento que se marcharon nuestro capellán había enviado aviso a Ögur y ahora la autoridad envió una exhortación severa para que todos acudieran a Ögur en un día señalado, con medios propios. Debían acudir principalmente y en primer lugar los autores de la ordenanza, luego aquéllos que necesitara. En cuando los de la costa de Langidalur, andaban con los preparativos de su tropa cuando llegó desde el norte nuestro capellán con cuatro hombres, quienes cruzaron con ellos la bahía de Djúp. Estas tropas se reunieron en Ögur el día 10 de octubre que era día martes, el último día del verano. Pocos días antes habían llegado allí noticias de la batalla de Dýrafjörður. Ese día se levantó tal ventisca que todos estuvieron atrapados allí hasta la noche del viernes, el primero del invierno, el día 13 de octubre. Entonces enviaron a un barco espía a cruzar la bahía de Djúp hasta Æðey para saber si se habían producido novedades. La noticia era que los hombres de Villafranca habían arponeado una ballena y la habían arrastrado hasta Sandeyri en la costa del otro lado. La mayoría se había reunido allí, excepto unos cuatro que junto con un joven vigilaban sus pertenencias en Æðey mientras los demás trinchaban la ballena. No hay noticias en ese momento de que se hubieran llevado otra cosa en Æðey que leche y leña, excepto un toro y un ternero de una granja. Como siempre, de Pierre, el piloto francés, solo había buenas referencias; se dedicaba a sus lecturas y al breviario, como era su costumbre. En cuanto el barco enviado volvió a Ögur con esas nuevas, toda la gente armada allí reunida salió apresuradamente, excepto los jueces, que ninguno de ellos acudió aunque deberían haber llegado los primeros. Los que salieron de Ögur superarían la cincuentena. Llegaron a Æðey de noche, antes de que los habitantes se hubieran acostado. Para entonces Pierre, el piloto, había enviado a sus hombres a la orilla varias veces para avistar barcos porque no estuvo tranquilo desde que partió la nave. Luego volvió a su lectura y cuando hubo leído largo rato cerró el libro, lo colocó debajo de su cabeza y se durmió. Estaba tendido en los escalones de la estancia principal. Su compañero, un hombre muy grueso llamado Lázaro, estaba estirado en el suelo en su abrigo de capucha. Al instante de llegar la tropa a Æðey se produjeron gritos y alboroto, robos y hurtos de pequeñas cosas que hallaban en su camino y que allí encontraron.

  Entonces uno agarró una maza de un barco con una mano y un gran hacha de guerra con la otra y continuaron todos hacia la granja. Enviaron a una mujer por delante con luz a la estancia principal y la posó allí enfrente y caminó de un lado para otro, mientras la tropa irrumpía dentro de la cabaña. El hombre fiero encabezaba la columna y se dirigió primero a Pierre. Le asestó un golpe de maza y, seguidamente, cuando se despertó y abrió los ojos, le dio un hachazo. Luego le ensartaron una daga en el pecho, y así perdió la vida. El que lo contó lo vio desde la puerta. Su compañero, que se hallaba tumbado en el suelo, se despertó tras el golpe de maza y quiso ponerse en pie. Entonces lo atacaron los presentes y pelearon y todos tuvieron suficiente. Se ha borrado del relato quién acudió como refuerzo para que finalmente le pudieran dar muerte. Entonces quedaban los tres que estaban en el cobertizo de la forja, fuera en el patio. Allí estaba el joven barbero, el mozo de los humos y el muchacho de los lavados. Los soldados hendieron el techo sobre ellos, pero los otros se defendieron más allá de lo esperado. Aun así fueron derrotados por la fuerza numérica superior, como era de esperar. Tras ello fueron despojados de sus ropas y, desnudos, llevados en andas hasta el acantilado, donde fueron atados de dos en dos y precipitados al mar. Asimismo fueron despojados de ropa los de la estancia principal. El viejo Pierre había llevado consigo algunas cosas en dos paquetes. Eso, decían los soldados, debía de ser su magia, pero a pesar de ello ya estaba muerto. Al abrir los objetos había en el interior de uno de ellos un pequeño crucifijo como muchos de los que suelen llevar, cubierto de gotas doradas al que se sobreponía una cruz de plata. El otro llevaba varias capas de envolturas, y en su interior había cuatro virutas, no más grandes que un recorte de uñas, que eran rojizas. Algunos han interpretado que se trataba de reliquias del crucifijo del Señor. A continuación fue también llevado su cuerpo desnudo y los de los dos hombres de la estancia principal, y lanzados desde el acantilado como los demás. Pero por la mañana sus cuerpos habían llegado a tierra al oeste de la bahía de Ísafjörður, en un lugar llamado Fótur, y fueron enterrados allí en la orilla. Hecho esto, toda la tropa se dirigió a su nave y cruzaron las aguas en medio de tal tempestad que apenas pudieron navegar un canal tan estrecho. Esa misma noche fue avistado el disparo de una espada de fuego; el cabecilla dijo que la tropa debería interpretar eso como una señal de victoria. También en otro momento, cuando un gran rayo se descargó por encima de la montaña, dijeron que aquello debía tomarse como el presagio de su victoria. A continuación fueron a pie hasta la granja de Sandeyri, la rodearon, e hicieron señas a los habitantes. Enviaron también buscar al capellán Jón de Snæfjöll. Los tres capellanes junto con destacados hombres armados se posicionaron alrededor del gobernador. El capitán Martín estaba en una casa en el patio con pocos hombres y un pequeño fuego, pero todos los demás estaban en la estancia principal de la casa sentados alrededor de su fuego de vigilia. Entonces dieron órdenes a la gente y los dispusieron en sus puestos frente a cada puerta y a cada ventana, pero algunos se acercaron a la casa de Martín y dispararon muchos tiros al interior. Martín disparó poco o nada, pero se quejó y clamó al dios del cielo, que no se sabía culpable de tanto como para que él o sus hombres sufrieran tales persecuciones y fueran destruidos. Nuestro capellán contestó que se merecía lo que le estaba sucediendo a él y su gente.

Desenlace de la historia en la Versión A del texto

Martín miró hacia fuera y al verlo allí lo reconoció. Siguieron conversando y el capellán dijo que Martín lo había amenazado. Martín reconoció esto y le pidió que le perdonara por Cristo, pero dijo asimismo que no tenía conocimiento de haber ofendido a otros islandeses. El capellán le dijo que le perdonaría ya que se lo pedía y continuaron hablando en latín. Entonces el reverendo se dirigió al cabecilla y le preguntó si perdonaría la vida a Martín, un hombre noble y capitán. El hacendado accedió inmediatamente con alegría y respondió que se lo dijera con la condición de que desistiera de defenderse y se rindiera. El capellán se lo dijo a Martín quien aceptó la oferta. El reverendo le dijo que lanzara fuera su arma. Martín lo hizo, con la culata por delante. Luego salió en persona y se arrodilló. El hacendado Ari había designado a tres hombres para que lo recibieran y se lo llevaran, pero la tropa protestaba con gran fiereza, hasta que uno de ellos se lanzó con un gran hacha con intención de darle en el cuello. El golpe dio contra la clavícula dejando una pequeña herida, que no era fatal. Al recibir el golpe Martín se puso de pie de un salto y salió corriendo tan rápido que se le ha quedado grabado en la memoria a aquellos que lo vieron, hasta el mar, balanceándose sobre las olas. En ese momento empezó a amainar la tormenta. En medio de un gran griterío e incitaciones de los presentes le lanzaron piedras. Él se adentró en el mar entonando cánticos. Muchos consideraron excelente su canto y su arte natatorio. Flotaba en el mar y, o bien pasaba una mano por la coronilla mientras que mantenía la otra bajo el muslo, o bien intercambiaba ambas manos. Nadaba de espaldas hacia atrás y de ambos lados de varias maneras. Le siguieron con gran afán en barcas pero era como una foca o una trucha. Sin embargo uno de los de la nave se jactaba de haberle asestado un golpe con una piedra debajo del agua cuando buceaba por debajo de la nave. Pero todos dan fe de que Björn Sveinsson, el mozo del hacendado, le dio por fin con una piedra en la frente, y que no fue hasta ese momento que flojeó en fuerzas y nado, pero no antes. Sobre si se agarró la nave y le cortaron la mano no concuerdan las historias, pero tras ese golpe de piedra la mayor parte de su coraje se desvaneció.

Después fue arrastrado a tierra y desnudado. Allí estuvo presente nuestro capellán y dijo que le fue memorable tanto su valor como el cruel trato de sus adversarios porque ahora, cuando su cuerpo yacía desnudo y boca arriba, él gruñó, y uno de ellos le ensartó un cuchillo en el vientre y lo rajó de un tajo hasta los genitales, pero el hombre se sacudió violentamente y se giró boca abajo y ya estaba muerto cuando los intestinos se habían derramado del cuerpo. Los hombres armados acudieron apresuradamente para ver al hombre y su sangre. Luego su cuerpo fue llevado a la mar y lanzado a las profundidades, pero dos días más tarde el cuerpo había llegado a tierra en las colinas de Ögur, donde fue posteriormente enterrado. Todo el mundo se sorprendió al comprobar que inmediatamente tras la muerte de Martín se hizo una dulce calma tras una fuerte tempestad. Interpretaron que aquello se debía a la fuerza de ese gran brujo que era Martín. Luego apresaron al compañero de Martín, aquél que le había puesto la cuerda al cuello a nuestro capellán. Reconoció su crimen y pidió perdón, que al final le fue concedido por el reverendo; aun así fueron designados dos hombres para matarlo. A partir de ese momento no le sirvió a nadie suplicar por su vida, por mucho que se lamentaban. Algunos se defendieron mientras podían y no mostraron señales de temor, y siempre reconocían sus atacantes que si se hubieran encontrado en un campo de batalla y aquéllos hubiesen tenido armas, jamás los hubieran vencido. Todos ellos fueron despojados de sus ropas y hundidos en el mar, pero todos sus cuerpos fueron arrastrados por las olas hasta la costa más cercana del que lo mató. Las tropas querían repartir el gran botín que se les había prometido, pero cuando se pusieron a ello, otra campana sonó y de repente todo aquel dinero, grande o pequeño, fue declarado botín del rey y a todos les fue prohibido repartirlo o tocarlo. Entonces los soldados se quedaron silenciosos y arrepentidos de su viaje y comportamiento, se separaron a malas y cada uno volvió a su casa disgustado. Y todo el botín fue transportado a Ögur, el gran y pesado cofre de Martín y muchos otros arcones. Y aquí termina el relato de Martín de Villafranca y su tripulación.

Este relato y sus hechos son así de hermosos.

Desenlace de la historia en la Versión B del texto

Martín miró hacia fuera y al verlo allí lo reconoció. Siguieron conversando y Martín dijo reconocer que lo había hecho amenazar, lo confesó y lo admitió y le pidió que le perdonara por Cristo, pero que no tenía conocimiento de haber ofendido a otros islandeses.

El capellán le dijo que le perdonaba ya que se lo pedía y continuaron hablando un buen rato, todo en latín. Entonces el reverendo se dirigió al cabecilla y le preguntó si le perdonaría la vida a Martín, un hombre noble y capitán, ya que de esta forma habría menos probabilidades de venganza. El hacendado accedió inmediatamente con alegría y respondió que se lo dijera con la condición de que desistiera de defenderse y se rindiera. El capellán se lo dijo a Martín quien aceptó la oferta de buen grado. El reverendo le dijo que lanzara fuera su arma si quería clemencia. Martín lo hizo, [y lanzó el arma] con la culata por delante. Luego salió en persona y se arrodilló. El hacendado Ari había llamado a tres hombres para que lo recibieran y se lo llevaran, pero la tropa protestaba con gran fiereza, hasta que uno de ellos se lanzó con un gran hacha con la que intentó darle en el cuello. El golpe dio contra la clavícula dejando una pequeña herida, que no era fatal. Al recibir el golpe Martín se puso de pie de un salto y salió corriendo tan rápido que se le ha quedado grabado en la memoria a aquéllos que lo vieron, casi como si volara hasta el mar, balanceándose sobre las olas y no fue hasta ese momento que empezó a amainar la tormenta. Entonces con grandes aspavientos lanzaron una barca con gente, armas y piedras, para vencer a aquel vikingo. Cuando Martín lo vio se adentró en el mar y entonó cánticos en latín. Muchos consideraron excelente su arte como cantor. Me contó nuestro capellán que flotaba en el mar y, o bien pasaba una mano por la coronilla mientras que la otra la tenía bajo el muslo, o bien intercambiaba ambas manos. Nadaba de espaldas hacia atrás y de ambos lados de varias maneras.

Los de la nave le siguieron con gran afán pero era como una foca o una trucha. Sin embargo, uno de los de la nave se jactaba de haberle asestado un golpe de lanza debajo del agua una vez que buceó por debajo de la nave. Pero todos dan fe de que Björn Sveinsson, el mozo del hacendado, le dio por fin con una piedra en la frente, y que no fue hasta ese momento que flojeó en fuerzas y capacidad, pero no antes. Sin embargo, sobre si agarró la nave y le cortaron la mano no concuerdan las historias, pero tras ese golpe de piedra la mayor parte de su coraje se desvaneció.

Después fue arrastrado a tierra y desnudado. Allí estuvo presente nuestro capellán y dijo que tanto su valor como el cruel trato de sus adversarios fueron memorables. Porque ahora cuando su cuerpo yacía desnudo boca arriba, él gruñó y entrecerró los ojos, y uno de ellos le ensartó un cuchillo en el vientre y lo rajó de un tajo hasta los genitales, pero el hombre dio un violento salto, se contrajo y se puso de cuatro patas. Entonces las vísceras se salieron del cuerpo como era normal, y ése fue su último movimiento. Entonces se rieron los hombres armados y se burlaron. Muchos se acercaron afanosos para ver el interior del hombre, pero la sangre no lo permitía.

Luego su cuerpo fue llevado a la mar y lanzado a las profundidades. Pero lo que causó mayor asombro de todos fue comprobar lo rápidamente que se hizo una dulce calma tras la fuerte tempestad e interpretaron que esto se debía a la fuerza de ese gran brujo que era Martín.

Luego atacaron a los que estaban en casa. El compañero de Martín, aquél que le había puesto la cuerda al cuello de nuestro capellán, fue apresado. Reconoció su crimen y pidió perdón, que fue concedido finalmente por el reverendo. Aun así fueron designados dos hombres para matarlo. A partir de ese momento no le sirvió a nadie suplicar por su vida, por mucho que se lamentaban. Algunos se defendieron mientras podían y no mostraron señales de temor. Muchos se defendieron valientemente y siempre se decía, entre los que allí estuvieron, que jamás habrían vencido a aquellos hombres en un campo de batalla, y menos aún al propio Martín, si no se hubiera rendido voluntariamente y creído en la tregua.

Ahora tuvieron que romper el techo de toda la casa para alcanzar a los ocho o nueve hombres, porque algunos quedaban en la casa de Martín. No se puede decir lo mismo de la granja principal porque quien allí estaba nunca se defendió ni empuñó arma alguna. Aquél también se llamaba Martín, y le apodaban el manso, el cual también había venido aquí el año pasado mostrando el mismo talante bondadoso.

Jón Guðmundsson

Era carpintero. Le partieron el labio al inicio de todo esto, la noche antes de que empezara la batalla principal. Se ocultó debajo de una vaca toda aquella noche. Ahora los demás se defendieron con tal coraje y astucia toda la noche y hasta bien empezado el día, que se produjeron pocas bajas por armas. Entonces hicieron llamar a Magnús Arason con el cometido de reducir con su arma de fuego el número de enemigos en posición en la granja. Al comprobar los otros que el número de sus compañeros se reducía tanto que pocos quedaban de pie, buscaron otra estrategia y se ocultaron debajo de las camas o en rincones. Entonces enviaron a un hombre pertrechado a entrar junto con otros. Entonces un joven que estaba en la estancia principal se defendió asombrosamente, pero fue vencido con un arma de fuego. Cuando todos ya estaban muertos encontraron a Martín el manso debajo de la vaca. Nadie de los que habían entrado tenía corazón de matarlo. Entonces fue llevado al exterior delante de todos y muchos pidieron clemencia para él, pero como suele ocurrir algunos maldecían. El cabecilla dijo que le perdonaba la vida y que se fuera a casa y si se curaba que se dedicara a la carpintería, que veía claramente que era inofensivo. Y Martín estaba arrodillado con los brazos extendidos, balbuceando sobre Cristo, pidiendo clemencia patéticamente. Cuando la tropa vio que le dejarían vivir, lo apartaron, pero él cerró lentamente los ojos, se creció sobre las rodillas y levantó los hombros a la espera del golpe. Uno le partió la cabeza desde delante y el otro atrás y cayó hacia delante al recibir el hachazo en la nuca, y ese fue el último que fue matado de los hombres de Martín. Tras esta batalla todo aquello que tuvo lugar aquel primer sábado de invierno había acabado, sus cuerpos desnudos fueron hundidos en las profundidades del mar, aunque antes que eso esos cuerpos muertos fueron objeto de varios escarnios. A algunos les parecía ignominioso, pero otros hicieron burla y se divertían. El decreto del hacendado al respecto era que las mismas tropas podían tratar a los muertos como quisieran, despojarlos o no a su voluntad. Pero nada se llevarían del botín, excepto aquéllos que quisieran tomarse la molestia de quitarles los harapos sanguinolentos. Todo lo demás fue declarado propiedad del rey y transportado a Ögur, y los hombres armados cogieron la ropa ensangrentada y se la repartieron entre todos, pero aquéllos que se consideraban importantes despreciaron los andrajos ensangrentados y se ofendieron con el hacendado, sobre todo aquél que le asestó el golpe a Martín por iniciativa propia durante la tregua. A muchos otros les disgustó no haber recibido parte del botín a pesar de haber acudido a su propia costa. Los cuerpos de los difuntos fueron perforados en los costados o los cuellos, se pasó una cuerda por los agujeros y fueron atados juntos en ristra. Algunos lo cuentan así, pero yo no lo vi, ya que estuve en mi viaje en el sur. Por esto ni vi sus genitales cercenados ni los ojos vaciados de las cuencas, ni las orejas cortadas, los gaznates cortados, ni el ombligo atravesado. Finalmente, todos fueron hundidos en el mar, aunque las olas los trajeron incesantemente, durante dos semanas, pero aun así no fueron enterrados o cubiertos de rocas. Allí se presentaron también los que habían sufrido daño o robos a mano de los españoles y se quejaron, pero no recibieron indemnización alguna. Así que salieron de Sandeyri con su botín. Por el camino se cruzaron con los del tribunal, que acudían a la batalla, pero no se quedaron a charlar, fueron a Æðey y tomaron posesión del botín principal y de muchas cosas que algunos saben. Entonces bailaron y bebieron bien alegres del vino de ellos y se quedaron allí todo el domingo, pero el lunes volvieron a casa.

Jón Guðmundsson

Tras tal hazaña y alta victoria
ahítos todos de vino y de euforia
bien cumplida la semana
bebieron de buena gana.

Aquí acaba esta escritura, Incerti Auctoris.

Whales drawed by Jón Guðmundsson for his *Natural History of Iceland*. Signature. JS_401_XI_4to. National and University Library of Iceland. Handrit.is.

Introduction
The massacre of 1615

Jón Guðmundsson lærði, journalist and oddviti in 17th century Iceland

The night of the 20 of September 1615, in the night before San Matthew's, the ships of the Basque whalers perished in a fjord close to Trékyllisvík because of the ice and stormy weather. This event unleashed a series of chain reactions that ended with the October massacre, that is the horrible death of more than thirty mariners, whose butchered bodies were never given a proper burial.

These events were narrated by Jón Guðmundsson the Learned (or 'the Wise', *lærði* in Icelandic) using the accounts he collected from people who actually took part in the massacre or at least witnessed it as it unfolded. Among them was Rev. Jón Grímsson, pastor at the Árnes parish[152] in Trékyllisvík, and five of his closest neighbours, who were forced to participate in the massacre, which "is why they could bring home such news and tell us how things had developed as will be explained here." Jón lærði underlines the value of these eye-witness accounts by stating that "God himself knows it is the truth" that these men carried out heinous crimes, but he also maintains that he "will nevertheless represent these events and occurrences as they reported them," essentially because their account was the main source of information. Jón Guðmundsson himself witnessed some of the events he relates, such as the arrival of the whalers and the hunting season off the Strandir coasts in the summer of 1615.

It must be pointed out that both contents and format, as well as the methods used in the writing of *Sönn frásaga*, or *A True Account*, place Jón Guðmundsson's report as an early example of modern journalism. As the author points out, he described the events with the sole intention of reporting the truth about what had happened, responding to very one-sided relations of the same events circulated by supporters of Ari Magnússon's (1571-1652), who *de facto* instigated the massacre. Those who took part in the massacre are described as "submissive men," some of whom were tenants on Ari's lands and who "held a great deal of resentment against the Spaniards [i.e. Basques],[153] especially those from the biggest ship [i.e. that of Martin Villafranca]." Therefore the reports made by Ari's supporters insured that "all [...] matters related to the Basques were told without modification just as those related to the Icelanders [i.e. Ari's men] were improved to show them in a better light." Jón lærði also states that, while he "will nevertheless represent these events and occurrences as they reported them, [he will] often hide their ugliest deeds, not disclosing all that in reality happened."

Jón Guðmundsson's report predates the first deontological codes of journalism by various centuries, but he nonetheless behaves exactly as dictated by the fundamental principles of journalistic practice:[154] 1) his intention is to report information true to the actual events and in an objective way; 2) he contrasts and compares various sources of information; 3) he diligently looks for all available sources of information; 4) he filters the collected information, trying to report what he believes to be trustworthy information, regardless of how uncomfortable that may be for anyone involved, including himself, and does not include what he believes to be rumours or unsubstantiated information; 5) he bases his report on eye-witnesses' accounts; 6) he avoids making value judgments on what he reports; 7) he states that there is more than one version of the events; 8) he refuses to accept any personal benefits for his journalistic activity and reports what he believes to be the truth even when it could be used against him; 9) he respects the identity and the honour of those involved in the events leading up to the massacre by omitting names from the report and stating that he deliberately will not reveal some of the most revolting details of the same events; 10) he writes the report immediately after the events occurred.[155]

Jón Guðmundsson also partakes of many of the qualities common in contemporary journalists: he was open to the culture and behaviour of other people, to their different way of thinking; he was tolerant and a humanitarian, and he stood up to those that manipulated the information in order to generate hatred, for propaganda, or hiding what really happened. His ethics code is embodied in the lapidary statement at the end of the Preface to his report: "May those who wish to listen to my story do so, and those that do not care for it may freely leave it be." If we consider all that was stated above, as well as the fact that we can reconstruct that *A True Account* was written between winter 1615 and spring 1616, i.e. immediately after the events, we can conclude that we are dealing with a remarkable source of historical information, undoubtedly the most relevant one in order to shed light on the events that took place in 1615.

Jón Guðmundsson was born in 1574 in the Strandir District, specifically in Ófeigsfjörður, on the eastern coast of the peninsula that juts out from the north-west of Iceland and

Introduction. The massacre of 1615

is known as the Westfjords. He is undoubtedly one of the most interesting characters of his time, a curious, intelligent, and talented man, whom the sources call *lærði*, 'the Wise' or 'the Learned', as well as *málari* 'the Painter', and even *tannsmiður* 'the Tooth-carver', as he was known to use walrus teeth or whalebone[156] to make sculptures and carvings. In fact, some of his drawings of whales and other sea creatures demonstrate his powers of observation and his artistic ability. Jón the Learned was a true Renaissance man, a versatile and omnivorous researcher of many aspects of human knowledge, as well as a poet. As a consequence, he wrote on many subjects (from Icelandic natural phenomena to medieval literature and Nordic mythology) and many of the essays he wrote have survived to this day, but very little of his art.[157]

Jón Guðmundsson was raised by his grandfather on his father's side, at Ós in Stengrímsfjörður, the fjord where archeologists Magnús Rafnsson and Ragnar Edvardsson excavated the ruins of a XVII century whaling station.[158] He was also close to his maternal grandfather, Rev. Indriði Ámundason, from whom he may have acquired a certain sympathy towards Catholicism, exactly at a time, in the post-Reformation era,[159] when those sympathies were considerably dangerous. In Iceland, the Reformation took place around the middle of the 16th century and, as elsewhere, it was marked by a strongly political character, which allowed the Danish Crown to appropriate all possessions of the Catholic Church on the island, including considerable amounts of land, which became the property of the king, but was administered by local representatives. The administrators of these expropriated lands became some of the most powerful land owners in Iceland, carrying out administrative and executive functions on behalf of the king of Denmark. Thus, Ari from Ögur was both governor and sheriff of the Ísafjarðardjúp and Strandir district in the Westfjords of Iceland.

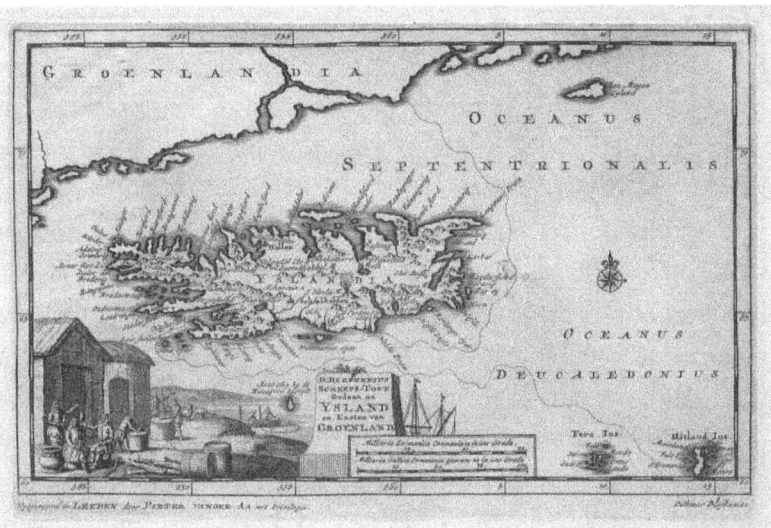

Map of Iceland by Dutch cartographer Pieter Van der Aa dated 1706. In the lower left a cod fishing station is represented, similar to the whaling station whose archeological ruins have been excavated by Magnús Rafnsson and Ragnar Edvardsson at Strákatangi. In the upper right corner of the drawing is the legend "Anno 1613 by de Biscayers beseylt," one more proof of the presence of Basque whalers and fishermen in Iceland at least from the year 1613. By courtesy of The National and University Library of Iceland. Islandskort.is.

Around the year 1601, Jón Guðmundsson married Sigríður Þorleifsdóttir, with whom he had a son, Guðmundur Jónsson that would later become a pastor. Jón lærði was also related to families with a certain social and economic status, but he himself never inherited any economic fortunes, and made a living mostly as a farmer. There were certainly books and manuscripts in the houses where he grew up, and at the time people learned to read and write by using existing manuscripts as models. He is likely to have taught himself

German and Danish, and although he says that he knew no Latin, the phrases found in his writings are mostly correct. Besides his talents as a naturalist, painter and sculptor, he is supposed to have been "one of the best poets of his time."[160] However, only few of his poems have survived, and none of his paintings or sculptures, except for the drawings illustrating his *Natural History of Iceland*.[161] Guðmundsson knew about medicinal properties of plants and he is believed to have used this knowledge to cure people.

His beliefs in elves and ghosts create a stark contrast to his scientific endeavours: he even wrote a treatise on the hidden people, chthonious beings that he considered to have magical powers, and to be very similar to humans, except for their lack of an immortal soul, which made them more susceptible to temptation by the devil. Guðmundsson himself and his contemporaries believed that he was able to "put ghosts to rest," when they bothered or threatened living people, by reciting powerful verses, some of which have survived to this day (such as *Snæfjallavísur*). Such ideas and activities could be considered heretical and caused him to fall foul of religious authorities, in an era when men and women were being burnt at the stake for sorcery.[162]

This is what happened to Jón lærði, declared an outlaw by the Icelandic parliament and supreme court, the Alþingi, in 1635. He was able to secure a passage to Copenhagen to try and get his sentence annulled, but the sentence was instead confirmed in 1637. Because of his undeniable qualities as a naturalist, manuscript copyist, and artist, he was at times protected by powerful men such as Bishop Brynjólfur Sveinsson, and probably for these reasons he was spared his life, but he certainly paid for his curiosity, love of learning and for his friendship with some of the

Basque whalers, as well as for the fairness and outspokenness with which he defended them with exile, stints in prison, both in Iceland and Denmark, and destitution for all of his life. From the Westfjords, he first moved to the Snæfellsness peninsula, then went to Copenhagen, the South-West of Iceland, and moved finally to the Eastern fjords of Iceland, close to his son, where he died in 1658 at 84 years of age.

While Jón Guðmundsson and his talents are recognized today in Iceland, it is important to mention that during the 17th and 19th centuries he was hardly appreciated, so much so that at times it has been posited that his nickname 'the Learned' may have been ironically meant. When Rev. Snorri Björnsson copied one of Jón lærði's manuscripts of *A True Account* in 1792, he referred to Jón Guðmundsson as *lærði*, but Jón Espólín (1769-1836), a magistrate and reputed annalist, contributed to Guðmundsson's negative reputation by comparing his report on the 1615 massacre to the *Spænsku vísur* or 'Spanish verses', a clearly propagandistic poem that portrayed the Basque whalers as criminals written by Rev. Ólafur Jónsson, a friend of Ari Magnússon's. Espólín says he trusts the *Spanish Verses* more than Jón lærði's report; and he was not alone, as this poem was infinitely more popular than lærði's report, judging from the high number of manuscripts in which it has survived, compared to only two manuscripts for *A True Account*. Only at the end of the 19th century was Jón Guðmundsson rehabilitated, essentially starting with Ólafur Davíðsson's study (1862-1903), who openly criticized Jón Espólín in 1895 for supporting the highly one-sided version of the 1615 events presented by Ólafur Jónsson's poem. Davíðsson concluded his introduction to the edition of *A True Account* and the *Spanish Verses* praising Jón

Guðmundsson for daring to side with the Basque whalers against the powerful local governor and for the impartiality of his report, something no one else did at the time.[163]

The text

By means of a historical, and stylistic analysis of the text, as well as of the manuscripts, Jónas Kristjánsson concluded in the preface to his 1950 edition of *A True Account* and of the autobiographical poem *Fjölmóður* ('Sanderling') that Jón lærði is indeed the author of *A True Account* and that the report was written in the winter between 1615 and 1616, i.e. soon after the events occurred. This seems further corroborated by the use of the present tense in two passages, which would indicate the closeness in time between the actual events and Jón lærði's report.[164] Some adverbs of place, such as the expression "towards the southeast from here," also seem to indicate that he might have still resided at Stóra Ávík, the farm where he resided before leaving the Westfjords.

Only two manuscripts of *A True Account* have survived. In his 1950 edition published by Möller in Copenhagen, Jónas Kristjánsson states that this work could have easily been lost to posterity since one of the manuscripts was sent in October 1699 by Skúli Ólafsson to Árni Magnússon, the famous philologist and manuscript collector in Copenhagen, as "a curiosity" that he had found "among other papers to throw in the rubbish"[165] rather than for the manuscript's intrinsic value.

Jón Guðmundsson

The first page of the manuscript Lbs 1430 a 4to, preserved at the National and University Library of Iceland. It was written around 1760, probably copied from the original manuscript written by Jón Guðmundsson. Jón Guðmundsson, Um Íslands aðskiljanlegu náttúrur (JS 246 4to). Landsbókasafn Íslands - Háskólabókasafn / handrit.is

Introduction. The massacre of 1615

The first version of *A True Account* is called version A by Kristjánsson and is contained in manuscript JS 246 4to (pp. 72r–79v) copied by Rev. Snorri Björnsson from Húsafell in 1792 from a "manuscript handwritten by Jón the Learned." This version is better preserved, but the preface is missing, and the last chapter is shorter than in version B and therefore less detailed about the death of Martin Villafranca's men. The quality of version B, on the other hand, is lower, but that version preserved the preface and concludes with a longer version of the Sandeyri's massacre.[166]

For this edition, we have used both version A and B of the manuscript as they were transcribed and edited by Kristjánsson in 1950. While Kristjánsson fused the two versions in his 1950 publication and indicated the origin of different parts in footnotes, we preferred to keep the end of the two versions separate.

Jón lærði's *A True Account* has considerable historical, linguistic, and literary value. We believe we have done justice to the author by translating his text into Basque, Spanish, and English. The English and the Spanish texts were translated directly from Icelandic by Dr. Viola G. Miglio and Hólmfríður Matthíasdóttir respectively. The Basque text was translated by Ane Undurraga using the English and Spanish translations.

We echo the author of this remarkable work in stating that, now as 400 years ago, those who wish to know what happened should read this text, and those that do not care to know, may freely leave it be.

First Basque whaling trips to Iceland

When the once abundant whales off the Newfoundland shores were practically hunted to extinction, the Basque started to explore other waters where whales were more numerous. Trausti Einarsson dates the Basque presence in Iceland starting from 1604, and the Ballará annals report the presence of "Spaniards" in the Strandir district of the Westfjords in 1608. The Skarðsá annals set 1610 as the first year in which hunting was practiced in the Westfjords, and also report the presence of whalers in 1611.[167] However, the first year in which we have trustworthy reports of the presence of Basque whalers in the Westfjords is in fact 1613.

A few years earlier, in 1596, Dutch explorers had arrived to the shores of the Svalbard archipelago and in 1607 Henry Hudson discovered and reported a great quantity of whales in the waters around those islands. The Muscovy Company, which had been founded in England in 1555, decided to send two ships to Svalbard in 1611.[168] Six whalers from Donibane Lohitzune were hired so as to teach the English mariners the whale-hunting techniques and how to render the blubber. Despite the fact that the expedition was unsuccessful that year, the Muscovy Company sent two even bigger ships in 1612, accompanied by a Dutch galleon and one from Donostia. The hunting campaign was very successful that year and on March 30, 1613, the Muscovy Company obtained an exclusive permit to hunt and fish off the Svalbard coasts from the king of England, prohibiting at the same time, that other nations carry out whale hunting in the same waters. As the representative of the town of Donostia reported before the General Assembly of Gipuzkoa, the scarcity of whales in Newfoundland had

Introduction. The massacre of 1615

forced the whalers to look for cetaceans off the Norwegian coasts, and ten ships from Donostia had in fact gone to Norway for that purpose in 1613: "the inhabitants of this Very Noble and Very Loyal Province of Gipuzkoa were wont to send ships to the province of Newfoundland to hunt for whales. And because of the continuous hunting in those regions, since the whales have disappeared, the mariners have sustained severe losses. In order to justify their bankruptcy they held meetings and recived information that the whales had moved to other northern latitudes, to Norway, which entailed a shorter and easier trip. This is why this year, ten ships from the town of Donostia and the sorrounding province left for Norway. And after successful sailing to Norway, they put in at Norwegian harbours and unloaded all necessary equipment required to preapre for hunt. During this time, certian English warships arrived at the same harbours and requisitioned from our ships all whale hunting equipment, as well as stopping them from fishing and sent them away from said harbours."[169] During the same year of 1613, Martin Mandiolaza and Cristobal Eguzkiza complained to the Gipuzkoan Assembly about the behaviour of the English ships that used the excuse of monitoring those waters in order to "rob of equipment the inhabitants of this Province, and they had stopped them from carrying out said fishing, sending them away from those harbours in order to save their lives, which has caused losses and damages for more than fifty thousand ducats in equipment, and other fishing and hunting tools."[170]

In 1614, another seven ships left for Svalbard with twenty four Lapurdi mariners. Amsterdam merchants also sent two ships with twelve mariners from Donibane Lohitzune (St.-Jean-de-Luz), and another three ships also left from Donibane Lohitzune with a licence from the Muscovy Company. Two more ships left from Bordeaux and La Rochelle in France, and at least eight ships from Donostia. The English took advantage of their better weaponry, and expelled all other ships from Svalbard, as well as requisitioning the catch, except for those that had a permit from the English king.[171] During the return trip, the ships from Lapurdi and Gipuskoa stopped in Iceland.

In the summer of 1615, Danish warships requisitioned two Basque ships, the Nuestra Señora del Rosario and the San Pedro, in Kjelvik, northern Norway, under the accusation that their Basque crews had caused disturbances and riots in Iceland, a Danish colony, during 1613 and 1614. Two of the owners, Miguel Eraso and San Juan del Puy, went to Copenhagen in February of 1616 to request that their ships be returned.[172] Eraso and del Puy informed the Danish authorities that in 1613 there had been many Basque whaling ships off the Icelandic shores, since the English had prohibited them from hunting whales off the Svalbard coasts. The Basque whalers had obtained a permit to hunt whales and gather the driftwood from Siberia that would amass on the local beaches from a local authority that Eraso and Del Puy call 'Ariasman'. In all likelihood, this local authority is none other than governorn Ari Magnússon from Ögur. There had been no disturbance between the local population and the whalers, so much so that the following year, in 1614, the same two ships had returned to the same shores, along with eight ships from Donostia, and two from Lapurdi, and had again obtained a permit from Ariasman to hunt whales and collect driftwood. Eraso and Del Puy denied that the crews of their ships "had burnt down houses and tried to rape women, or robbed, and stolen things and

Introduction. The massacre of 1615

expelled people from their own homes. The crews had put in at two locations and had in fact given the local people gifts of bread, cider, oil, whale meat and soup."[173] According to the information that the shipowners reported to the Danish authorities, in 1614 some pirate ships had attacked one of the whaling ships from Donostia, which may indicate that those pirate ships were rather the cause of those damages that the Icelanders had complained about to the Danish authorities in Copenhagen.

The data gleaned from these letters correspond to the information provided by Jón Guðmundsson in *A True Account*, when he reports that Basque whalers from Gipuzkoa and Lapurdi had gone to the Westfjords to hunt and process whales for their oil for two years in a row, 1613 and 1614. The Skarðsá annals report that eighteen whaling ships had been hunting whales off the Icelandic shores in 1613 and that pillaging and violence had occurred in some places as a result of their presence. However, the Sjávarborg annals underline the fact that the behaviour of the Basque whalers in 1613 was peaceful[174], which is also corroborated by Jón Guðmundsson when he states that in 1613, "during the first year that their ship laid anchor here," he got to know Juan and Martin Argarate (*Jóhann* and *Marteinn de Argaratte*), "who returned home without any stealing or quarrel," he also states that "this is something that the people around here know, if they only cared to admit it." Years later, in the autobiograhical poem *Fjölmóður* of 1649, Guðmundsson repeated that in 1613 a Basque whaling ship dropped anchor in Kaldbaksvík and obtained a permit from the governor Ari Magnússon from Ögur in order to hunt in Steingrímsfjörður.

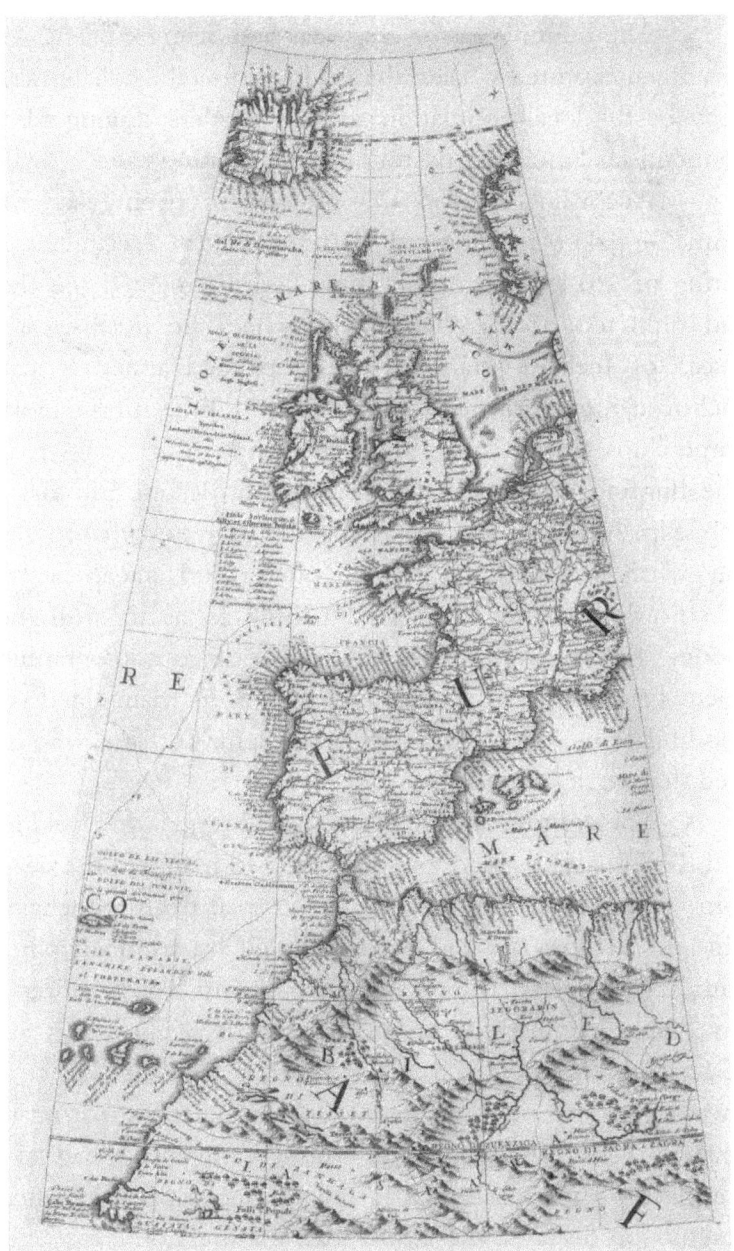

The trip from Gipuzkoa to Iceland was a long a risky one. Map by Vincenzo Coronelli of 1688. By courtesy of the National and University Library of Iceland / Islandskort.is.

Introduction. The massacre of 1615

The hunting season that year had been excellent, with seventeen captured whales, thanks in part to the collaboration between the local population and the whalers, among whom he mentions "the good pastor" Ólafur Halldórsson.[175]

According to Jón Guðmundsson, twenty-six ships from Gipuzkoa and Lapurdi had set out for Iceland in the spring of 1614, but English ships had intercepted the fleet, and only ten of them actually reached the north-western coasts of Iceland. Many of the ships had aimed to drop anchor at Steingrímsfjörður and others a little further north. Some ships from Lapurdi decided to put in at Kongs-Eyjar. The hunting season was very successful despite the loss of one ship. Although the Sjávarborg annals report that in 1614 the whalers started to "steal calves and sheep in the Westfjords and scare the local people so as to steal their money,"[176] Jón Guðmundsson wrote in his autobiographical poem *Fjölmóður* that Basques and Icelanders maintained very good relations, partly thanks to Rev. Ólafur's efforts, who had died that same summer.

The author states that when the hunt started yield less and Rev. Ólafur was no longer around to maintain the peace, some young Icelanders had started to steal from the whalers. This desolate region had been resettled by criminals whose crimes had been pardoned by Ari Magnússon in order to have them live in those uninhabited lands of the north west of Iceland, and these were the ones that "had no respect for anything or anyone," and those had started to steal from the whalers. Tension mounted and "the servants of lies had taken the place of honoured men in the administration of justice." Magnússon declared the Gipuzkoan mariners outlaws, which was tantamount to the death penalty, a sentence of which he informed the Lapurdi ships, while asking them to keep it a secret and even collaborate with him against the other Basque ships. The Lapurdi mariners, however, promptly informed their colleagues from Gipuzkoa. The whalers from Gipuzkoa exchanged missives with Ari Magnússon, but the later did not accept the silver coins offered by the whalers as a tithe for the whale hunt. One of the ships stayed longer off the Westfjords shores and its captain threatened the local population that he would take with him a few of the young people in order to teach them the Catholic faith, probably intending to communicate to the Icelanders that the lack of a proper (Catholic) religious upbringing was the cause of the youngsters' criminal behaviour. On this occasion, however, thanks to Jón lærði's mediation, nothing came of these threats.[177]

The 1615 hunting season.

During the 1602-1786 period, Iceland - a Danish colony - was subject to a commercial monopoly[178]. King Christian IV, crowned in 1588, was informed of the Basque whaling activities in north-western Iceland, and in order to protect the Danish commercial monopoly in Iceland, promulgated a decree against the Basque whalers on April 30, 1615. The decree states "considering that during the past summer, Basque mariners and others were hunting whales in our waters around the coasts of Iceland, and that there they robbed our subjects, banished them from their own homes, and caused great damage and losses,"[179] the ships coming from "Buschaien" (Bizkaia or, generically, the Basque coast) could be attacked, and their crew murdered, without receiving any punishment for said crimes. The decree was ratified by the Icelandic parliament (Alþingi), in July 1615.[180] At this

Introduction. The massacre of 1615

time, the Icelandic legal system was still also based on the Jónsbók code of laws dating back to 1281, which established that criminals could be murdered with impunity (rendered by the Icelandic word *réttdræpir* 'able to be killed rightfully'); this code of laws also assumed that all citizens were to help the local authority when needed, which was also normal in border areas, or sparsely populated areas in the Middle Ages.[181]

This meant that the Strandir population and that in other parts of the Westfjords must carry out any commercial transaction only with the Danish merchants located on the Skagaströnd shores, that is, on the other side of the Húnaflói bay, ca. 50 km by boat, if the merchant did not visit their area himself, which did not happen often. As a result, the local population was often unhappy about the arrangements as stated in the the 17th century sources mentioned by Rafnsson and Edvardsson.[182] Clearly the local population had considerable advantages from the commercial transactions with the foreign whalers, but by doing so, they were also breaking a severely implemented law imposed by the Danish authorities since 1602. It is therefore understandable that since this type of activity was illegal and punishable by law, chronicles and local sources would make little mention of it. We have, however, plenty of evidence that both the whalers and the local population did not conform to this commercial embargo.

According to the legal provisions imposed by the Danish state on its Icelandic colony, only the Viceroy residing at Bessastaðir in the south of Iceland, had the authority to issue whale hunting permits. Nevertheless, we have unequivocal evidence that this rule had been broken at least twice by the local governor Ari Magnússon in dealing with foreign whalers in the Westfjords, and sold them worthless permits in the name of the Danish crown. The potential for monetary gain was high considering that he was the highest authority representing the Danish government in such an isolated part of the country and that he could request high sums of money for whale hunting given the value of train oil at the time. On the other hand, the local population also had a stake in collaborating with the whalers, since they could by-pass the far away Danish merchant by bartering with the ships crew and they might be able to get employment from the whalers for non-specialized tasks, as well as cheap whale meat during the time of the hunt. This was particularly handy during those years when we have certain notice of the whalers' presence, since the immediately preceding winters had been particularly harsh.

We know from Guðmundsson that when the Basque whalers arrived in 1615, they had obtained a permit for their four ships to drop anchor off the Strandir coast from the local governor and sheriff Ari Magnússon, and Ari Magnússon himself had let the local population know that if more ships came, they needed to obtain a permit from him. When the captains of those four ships arrived, they showed the permits to the local population, to make it clear that they had obtained what they thought was the legal permission to practice their activities and that they intended to be harmless to the locals. This was important if one considers that even those northern shores could be subject to pirate attacks that would pillage, harm and kidnap the local population. A very traumatic event, the Tyrkjaránið (the 'Turkish Abductions') would happen in 1627, when more than 400 people were kidnapped from the Vestmann Islands and the southern coast of Iceland and sold as slaves.[183] Therefore it is not surprising that the local population might show some mistrust towards

Introduction. The massacre of 1615

the foreigners, at least at the beginning of their stay, and that their subsequent dealings might be enshrouded in silence, considering the illegal nature of these contacts.

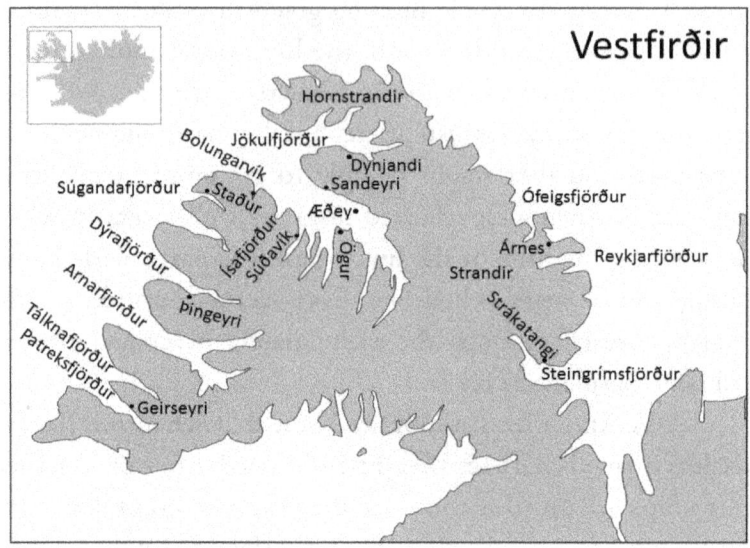

The Westfjords.

This notwithstanding, contact with the foreigners was exactly what Jón lærði would look for, considering that these might have books and knowledge that they could share with him, and his Catholic sympathies might also facilitate his approach to the Basque whalers. The fact that he somehow was able to make himself understood by the whalers could have also raised suspicions or even envy among the locals, considering that he might have had an unfair commercial, or simply practical advantage from such contacts. It should indeed be remarked that Jón Guðmundsson's knowledge, intellectual curiosity, and artistic talents were often more of a hindrance than an advantage in his life.

We know for a fact that in the spring 1615, despite the various legal prohibitions, sixteen ships doubled the Hornstrandir cape, even if only three of them decided to remain in the area for a total crew of 86 men, most of them from Gipuzkoa, and specifically from Donostia. Towards midsummer they dropped anchor off the Strandir shores and we know from Jón lærði's report that they were exclusively prepared for whale hunting and nothing else, and that they had bought a permit from Ari Magnússon to carry out such an activity.

The first two ships together, captained by Pedro Agirre, nicknamed 'the Prudent' (also known as Pétur Agvirre, Pétur Ageirus, or Pedro de Argvirre in the sources) and Esteban Telleria (Stefán or Stephan de Tellaria), skipper of the second ship and working for the said Agirre. A few days later, the biggest ship dropped anchor. Her skipper was Martin Villafranca (also known from the sources as Martinus Billa de Franca, Martinum á Frakkaþorpi, Marteinn af Frakkaborg or Martin af Frakkaborg).

We have reasonably precise description of where the ships lay at anchor in Reykjarfjörður, even if we don't know exactly where the tryworks may have been located in 1615. Jón lærði's reticence may again have been dictated by not wanting to implicate the farmers that had given the whalers access to their beaches to render the blubber, so that in his preface Jón lærði just says that the ships were wrecked "in a fjord close to Trékyllisvík." We also do not have archeological evidence of tryworks in that location, but the narration of events points to various locations in Reykjarfjörður, a fjord that was previously known as Skrímslafjörður ('Fjord of the Monsters'), which is the fjord immediately south of Trékyllisvík bay, where Jón lærði's farm

Stóra Ávík was located. In *A True Account* he indicates that the fjord where the ships were wrecked was "south-east from here," and we may construe 'here' as indicating his farm Stóra Ávík, from which it took about 7 km walking over the pass to get to Reykjarfjörður, which is in fact the closest fjord to his farm. Moreover, Jón Guðmundsson states that the *txalupas* would go every day to Reykja(r)nes coast to hunt, and that is indeed what the headland between Reykjarfjörður and Trékyllisvík is called to this day.[184]

When Guðmundsson and Martin Argarate met in the summer of 1615, the pilot told Jón lærði that he was concerned about the location where he had dropped anchor because of potential damages to the ship, and thereafter he had Villafranca's ship moved to the interior part of the fjord, to an exceptionally good harbour, except for one opening where ice could drift in and accumulate, as it "later happened, since it was God's will to have it happen that way." And thus "those three ships were anchored close to us," i.e. close to where Jón lærði was writing from.

When the first whaling ships arrived off the Strandir coasts in the spring, before many of them proceeded eastward, also two *txalupas* put in opposite the Eyjar farmlands (a headland jutting out from the coast between Kaldbaksvík and Bjarnarfjörður) with thirteen whalers who had been starved because the drift ice had separated them from their ships, located further north at about 8 km sailing. At Eyjar were also about thirty Icelanders, equally trapped by the ice; it seems as if these decided "to mercilessly kill the thirteen Spaniards and thereby increase their fame." The mariners defended themselves and apparently sent their attackers running across the mountains. Two of the attackers were wounded and others suffered scratches and bruises caused by the stones the whalers had thrown at them. In the end, the ship's captain named Ascencio brokered an agreement and left for the north seas with another twelve ships.[185] Not all ships left towards the north-east, though, when the drift ice left the coasts approachable, the above mentioned three ships dropped anchor in the Reykjarfjörður fjord. Jón lærði tells us that despite the agreement, the Basque whalers kept two sentinels on each ship throughout the summer, and they would not send their txalupas so far as to be out of sight of the ships, or out of earshot, if shots were fired. They also avoided going up to the Reykjarnes farm "even while their [...] boats, seven in all, were anchored each day in front of those lands, minding their hunting and fishing."

Guðmundsson tells us also some details about those 86 men that made up the crew of the three ships. He became a close friend of Pedro (Pierre, Pétur), the pilot on Villafranca's ship, that he describes as a man of many virutes and a "great friend of the English," who resided on an island off the French coast not far from Holland, had many children married into powerful families and was generally very well-liked. We are also told that he was greatly appreciated as a pilot, because he had good sense and oustanding intellectual abilities, he even kept the accounts for Villafranca when the captain was far from the ship.

Juan Argarate was from Donostia, "a fair and pious man, who deserved praise." Jón lærði had met his brother Martin in 1614, and had been on friendly terms with him. Juan Argarate had his ship ready for Iceland, but his brother Martin was ready to go on a different journey, which is why he hired the above mentioned Pedro as a pilot. Then at the last minute, the said Juan could not go to Iceland himself and

Introduction. The massacre of 1615

obtained for Martin de Villafranca to captain the ship. At that point, Pedro the pilot, for reasons that are not mentioned, did not want to go on the trip, but Juan was able to convince him to go nevertheless.

Martin Villafranca, the skipper of the biggest ship that reached those shores in 1615, was not a big man, he was rarther young and had no beard, excellent athlete, and very skilled in whale hunting. "He swam like a fish or a seal at sea, and went in person on the txalupas for the hunt, something no other captain was wont to do." As mentioned above, when Villafranca was away, Pedro the pilot would take care of everything on board the ship as if he were the captain.

Another member of the crew was Luis (Luys), on board Pedro Agirre's ship, of whom he was a cousin on his father's side. Luis was a rich man and spoke Latin fluently. The cousins Pedro and Luis were in charge of anything that had to do with trading of whale meat and other products, as well as anything that was used to barter with the local population. Asensio was one of the best harpooners among the cousins' crew, and in 1615 he had been the first to harpoon three rorquals that were sold at a fifth of their commercial value, so that "from those whales, the poor people of this region got food and survived that harsh winter." Pedro Agirre had another pilot called Andres, also a good man. Captain Esteban Telleria, we are told "was also averse to thievery and other immoral behaviour, as was his crew." As for Villafranca's crew, the author mentions a big man named Lázaro, a carpenter called Martin the 'meek', and a young cabin boy whose surname was Garcia, the only survivor of the Dýrafjörður massacre.

Jón lærði is clear in stating that the men of those ships had done no pillaging, or committed any illegal act for which they deserved punishment, and much less, to be put to death. According to the author, their behaviour was honourable: this applied to the whole crew on Agirre's ship, and most of the crew on Telleria's ship, except for two rascals that had stolen a sheep or socks from a farm where they thought they had enemies since the Eyjar riots earlier that year. The author also says that a few men on Villafranca's ship were aggressive and overbearing when they were not under the immediate supervision of their captain. Those had also taken a sheep from farms that had not agreed in selling it to them willingly. In those cases, usually there had been settlements through bartering, and Jón lærði had no information that Villafranca had ever stolen anything or been aggressive towards anyone. In fact, quite the opposite, as the author underlines that Villafranca had saved an Icelander's life, who had hit one of his Basque crew members with a stone and left him unconscious.

The local population is also described by Jón Guðmundsson as composed mostly of peaceful people, who lived together and collaborated willingly with the whalers. On one occasion, Pedro and Esteban realized that some whale whale fat had been stolen and complained to the tenant farmer at Kesvogskot opposite whose lands they had dropped anchor. While the farmer asked for forgiveness, he did not reveal who had taken the whale fat, but he did compensate them with a sheep. Villafranca, however, did not receive any compensation for the stolen whale fat, and for that reason he also went to the farmer, but also offered him a considerable quantity of bread and wine, which the farmer accepted. And Villafranca was then able to take his sheep.

Overall, it is clear from Jón Guðmundsson's narration, that the whalers offered lean meat at very good

Introduction. The massacre of 1615

prices, and were open to receiving payment of any kind, even just as a nominal gesture, including dog puppies, for the meat or other things they had with them to trade. Some of the Strandir inhabitants shied away from trading with the whalers because of the legal prohibitions imposed by the Danish monopoly and enforced by the local authorties, but most of them obtained great advantage from these commercial transactions and indulged in them despite their illegal nature, in part because of pragmatic reasons and in part out of necessity. People preferred to trade with Agirre's and Telleria's ships, something Villafranca complained about, but the author also says that the local population traded with the whalers as if they were a regular merchant's house; they would be going to see them every day, just as the local pastor Jón Grímsson did, who visited all the ships regularly until shortly before the shipwreck, because one could buy all sorts of things such as hammers, axes, and burlap from the whalers.

Thus the whole summer went by like this, with very little to report. The whalers harpooned and caught eleven whales, but also lost another eleven, although it is not clear whether this was the catch for all three ships. In any case, according to the fishermen's guilds' rules, although Villafranca's ship was bigger and provided more man-power and tools, the catch and its products would be shared proportionally, as stated by Guðmundsson: "where Pedro's ship would earn two barrels of oil and Esteban's ship another two, Martin's ship would then earn three instead."

If cider consumption is anything to go by, in his *Historia de Gipuzkoa* published in 1847, Juan Ignacio Iztueta, states that a total of 3.680 casks of cider were consumed by

Basque mariners in 1615, which is a significant measure of the manpower on board the Basque fishing fleet.

The storm

On Tuesday, 19 September,[186] the foremen of the two smaller ships, Pedro Agirre, his cousin Luis and Esteban Telleria went to the bigger ship captained by Villafranca to settle accounts for the product of the hunt that summer, before starting on their return journey. They did not reach an agreement on the first day, and therefore went back the next day, and once the agreement was reached, they decided to return to their ships with the intention of leaving the next day. That same Wednesday, on 20 September,[187] after Agirre's men had taken their leave of him, Villafranca walked over Naustavík pass with one of his men to Árnes farm, where he wanted to settle accounts with Jón Grímsson the pastor, who owed him some money. Villafranca demanded to get some sheep in payment for the debt, but the pastor refused to pay him at first. Villafranca's man then took a rope and placed it around the pastor's neck in a threatening gesture, at which the pastor said he'd pay them with a calf, and that he would bring him the calf to the ship in the morning before they left.

That same night, however, Wednesday, September 20th, 1615, on the eve of St. Matthew's Mass, the waves carried blocks of ice towards the shore, and during the night the storm caused the ice to collide repeatedly against Agirre's and Telleria's ships, pushing them against the rocks of the headland.

Introduction. The massacre of 1615

Reykjarfjörður. On Wednesday, September 20th, 1615, on the eve of St. Matthew's Mass, the waves carried blocks of ice towards the shore, and the whalers lost their ships.

94. Lightning and terrible din
were ominously present both
inside the houses and outside in the open fields;
the waves swept away buildings
and razed many structures to the ground.

95. During the blackest of nights
frightening bolts and powerful noise
made the earth tremble.
People had no peace or quiet
before the day was well advanced and
had regained mastery of the skies.[188]

The storm broke the ropes securing Telleria's ship, which bashed into Agirre's ship in turn, until its hulls was all broken up, sank with its load and was lost. Agirre's ship hit the rocks and was rent in half. The upper part of the ship got stuck on the rocks, the lower part sank and was lost. Then all the txalupas tied to the sides of the ships were also broken and lost. The majority of the crew was able to survive by either dragging themselves onto Agirre's ship stuck on the rocks and then to shore from the rocky outcrops or swimming to shore. Two men from Agirre's ship and one from Telleria's ship perished in the storm: Agirre's cousin Luis, Asencio, 'a good man and excellent hunter', and a young cabin boy. Villafranca's ship was pushed around and broken, and eventually pushed onto the Naustvík shores. "First the rudder was broken, then the hull was pierced through in many places so that the sea water got in."

Everyone broke out in screaming and shouting, but when the disaster had taken place and things calmed down, the men that had lost everything started their lamenting and crying, and took out their prayer books and read for a long time. When the storm finally abated, during what was left of the night, they tried to save as much as they could. Little could be saved of Agirre's and Telleria's ships: only what was preserved in the four stern cabins of Agirre's ship, which included seventeen guns, which were dry and had suffered no damage. "We saw and counted them." Moreover, there were there about eight wet and broken guns, two bundles and little else, just an empty chest, which they gave to Jón Grímsson, the pastor; no bread, no wine, no clothes, or money could they recover from the shipwreck. Villafranca's men saved what they could from their ship: chests and closed barrels, clothes and anything else they were able to take with them in the four remaining boats.

From Villafranca's ship they were able to save some bread and wine, which they shared among everyone. The rest of the wares were secured and left on the ship. Villafranca's chest they took with them and "it needed most of the able-bodied men to be lifted"; they also took some other trunks with them, but most of them they left behind.

97   We found the poor sould
     still close to the huts,
     and it was a sad sight;
     They were wounded and battered,
     with little clothing on their back,
     they lay about in the open,
     and struggled to stay alive.[189]

On September 22nd, a Friday on the Julian calendar, many of the local inhabitants arrived to the area, and so did Jón Guðmundsson himself, with a certain Bjarni Ámunsson. He invited Captain Agirre to stay at his farm with three or four men, such as Andres the pilot. The later wanted to accept the offer immediately, and Agirre thanked Jón Guðmundsson for his generosity, but he also informed him that they had decided to go north in several txalupas, and take a cutter they had been told about, even if they did not know whether the ship was indeed seaworthy enough to take them back to Biscay. Jón Guðmundsson tried to dissuade them from the trip, telling them that the ship was useless, but both Jón Grímsson the pastor, and Jón Þórðarson, the tenant farmer opposite whose lands the ships had been anchored convinced them to try their luck, probably hoping they'd leave the area as soon as possible. They also suggested to the whalers that they should break up into smaller groups and ask for alms and charity in various farms along the way, which the Basque mariners did. When Andres the pilot realised this decision had been taken, he left crying. "Many of the lesser men, barbers and cabin boys, begged to be received at some of the farms to save their lives, but no one offered them any shelter for fear of reprisal from the local authorities."

That very morning, the pastor brought the calf, but Villafranca told him that Agirre was in worse straits and that he should take the calf to him. Villafranca also offered him some barrels of whale oil that were about, but the pastor took only two of them, and Guðmundsson was a witness to the transaction "done before the most important men in the district." Grímsson also took a large pot and some empty barrels. The pastor took the calf's skin back with him, and the next day he also took thirteen fish, and Agirre gave him his large whetstone with a crank, as well as a chest. Agirre required of the pastor a document declaring that they had caused no damage, which the pastor was "very willing" to write a letter in Latin specifying that the men on Agirre's and Telleria's ships had done no harm to anyone in that district, and that the ships were wrecked because of the storm.

Everyone was saddened by the terrible situation these men found themselves in, including the pastor and his men, because they had "received and accepted of them so many things, and never done to them any harm, nor injustice."

Introduction. The massacre of 1615

A route towards the North

On the morning of Saturday, September 23rd, all these men left in their small rowboats. Many local people were there, including the pastor, but Guðmundsson had left to go south, and he would never see them again.

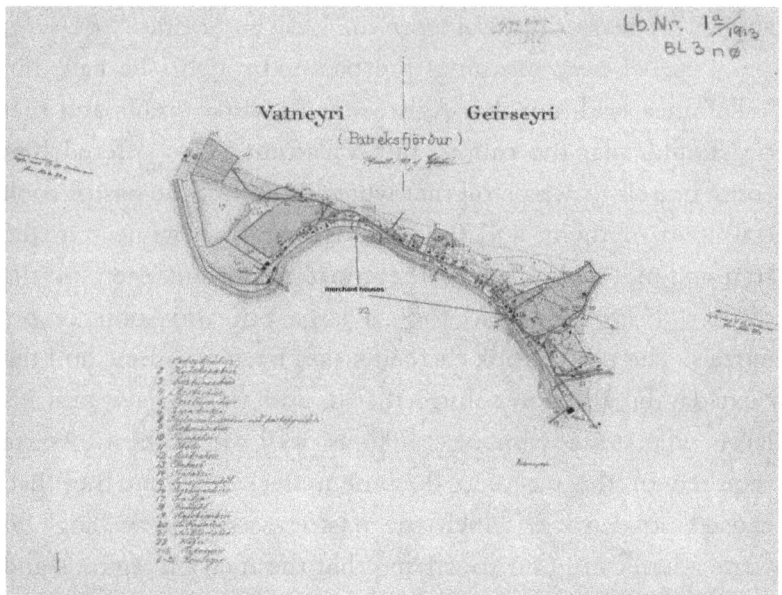

Location of the merchants' houses (#5 and #16 in the red numbered list at left of map) in the town of Vatneyri/Geirseyri in Patreksfjörður on a 1913 map, when it was probably still very similar to what the town looked like when the Basque whalers were there in 1615. Map: Landmælingar Íslands.

The 83 mariners left in eight txalupas coasting the Strandir shores and rounding the Hornstrandir cape to the north-west of the Westfjords peninsula. They did this "in such stormy seas that it was amazing that they did not perish along the way." Thus on September 26, a Tuesday, they reached Dynjandi farm in the Jökulfirðir, where the two-mast cutter was located (Dynjandi is in Leirufjörður that is one of the fiords of Jökulfirðir.) However, when they got to Dynjandi, the farmer apparently took to the mountains as he refused to come to any agreement with the Basque whalers. They therefore spent there two nights, waiting for him to come back. Then they killed one of his cows, and bound the remaining ones inside a cowshed when they left. And just as Jón lærði had predicted, the ship turned out to be useless for their journey back home.

At this point, following Grímsson's suggestions, Agirre and Telleria's men separated from Villafranca's men, taking Gunnsteinn's cutter and sailing towards the Önundarfjörður, where they spent one night. Some time later, they reached Patreksfjörður. There they occupied the Danish merchants' houses at Vatneyri and Geirseyri (see Fig. 3 below), as well as receiving help from Björn Magnússon, Ari's brother, and Ragnheiður, his mother, "who throughout the winter, God bless them, took pity on these poor foreigners that were stuck so far away from home."[190]

Villafranca's men, in four boats, set sail for Ísafjörður and from there to the island of Æðey, property of Ari Magnússon. From Æðey, Villafranca left with two of his boats for Sandeyri, where they processed a whale they had caught. Another two of his boats sailed to Bolungarvík on the evening of Michaelmas, September 29, and spent the night there. The next morning they followed the coast towards Staður in Súgandafjörður "and there they stole many of the pastor's possessions." From there they sailed on to Þingeyri in Dýrafjörður, where they also pillaged and stole things, coming to settle at the mouth of the fjord in a fishing shed.

Introduction. The massacre of 1615

The massacre

As narrated by Jón Guðmundsson in *Fjölmóður*, if Ari Magnússon had managed to get the Lapurdi whalers on his side in 1614 and attacked the Gipuzkoan ship, he could have claimed whatever was in the ship in the name of the king of Denmark. Although there was no common maritime law in the Middle Ages, simply because there would be no higher authority to implement it, it was generally accepted that whatever flotsam reached land, it would be the property of the local land-owner. A ship, however, was not considered a wreck unless all the living things on board had perished (English law mentions even cats and dogs). Therefore, it was not unusual that the local population might try to kill the survivors of a shipwreck in order to get whatever they could recover from the ship. After 1,100, whatever could be recovered after a shipwreck became the property of the king, rather than of the local landowner.[191]

If Agirre's, Telleria's and Villafranca's ships had not perished in the storm, nothing would have happened. The mariners would have left the Icelandic shores for their homeland, and no one would have known about the illegal permits that Ari Magnússon had sold them for three years in a row. But after the shipwrecks, 83 sturdy and desperate men started their pilgrimage throughout one of the most sparsely populated areas of Iceland, carrying with them the letters written by Rev. Grímsson and the illegal permits issued by Ari the magistrate. Ari had to take action against the whalers or it is likely that his illegal activity dictated by greed would have reached the Viceroy at Bessastaðir in the South or even the Danish king. Fear of reprisal from Denmark, as well as greed, were probably motivation enough for the massacre.

The lack of humane behaviour and greed are a *leitmotiv* underlying the behaviour of various prominent authority figures in Jón Guðmundsson's narrative, such as the Ari the magistrate, some pastors, other landowners and farmers.

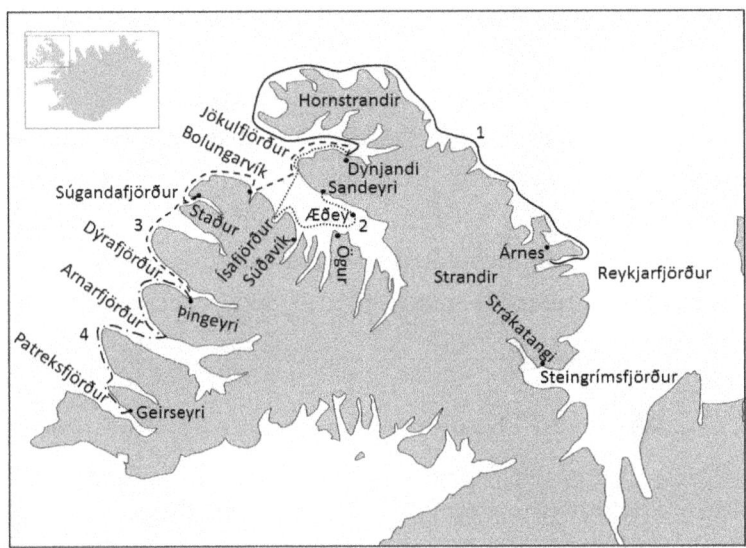

The four routes of the massacre. 1) After the storm, all the men sailed together from Reykjarfjörður to Dynjandi; 2) Route of Martin Villafranca's men to Æðey and Sandeyri where they were massacred; 3) Route of the second boat of Martin Villafranca's men from Dynjandi to Þingeyri where they became the first victims of the massacre; 4) Route of the boats of Pedro Agirre and Esteban Telleria from Dynjandi to Geirseyri where they spent the winter.

Ari's fear of reprisal for the illegal sale of the whale hunting permit was well-founded, despite his having been sheriff and county magistrate for Ísafjörður for 17 years, and a few less for the Strandir district. Tapio Koivukari mentions that in 1614, Gísli Þórðarson, the county magistrate for the Snæfellsnes peninsula, had issued a permit to hunt falcons to an English merchant, who also carried out illegal commercial

Introduction. The massacre of 1615

transactions in that area. The Danish merchants arrested him and requisitioned his possessions. The Englishman protested with his king, who communicated the grievance to his cousin Christian IV, king of Denmark. The king wrote to the Viceroy in Iceland, and Gísli the magistrate was condemned by the Icelandic parliament, lost his post, and fined a hefty sum of money. That decision was prompted by the fact that Gísli had no authority to sell any licence to hunt falcons.[192] It is very likely that Ari Magnússon felt that his position was equally shaky towards the Danidh authorities and by initiating the punitive expeditions against the Basque whalers, he could show his zeal on behalf of the Danish Crown as well as silence the mariners themselves, and take whatever they had left after the shipwrecks 'in the name of the King of Denmark'.

When the Dýrafjörður inhabitants saw the fourteen men of Villafranca's crew going towards Þingeyri, they gathered about thirty armed men to attack them when they returned towards the mouth of the fjord. As it happened, they settled at Skaganaust, a fishing and boat shed at the mouth of the fjord. It was October 5th, 1615.

> 121 Two men from Dýrafjörður
> gathered forces and
> attacked the whalers at Skaganaust.
> At this time in Iceland it was legal
> to carry out murders unpunished
> something that was later changed.[193]

Bjarni Jónsson told Rev. Grímsson what happened that night, and this one later told Guðmundsson. The mariners coming back out of the Dýrafjörður fjord spent the night at a fishermen's hut at the head of the fjord, at Fjallaskagi. Five of them sat vigil for the boats while the others slept. During the night the punitive expedition killed the sentinels, surrounded the house, breached a hole through the roof and attacked the men inside the house. Everyone perished, "including the mighty blue-clad goons and the great Spansarius," of whom we have no further notice, even if they are referred to as known entities. Only the young Garcia (Garcius) was supposedly able to get away alive, by taking a boat and getting away from the attackers.[194] The corpses of the thirteen victims were stripped naked, cut to bits, passed through with sharp objects, and tied together so as to be sunk together at the bottom of the sea. The punitive expedition shared the scarce 'spoils of war'.

In the meantime, the other two txalupas from Villafranca's ship had reached Æðey, an island property of Ari Magnússon,[195] whose main farm, Ögur, faces Æðey from across the fjord (see Fig. 4 below).

Pedro 'the prudent', the pilot, was among this group. They unloaded their boats in Æðey and settled down there. Not knowing what had happened to the other mariners, they set out to fish and hunt whales. On October 8, a Sunday by Julian reckoning (Thursday in the Gregorian calendar), Magnússon summoned a tribunal of twelve jury members in Súðavík.[196] "He gathered together people from Sandeyri, his region, to murder and kill" and forced people to face the mariners willingly or pay a fine. When they were summoned, some people went willingly, because they had been promised 'spoils of war', but others were not so eager to join in.

The first that should have gathered were supposed to be the jurymembers that had issued the sentence against the

Introduction. The massacre of 1615

Basque whalers, then everyone else that had been summoned. Even the Langidalur men, from the valley and shores joining the bottom of Reykjarfjörður and Steingrímsfjörður in the East to Ísafjörður in the West were preparing to join in the fray, when Rev. Jón Grímsson and another four men reached them from the north, then they all crossed the Ísafjarðardjúp bay together towards Ögur. More than fifty armed men gathered at Ari Magnússon's farm on October 10, the last Tuesday of summer[197].

As Jón lærði points out in his preface, he omits some of the most cruel deeds and mentions very few names of the people that participated in the massacre: Ari Magnússon and his son Magnús Arason, Björn Sveinsson, a young farmhand from Ari's household, Bjarni Jónsson and the pastors Jón Grímsson and Jón Þorleifsson from Snæfjöll. In *Fjölmóður* he also mentions a certain Grímur.

Despite preparation, stormy weather delayed their expedition till Friday night, October 13, 1615, the first day of winter. Then they sent a reconnoitering boat to Æðey and discovered that Villafranca's men had harpooned a whale and were processing it on the Sandeyri shores. Most of them were there, except for a few that kept watch over their possessions on Æðey island, while the others took care of the whale. The fifty armed men hurried to set out for Æðey, "except the jurymen from Súðavík, none of whom was there, although they should have been the first to answer that call." They arrived at Æðey at night, before the local people had gone to bed. Pedro, the pilot, had read a little and was asleep, with his head resting on the book. He was laying on the steps to the main room, his companion, a big fellow named Lazarus, was sleeping stretched out on the floor, on his cape and hood.

127   [...]
      A cudgel smashed Lazarus's head
      and then Pedro's brow.

128   A cut made by a sharp and thick pollaxe
      crossed his face under the eyes;
      Then quickly again close to his heart,
      he was passed through with the spike.
      He fell asleep into death's embrace
      that night.

129   The youngster's head was cleft asunder
      and his legs cut off at the knees;
      Those three companions
      defended themselves bravely,
      but died all the same that night.[198]

"The one that told the story saw all of this from the door of the house." Then there were another three men[199] down by the smithy, "the barber, a young man, was sleeping, as well as the boy that took care of smoking fish and the one who took care of the washing." The punitive expedition men ripped the roof off the house, but the men inside defended themselves more than expected. After their death, all the men were stripped naked, brought to the cliffs, tied together and thrown into the sea. However, in the morning their bodies had resurfaced further west in the Ísafjörður bay, at a place called Fótur, and they were then buried there by the shore. Jón Guðmundsson speaks of 'four mariners' and a cabin boy on Æðey in *A True Account*, but in *Fjölmóður* we are told that there were three men in the house and three in the smithy, so it may well be that the dead on Æðey were at least six.

Introduction. The massacre of 1615

During the same night, the punitive expedition braved the stormy waves of Ísafjörður to reach Sandeyri farm that was the night between October 13 (Friday) and Saturday, October 14. Jón from Snæfjöll, Jón Grímsson, and a third pastor stood around Ari Magnússon with some armed men. Villafranca was in one of the houses on the farm's grounds, around a fire with some of his men. The remaining men were in the main house, also around a fire. Ari Magnússon signalled to his men to stand in front of every door and window, shooting inside towards the occupants with no intention of giving them any respite. Once the battle started, Villafranca looked out and recognized Rev. Grímsson and addressed him:

139   Here in this land I obeyed the law,
        and as my letter says,[200]
        I offered part of the whale hunt as tithe.
        I will do anything for peace,
        and to legally preserve life and limb,
        and property.

140   The pastor answered:
        "What you say is true,
        and I can vouchsafe for it;
        But our duty is to follow the orders
        of our king and leaders."

As they conversed in Latin, Grímsson reminded Villafranca that he had threatened to hang him once. Villafranca admitted it and asked for forgiveness, but also underlined that he had not offended or hurt anyone else. The pastor told him he'd fogive him, since he was asking him to, and he asked Magnússon if he'd spare Villafranca's life, as he was a noble and fair man. The magistrate assented at first, if Villafranca relinquished his weapons, which Villafranca did. Then he came out unarmed and knelt down. Magnússon singled out three men to take him away, but some raised their voices in protest against the decision, and finally a certain Grímur jumped towards Villafranca and wounded him at the clavicle with an axe. At the blow, Villafranca jumped to his feet and ran to the shore "so fast that those that saw it still remember it as something portentous. He reached all the way to the sea, and waddled staggering through the waves." At that moment, the storm started to abate.

Villafranca continued out towards the sea singing religious psalms in Latin, he was probably praying. Then some men in a boat held after him, while throwing stones with screams and noise. In the end, Björn Sveinsson, Ari Magnússon's young farmhand, gave him a blow to the head with a stone. At that, Villafranca tried to grab the rim of the boat, but they men in the boat cut off his hand. Then he was dragged to shore, and stripped naked. There was Rev. Grímsson again, who later told Jón Guðmundsson that Villafranca showed a lot of courage and strength, when he was lying on his back, one of the attackers cut him open with a knife down to his genitals. Villafranca gave a violent start, turned face down and died as his bowels spilled out from his body. At that point some were amused and laughed, and others got close to the corpse to see inside of it, but the great amount of blood would not allow them to see anyting.

In the meantime, the others continued defending themselves at the farm. Villafranca's companion that had put

Introduction. The massacre of 1615

the rope around the pastor's neck was captured and asked for forgiveness, the pastor forgave him but two men were ordered to kill him, and from then on "it was pointless to ask for one's life to be spared." Then the attackers ripped open the roof of the house where Villafranca had been, the struggle went on the whole night and well beyond. Then Magnús Arason, Ari the magistrate's son, killed some of the whalers with his gun, which allowed them then to enter the house and kill the remaining men. The men in the main house did not even try to defend themselves, possibly trying to ask for the attackers' forgiveness: among them was Martin 'the Good-natured', a carpenter. He ended up hiding under a cow for the whole night. When they finally found him, they dragged him out, and he "was on his knees with open arms and babbling about Christ, Christ and pitifully begging for his life;" but then "they split him from the groin up to his shoulders while he was still on his knees. One of them hacked his head open from the front and another one from the back, and he fell forward under that last blow that was dealt to the nape of his neck. That was the very last one of Martin's men to be killed."

Once the men were all dead, the punitive expedition demanded the spoils of war promised by Magnússon, but then Villafranca's chest and other trunks and property were declared to be property of the king (after all that was the law about shipwrecks, now that no survivors were left), and brought back to Ögur, Ari Magnússon's farm. Many were upset at not getting any of the loot, and so were those that maintained they had been grieved by the whalers and had received no compensation for their damages, such as Gunnsteinn the farmer at Dynjandi, who had lost a cow and his cutter. However, no one got compensation, except for the bloody tattered clothes of the whalers. Therefore many were regretted the trip and their behaviour, and went home disappointed. When they were done in Sandeyri, some met the Súðavík men that had not arrived on time for the fight, with them they went to Æðey and took possession of the main loot "and much that people know about." Then "People danced and drank gleefully of [the Basque whalers'] wine, and spent Sunday there, and went home again on Monday."

At least thirteen men were killed in Ísafjarðardjúp between October 13 and 14, although we cannot be completely sure of the total. The victims' bodies were horribly mutilated and defiled, tied together and sunk at sea. Despite the attackers' attemps at consigning the proof of their atrocities to the sea, the waves, like recurring nightmares, brought the bodies back to the surface, and had them bob up and down the shores of the attackers' farms. Even so, the Basque men were not given a proper burial. Villafranca's body resurfaced close to Ögur, and is said to have been buried under a cairn at Ögurhólmar (see Fig. 5). It should be mentioned that a similar treatment is described by another travelling Westfjords man, Jón Ólafsson the India Traveller, who describes how the Danish privateers sent by the Christian IV to capture the pirate Jan Mandaus (a.k.a. Juan de Mendoza, or Jan Mendoses, ca. 1575-1615) made short shrift of his crew members, and brought the leading pirates to Copenhagen to be hanged:

> The Danes then took all the others and killed them, with the method they saw best fit, which was that they all ended up with their throats slit [...] and thrown into the sea two by two together, tied to an

Introduction. The massacre of 1615

iron powder keg, so that they would sink to the bottom of the sea faster.²⁰¹

That we are dealing with a time whose beliefs and behaviours should be taken as radically different from ours is also shown by the fact that Ari's men interpreted the sudden abating of the storm as the fact that they had vanquished 'that great sorcerer', Martin de Villafranca. One cannot help but read some bitter irony from the end of both manuscripts containing *A True Account*; in one, Jón lærði says that "After that punitive expedition and great victory, every man got his fill of wine and they returned after a profitable journey, as it was convenient for everyone," and in the other manuscript, the narrative ends with: "This story and its consequences are as fair as they have been told."

On January 26, 1616, Ari Magnússon declared through another verdict (Mýrardómur) that the other Basque whalers holed up in Patreksfjörður should also be killed, and organized another punitive expedition to execute Agirre's and Telleria's men. Depsite various attempts, the great amount of snow impeded their reaching Patreksfjörður at any point during that winter, and in the spring, the forty or fifty survivors were able to lay hold of a ship and leave Iceland.²⁰² We do not have any information about their ever reaching Donostia.

We only have names and surnames of three of them men that died in the massacre, Martin Villafranca, Pedro Agirre and Esteban Telleria. We know that Villafranca was 27 when he was murdered, and that he was born in Donostia in 1588.²⁰³ As for the other victims, we do not have much information at all. As pointed out by Selma Huxley in 1987, the parish records in Deba for 1615 mention that on October

1st "we got news that Andres de Goiçuela, Martin de Amezqueta, Francisco de Gainça, and another three mariners from Mutriko drowned when a boat owned by Andres de Goiçuela went down in Friesland."[204] In the Mutriku parish records, in the register of deaths for September 20, 1615, we find the names San Joan de Andonegui, Andres del Puerto, and Andres de Ysasy y Armencha, who drowned "in a sailboat going to Norway."[205] It is likely that the three mariners mentioned in the Deba records are the same as those mentioned in the Mutriku death records. These could be the three men that died in the shipwreck, although the names do not correspond to those in Jón lærði's narrative, and while Friesland could indicate Iceland, it does not correspond to Norway in the Mutriku records. Moreover, as we know that ships also went to northern Norway to hunt whales, it seems more plausible to conclude that these men died in an unrelated accident off the coasts of Norway.

As Guðmundsson states, the way in which the Basque mariners were persecuted and murdered in Iceland, and their bodies defiled, is not justifiable in view of what the whalers did during their stay in the country, i.e. small thefts, or stealing the odd cow or sheep when they were denied commercial transactions, or when they were desperate after the shipwreck. Nor does Páll Eggert Ólason's argument about the fact that "physical strength and courage were maintained longer in the Westfjords than in any other part of the country" make any sense. Even Helgi Þorláksson's justification that "the harsh climate of that year caused the locals' desperation at the idea that they would have more than eighty strong men pillaging and stealing to stay alive during the coming winter, in a region that had already been impoverished by the two previous equally harsh winters"[206] cannot explain the particularly cruel behaviour towards the mariners only in part.

While there were no other such events in Iceland during that century, we know that similar events took place in England and Ireland, especially when the local population was fuelled by the greed of potential gain from a shipwreck. Many coastal regions of England were notorious for the practice of *wrecking*, the deliberate plundering of a wrecked ship, or even driving ships onto the rocks by false lights or by manipulating thelights of local lighthouses.[207] Some of the events narrated by Guðmundsson leave the reader with the impression that killing the whalers was a way to make sure that their property could be retained by the local authorities as part of the salvaged goods from a shipwreck that left no survivors.

We have all the reasons to believe that the Icelandic population was otherwise peaceful, and that the 1615 massacre was an isolated incident dictated by the aggressive and shameful behaviour of few among the Icelanders, instigated by Ari from Ögur, the county magistrate. Ari, as mentioned above, because of his illicit activities seeling permits to the whalers, had most to lose if there were any survivors from the shipwreck, and most to gain if there were none. The barbarous behaviour towards the bodies and the denial of a Christian burial were in tune with the systematic dehumanization of the whalers done by Ari from Ögur and those that wrote his propaganda for him, such as the *Spanish stanzas* (see below). By the 20th century, the view of this event in Icelandic history reveals that it had become a matter of national shame, and was likely to be subject to self-censorship; the same self-censorship we find when the writer of the Ballará annals states that because of "how they were murdered (which was done in a despicable way), I do not want posterity to connect my name to the narration of such heinous events."[208]

Nothing has been found so far in either the municipal or parish registers in Donostia or Gipuzkoa about the mariners that died in Iceland in 1615. In 1618 there was a dispute about Martin Villafranca's inheritance in the legal courts, but no reference is made to how he died.[209] The fact that no written records of the Basque whalers' death have surfaced as yet does not mean that there are none or that there never were any, and much less that their death was of no interest to the people close to them. We can only state that in the archives where researchers have looked so far, nothing has been found on this matter. However, no exhaustive and systematic search in all Basque, Spanish, British, Danish or Icelandic archives has ever been undertaken. Moreover, the greatest part of the Donostia municipal archives were burnt to the ground by the Napoleonic forces in 1812, along with the municipality building in which they were housed.

The Viking Rhymes, the Spanish Verses, and Propaganda

Whether they were written by commission or by order of Ari Magnússon the sheriff, magistrate, and local authority in the Westfjords, or simply in order to rehabilitate the public image left after the massacre, two poems were written in 1615, in which a clearly distorted image of the events is presented. The Basque whalers are construed as pirates and fugitive outlaws, and their murderers as legendary heroes. The first of these poems is the anonymous narrative poem *Víkinga rímur*[210] 'Viking stanzas', written close to

Introduction. The massacre of 1615

Patreksfjörður, where the mariners that survived the massacre spent the winter. As Magnús Rafnsson states, the author of the poem links the events that took place in Strandir to the continuous aggressive behaviour of the Basque whalers. The mariners in Patreksfjörður were hungry and unscrupolous, and as a consequence pillaged and stole loot and food from various farms in Patreksfjörður and in the nearby fjords. Pictured as criminals, they threatened the local inhabitants and carried out serious crimes. Ari Magnússon, on the other hand, is pictured as the noble, heroic leader of Westfjords.[211] The anonymous author also mentions a noble and pious woman who gave the pirates shelter and food, and is none other than Ari Magnússon's mother, who - according to the poem's author - acted in that way out of fear of retaliation by the pirates. This version of the events stands in stark contrast to that narrated by Jón Guðmundsson in his autobiographical poem, who maintains that both the woman and her son Björn acted out of charity towards the mariners. The pious woman was in real life Ragnheiður, Ari Magnússon's mother, and Björn was Ari's brother, and the magistrate and sheriff of another county, Barðastrandarsýsla[212].

The *Spænsku vísur*, or 'Spanish Stanzas', composed by Rev. Ólafur Jónsson (ca. 1560-1627), pastor at Sandar, is a second example of anti-whaler propaganda.[213] Ólafur from Sandar is considered one of the most popular poets of the 17th century in Iceland and his *Kvæðabók* ('Book of Poems') is considered to contain some very good poetry, and has been preserved in a great number of manuscripts.[214] He was a minister at his parish of Sandar, in the Dýrafjörður, from 1596 to 1627, the year of his death. He therefore must have known the 1615 events quite well. This notwithsdtanding, the pastor's poem offers a completely different picture from that painted by Jón lærði both in *A True Account* and in *Fjölmóður*. Unlike Jón Guðmundsson's text, which aims for objectivity and asks to be considered only one of the possible accounts (*A True Account*...) of the events, Ólafur á Söndum's text never even tries to be impartial, but rather strengthened by its author's theocratic authority, it demands to be believed as the only true version of the 1615 events that led to the death of the Basque whalers. On the other hand, the information on which the poem is based, was the request for pardon or *supplicatio* sent to the Icelandic parliament and its Supreme Court after the massacre, so as to justify the murders and, consequently, to exhonerate the perpetrators from guilt and legal responsibility.

The tone and vocabulary used to describe the Basque whalers is certainly dehumanizing. As indicated by Torfi Tulinius, the author sets up a clear distinction between the population of the Westfjords as 'pious' and 'wise', and the Basque mariners described as 'prowling vermin', 'thieves', 'evil nation', and 'criminals'.[215] Rev. Ólafur was raised in Eggert Hannesson's household, who was the highest representative of the Danish king in Iceland till 1583; he was also pious Ragnheiður's father, and therefore Ari Magnússon's grandfather. The poem's terminology, the fact that it is based on the *supplicatio*, and the probable friendship between Rev. Jónsson and Ari from Ögur all reveal the poem as propaganda on behalf of Ari and his men. The murders are justified in the poem by using the biblical metaphor that embodies the whalers as God's scourge sent to the Westfjords to test the virtue of the local population, which converts the massacre into an act of divine justice against the forces of evil, represented by the Basque papists. The raison d'être of the poem is basically to spread the fundamental idea on which the *supplicatio* is based, i.e. the legal and moral (or religious) justification and absolution for the murderers by destroying "the life and property of the afore mentioned nation with all possible strength and by all possible means,"[216] quoting the royal decree ratified by the Icelandic parliament in the summer of 1615.

On the other hand, Rev. Jónsson also takes care of the possible dissenting voices among the local population that sided with the Basque mariners instead of defending their own kith and kin; there can only be "one or two" we are told, and we know for a fact that there was at least one, Jón Guðmundsson the Learned:

> 59   And should there be one or two
>   persons who were found to
>   love the Spanish vermin,
>   but cared not for their own fatherland,
>   it would not please the virtuous.
>   Such a bird would be tiresome to most,
>   that defiled his own nest
>   but revered another's.[217]

Davíðsson and Tulinius were the first to interpret the stanza as aimed at Jón lærði because of his friendship with some of the Basque mariners, and as a way to discredit his report *A True Account*. Thus, it is perhaps hardly surprising that Jón Guðmundsson decided to leave the Westfjords, fearing for his life. Against him he had the political power of Ari the local governor, the popularity of the pastor from Sandar and his convincing poetico-theological propaganda, Christian IV's letter and the corresponding decree by the Icelandic parliament that made the Basque whalers *réttdræpir*, i.e. outlaws 'that could be killed with impunity', not to mention that Ari would make sure that Jón lærði would also soon have to face accusations of sorcery.[218]

The aftermath of the massacre

Ari Magnússon obtained the legal justification for his actions and those of his punitive expedition from the Icelandic parliament and the Supreme Court at Þingvellir in 1616. Within this historico-political context, it is likely that he himself might have requested the composition of the propaganda poems from his local versifying friends. In these poems, then, the Basque mariners would be described as criminals, bloodthirsty prowlers, aggressive troblemakers and even rapists. The local population in the Westfjords, and possibly Ari Magnússon himself, feared future retaliations from the Basques, and consequently requested two Danish warships to patrol the Icelandic shores. While the ships did arrive in 1616, no retaliation ever took place.

After a ten year long absence, the whalers returned to the Westfjords in 1626, when the Icelandic annals record the presence of a "French" ship, probably from Lapurdi. Rafnsson and Edvardsson point out that records about the presence of Basque and Dutch whalers in the second part of the XVII century are common: for instance in 1656, 1662, 1663, 1673, 1677, 1678, 1683, 1685, 1689, 1690, 1691, 1695, 1698, 1699 and 1701. Two more vessels are mentioned in the annals that possibly point to Basque mariners: one that was wrecked in 1673 because of drift ice, and another one that was burnt by the "French" in Ísafjarðardjúp in 1690. It is fair to say then that whale hunting off the Icelandic shores occurred throughout the XVII century. The ten-year-long

Introduction. The massacre of 1615

hiatus in the sources could either be a real break caused by the aftermath of the 1615 massacre, whereby Basque vessels would be wary of trying their luck in a remote place with a hostile local population that had killed more than thirty of their fellow mariners. Or it was a break due to other causes (better whaling grounds elsewhere? No outfitters sending their ships to Iceland during those years? Ari Magnússon refused to sell more permits?); Tower mentions that after 1619 the Spitsbergen grounds were shared more equitably among the English, Dutch, Danes and Basques[219], and this could have brought the Basques back to Svalbard and away from Iceland. Or maybe it was only a break in the records, because any whaling ship that came in contact with the local Icelandic population would have been kept even more secret after the punitive expeditions organized in 1615 and 1616. If whaling ships indeed did not go to Iceland during those years, we can surmise that either the men of Agirre's and Telleria's ships made it home and told the story of their narrow escape. They can hardly have told the story of the massacre, however, because they would not have known about the terrible fate incurred by Villafranca's men. Or perhaps through diplomatic channels, the Danish Crown made it clear that no foreign whaling ship should ply its trade off the Icelandic shores because the monopoly was now strictly enforced. Be that as it may, the mystery remains of what happened to the shipwreck survivors, and of why we have no official record of the 1615 events.

The last recorded whaling ship sailed to Iceland in 1712, no other Basque ship is found in the historical sources after that year: on the one hand, the loss of whale hunting and fishing rights may have been a direct cause of the Treaty of Utrecht between 1712 and 1715. Some sources mention that the beginning of the 18th century drew whaling ships away from the North Sea and towards the Davis Straits. Moreover, starting from 1728, the commercial interests of Gipuzkoan mariners turned towards the Royal Company of Gipuzkoa in Caracas, which functioned within the Captaincy General of Venezuela between 1730 and 1785. There may also be a much more practical reason for the lack of mention of whaling ships off the Icelandic shores, and that is that, from the 18th century onwards, the tryworks to render the blubber into train oil were built directly onto the ships, and therefore there was no need to set up shop on any local shore.

It should be further underlined that if there was a massacre in 1615, Icelandic society was in fact peaceful, and that for the best part of one hundred years, Basques and Icelanders collaborated and lived side by side, generating a considerable network of relations. Commercial relations occurred first and foremost, but social and cultural exchanges took place as well, throughout the non-violent Basque-Icelandic co-existence in the Westfjords between 1630 and 1712. The four Basque-Icelandic glossaries that have been discovered so far show that the relations between the two nations were multifaceted. The glossaries were written by Icelanders in the XVII century, in origin probably to facilitate communication between the Basque mariners and the local population. The Dutch linguist Nicolaas Deen published and analysed the first three in 1937 as his Ph.D. dissertation, and Prof. Shaun Hughes from Purdue University found a fourth one in Harvard's Houghton Library in 2010.

Introduction. The massacre of 1615

Archeologic site in Strákatangin, at Steingrímsfjörður excavated by Magnús Rafnsson and Ragnar Edvardsson. This was one of the fishing stations of the Basque whalers in Iceland in the 17th century. Photo by the author.

While there are some words related to whales and whale hunting, the glossaries that we have today were not primarily meant to improve commercial relations, but reveal attempts at achieving a deeper cultural knowledge between Basques and Icelanders. Thus, they provide a corpus of approximately 900 words proceding from different dialectal areas (Bizkaia, Gipuzkoa and Lapurdi), including curious items such as the names for animals that would never be relevant in an Icelandic context (bear, lion), religious terms (God, Devil, Hell), or children's games (*kikomiciuca* 'blind man's bluff'). We also find whole sentences, some of them nonsensical, such as *Ungetorre sappelle gorre* 'Welcome Red-Cap'; other items are rude expressions that would not find any room in a modern language primer: *Gianzu caca* 'eat shit' or *Sickutta samaria* 'Go shag a horse!', or *Mala gissona* a Romance-Basque hybrid meaning 'bad man.'[220]
1663.

Jón Guðmundsson

Detail of the map by Pieter Van der Aa of 1706. Bakailaoketari estazioa irudikatzen du marrazkiak. The illustration represents a fishing station similar to the one studied at Strákatangi by Magnús Rafnsson and Ragnar Edvardsson. Moreover, as pointed out by the later, the mountains of the back of the drawing show some similarities to the ones at Strákatangi. By courtesy of The National and University Library of Iceland. Islandskort.is.

Overall, the balance of one hundred years of Basque-Icelandic interactions is clearly positive. For instance, in a letter dated 1656 between the bishop at Skálholt, Brynjólfur Sveinsson, and the local pastor for the Strandir area where the three ships were wrecked in 1615 mentions that the local population was busy working for the Basque whalers; this reveals that the whaling industry provided not only meat and useful tools for the Icelanders (metal or wooden tools, or burlap cloth), but also a source of revenue in the form of services rendered by the population of the area where the tryworks were located. Magnús Rafnsson and Helgi Guðmundsson also located a document that is indicative of a

Introduction. The massacre of 1615

different type of relation. The annals written by sheriff Magnús Magnússon report a shipwreck in Bolungarvík in

The mariners were not able to find a passage home, had to be distributed among the farms of the region, and lived together with their Icelandic host families for that winter.

A document written in Þingeyri (Dýrafjörður) the following summer states that a certain San Joan de Ansoa had had a very close relationship with a local girl named Þórunn. When the mariner was about to leave the country, she accused him before a justice of peace of having seduced her, to which he declared before witnesses that he was a Catholic and a married man, and had no interest in having a relationship with the local woman.[221] Clearly San Joan was no saint, and... neither was Kastero, the popular character in Etxahun's poem.

These interactions and the exchange of opinions and news from continental Europe were bound to be exactly the type of conversation that would have interested a man such as Jón Guðmundsson. But when the first of the glossaries that have come down to us was written, i.e. in the second half of the 17th century, he was long gone from the Westfjords and most likely dead, as he died in 1658.

In the text of *A True Account*, Jón lærði refers to Spaniards and Frenchmen, but clearly the whalers were from the Basque provinces of Biscay (and they are often also referred to in the sources as *Buschaiers*, i.e. Biscayans), Gipuzkoa, and Lapurdi. These were independent political entities: Gipuzkoa was in 1615 a state with executive, legislative, and judicial powers laid out according to its 1583 legal code, which would have governed the political and commercial activity of its mariners, as well as public life in the province until the reform of the *fueros* in 1692. Although it is perhaps understandable that these provinces were associated in the mind of foreigners with the closest powerful Crowns (i.e. Spain on one side, and France on the other), Biscay, Gipuzkoa and Lapurdi were in 1615 not part of the kingdoms of Spain or France. From a cultural point of view, those mariners were clearly Basque, as abundantly attested by the four Basque-Icelandic glossaries. Consequently, although historically the massacre is known in Icelandic as *Spánverjavígin*, or 'the slaying of the Spaniards', since those mariners were mainly from Gipuzkoa, it would be legally, politically and culturally more accurate to make reference to the 1615 massacre in terms of *Baskavígin*.

Guðmundsson did not coin the term "Spánverjavígin". In fact, the term was not used until the late nineteenth century, and not even as a compound word, but as a phrase: "Víg spánverjanna". The first to use this phrase was Ólafur Davidsson in 1895 in an article entitled "Víg Spánverja á Vestfjörðum 1615 og Spönsku vísur eptir síra Ólaf á Söndum" published in the journal *Tímarit Hins íslenzka bókmentafélags* (vol. 16, pp 88-163). Before other terms such as "dráp" and "aftaka" were used to make reference to the massacre.

When in 1950 Jónas Kristjánsson held the first academic edition of *Sönn frásaga*, he entitled the article "Spánverjavígin 1615," published in Copenhagen by Hið íslenzka fræða, and the expression became popular in Iceland. However, Jónas Kristjánsson participated in the congress organized by Ólafur J. Engilbertsson in Snæfjallaströnd in 2006. In that occasion the author decided to title his article "Baskavígin" and it was published this way in the proceedings of the congress. Therefore, we have adopted as the title of

Introduction. The massacre of 1615

this book the name given by Jónas Kristjánsson in 2006 to the massacre, the same author who coined or at least popularized the compound word "Spánverjavígin" in 1950 and decided to replace it with that of Baskavígin in 2006.

Shargasco Jón lærði

A true account
Jón Guðmundsson

[This is]²²² A true account of the shipwreck of the Spaniards and their ensuing struggle in the year 1615, those whose ships were wrecked in a fjord close to Trékyllisvík because of ice and bad weather in the night before St. Matthew's Mass, on September 21; thereafter they were slain by the armed men of landowner Ari Magnússon from Ísafjörður, while five of them were on the island of Æðey, 13 in Sandeyri, and some time earlier, some men from two other boats belonging to the same ship were killed in the fjord of Dýrafjörður, except for one that is supposed to have escaped alive. Our pastor and my very close neighbours, five men in all from our side, happened to be in Ísafjörður, with no inkling of what was to come, having come from our region; they were forced to participate in the very same battle with others, and thus could bring home such news and tell us how things had developed as will be explained below.

It has to be considered that all of those who participated were submissive men, and that three of them were tenants on Ari's lands who also held a great deal of resentment against the Spaniards, especially those from the biggest ship. Therefore, all matters concerning the Spaniards were told without embellishments, just as those concerning the Icelanders were improved to show them in a better light, and God knows it is the truth, but their version is still worth telling for many reasons. I will nevertheless represent these events and occurrences as they reported them, staying close to the truth, but hiding the ugliest deeds and not disclosing all details that did happen. May those who wish to listen to my story do so, and those that do not care for it may freely leave it be.

End of the preface.

It happened sometime during the year of the Lord 1615 that sixteen seaworthy ships with Frenchmen and Spaniards came past Hornstrandir, with three of them putting in at harbour around midsummer, as the pack ice had kept them from sailing before that time. Each ship was only equipped to hunt whales, as they were accustomed to doing, and just as before, since they had come here two years in a row to obtain as much catch as needed to render the same amount of whale oil. First came two ships together. The skippers for those two craft were: Pedro de Aguirre and Esteban de Telleria. After some days, the biggest ship put in. The captain on that ship was called Martín de Villafranca or Marteinn from Frenchtown. All of them put in first in that fjord at the same harbour of Reykjarfjörður, which was previously called Skrímslafjörður, and is next to Trékyllisvík in the Strandir district and stretches out towards the southeast from here. The most important among them was Martín, who had most of the tools and men for the hunt; however, they would share the profit of the blubber, in such proportions that if Pedro's ship had 2 barrels of blubber just as Esteban another 2, then Martín would have 3. Martín had a French pilot, whose name was Pierre the Pilot, a well-respected man under many aspects and a good and helpful friend of the English. He lived on an island in France south of Holland and not far from it. He had many children, had married into powerful families and was very well-liked.

Juan de Argarate was the name of a well-known man in St. Sebastian, a region of the Spanish kingdom, a good and pious man who enjoyed good fame. His brother Martín de Argarate was an acquaintance of mine from the previous summer, when his ship was anchored here, and had sailed away without any stealing and quarreling. He had stopped it from happening thanks to my prayers and my capacity to convince them, something that people here knew, although they might not admit it. That captain, Juan Argarate prepared one more ship to come to Iceland, and his brother Martín was ready to go on a different journey. Juan then got Pierre the French pilot to accompany him on the trip, because many had come forward to get him to go with them on such trips as a pilot, since he was always thought the best in predicting how things would turn out and in finding practical solutions. It was also because of his wonderfully sharp mind, as I was able to ascertain myself on a number of occasions. That same Juan was ready to set sail from St. Sebastian's harbour at the end of April, in the year 1615, when it so happened that he could not go for some peculiar reason. He then got Martín de Villafranca to captain the ship instead. At that, Pierre the French pilot did not want to go, but Juan was able to persuade him. This summer when I met him, he said he was concerned about damage to the ship, and he moved his ship further into the fjord to a good harbour, except that for one way that ice could drift into it. This was what later happened, since it was God's will to have it happen that way, as will be explained later. Those three ships were anchored close to us as has been said before. Captain Martín went himself on the *txalupas* to hunt the whales, which no other captain was wont to do. Pierre the Pilot took care of everything back at the ship as if he himself were the captain, including the bookkeeping. Luis was the name of a Spaniard on board Pedro's ship, he was the cousin of Pedro Aguirre, a very rich man, well-versed in Latin. Luis himself, or the two cousins together were in charge of all transactions involving whales, fins and tails, lean and fatty meat and whatever else was traded. Asencio was the name of the best harpooner who was working with the cousins Pedro and Luis. He shot three fatty whales for the benefit of young people [i.e. young Icelanders], and they sold them at a very low price, often not wanting more than 20 cubits[223] for whale products, which were worth 240 fish. The poor people here could thus live off their magnanimity and survive that very difficult winter. In this district, in no way did we know these people for thieves and scoundrels during that summer, especially those belonging to those two ships. The other two *txalupas* that Martín did not have immediately under his command were more aggressive and fearsome, and at some farmsteads they took sheep by force that they did not get to buy, just as many others do, or people have to offer them a compromise using milk, butter, or mittens.

It so happened that they hunted for themselves 11 big whales, and they harpooned but lost another 11. Lean whale meat was available for anyone that wanted it, and they really disliked it if people did not show up for the cutting of the meat before it was spoiled. But the people in the district were few and moreover they had no money after that great winter famine. Still the Spaniards would rather have had something than nothing at all, had it been just a little pat of butter or mittens, sock garters, a dog or a puppy; for whatever the people offered, in return they got lean whale meat to weigh down their horse completely or fill up their boat, whichever they had come with. Some people dared not go to them because of the letters and orders not to do so from the authorities represented by Ari Magnússon the landowner, letters which can still be seen. Some though paid no heed, and whoever had a sheep or some other thing to sell, whatever it was, would find great gain from the bartering, which is true and can be proved by those who bought Rorqual calves. I never got on board their ships that summer, except for the smallest one of them, which was the one captained by Pedro Aguirre, who could be praised by everyone. He also had a French pilot, whose name was Andres, another fine fellow. The rest of his crew was also harmless. Like Pedro, his companion Captain Esteban was also averse to thievery and other immoral behaviour, as was his crew. However, there were two good-for-nothing boys on his ship that were supposed to have stolen a sheep or socks on their way to Steingrímsfjörður, where they believed they had enemies that had sided against them during the Eyjar-riot, which happened this spring. On that occasion, they had been attacked as soon as they had come from the open sea. They were looking for food. Due to the pack ice, two of their boats were stuck there, unable to move, and their fishing vessels [with provisions] were further north, at about 8 km sailing, and thus separated from them. All ships turned towards the east and sailed to Russia, but when the pack ice had drifted away, those three ships I spoke of before returned and put in at the harbour, as previously mentioned. Some Icelanders, 30 in all, had gathered at Eyjar, also to wait for the drift ice to dissipate, and for the sole purpose of increasing their own fame, intended to kill the 13 Spaniards mercilessly. As the battle began, some Icelanders took to the mountains, and some were injured. Because of that previous discord, the

A true account

Spaniards had kept two men as sentinels on each ship for the whole summer, and never sent their boats further than could be seen from the ship or that one couldn't hear a shot if it were fired. Thus, those people were well-behaved this summer, never coming all the way to Reykjanes farmstead, even while their ships and boats, seven in all, were anchored every day in front of those lands, minding their hunting and fishing. It was quite unlike the summer before, when they were intruding and bothering people every day with requests and overbearing behaviour, committing at times with small thefts. During that time they said they had permission from our king for four ships that would come and put in, in our waters. Ari the landowner had told us that they had permission to anchor in the harbour, but only four: if there came more ships, they had no permission to stay. Captain Pedro and Luis showed their permit letters so as prove that they had not done anything behind anyone's back, nor would they do any harm to those that did no harm to them.

Captain Martín Villafranca on the biggest ship was not a very big man, he was young and did not wear a beard; a very stalwart fellow and very well prepared in equipment and his ability for whale hunting. He swam like a fish or a seal in a lake or in the sea. During the whole summer, he was often involved in commercial transactions with Icelanders. He asked to be sold a sheep, if nothing else, or some other product big or small, so that he could take something with him from Iceland, since everyone was bringing Pedro and Esteban whatever they had. He considered often that he had a right to part of the transactions in the lean meat of the whale or in the meat that was good for boiling, but he never obtained anything from it. And whatever this Martín blabbered about, he only got cursing and swearing in return, and more of the same regarding his rights and requests. No one here however knew him for a thief or for someone who would cause any harm. He even saved an Icelandic man once, who had previously knocked one of his boatmen unconscious with a stone. Once he went to visit our pastor, Rev. Jón Grímsson, and with him went Big Pierre, the French pilot. He asked to buy a sheep from him as well as he could,[224] but didn't get it, and went back to his ship without causing any problems. In this way, that summer went by without any major event, thievery or swindling, apart from what was mentioned. Men from other parts also went to them every day, both on horseback and by boat, as if the whalers' ships were just another commercial town. One could get hammers, axes, iron, and burlap for sails from them. Our pastor let hardly a day go by without visiting them, and he was on board all the ships just a few days before they were damaged. Once the Spaniards thought that in the darkness some of the blubber went missing from one of the heads of the whales, and in the morning Pedro and Esteban complained about it to the farmer who lived at Kesvogskot and tilled the lands facing where they were anchored. He denied he had had anything to do with it, but he dared not put a name on the executor of the deed. He thanked them [for not taking the matter any further] and gave them a sheep that his landlord owned. The cordial behaviour was prompted by Esteban's old friendship. But no one compensated Martín for his troubles. When Martín found out what had happened from one of his subordinates, he did not say much about the occurrence at first. But one morning he went up to the cottage and demanded to get his sheep, however he said that out of his magnanimity he would reward the farmer with bread and wine, showing him the casket from his boat and offering him the bread. The farmer then said he had not received anything on his word, but everyone on board Pedro's ship said that he had received 32 forms of bread and wine in an earthenware jug. Thus Martín had obtained his sheep in the way that was just explained.

After that, on the following Tuesday before September 19, the Day of St. Matthew, the foremen of the two ships, Pedro, Luis, and Esteban were all ready to leave and went with their best men to Martín Villafranca's big ship to settle all accounts for the whale oil before setting out to sea. There had been some disagreement the day before, so that they went back the following day and resolved it, returning happy and drunk with wine. That very Wednesday, after Pedro's men had left, Captain Martín left his ship and went over Naustvík's Pass all the way to Árnes. Of those events, I only have the pastor's version, corroborated by one man that was present, and I had never gone to that harbour where the biggest ship was anchored except for once with my neighbour in early summer when they had moved the ship there.

So it is said, in the transactions between the pastor and Martín, Martín had wanted to get wethers from the pastor for the journey home because Martín maintained that he had all the rights to it, since he had found out from trustworthy sources that the pastor had gotten meat off Martín's whale, something the pastor roundly denied. Martín then said that in that case he wouldn't be satisfied with anything less than a little calf, and that he would not be gone until he got it. He added that he could take his cows and sheep from him by force, if he wanted to, but that he did not want to do that, and that the pastor owed him quite a lot. The pastor said that Pedro had provided him with whale meat that summer. Whatever the outcome, it so happened at a certain point of the discussion, that one of Martín's followers took a string and put it around the pastor's neck, speaking some nonsense and imitating a hanging gesture. After a while the pastor got tired of their bullying and their quarrels and promised the calf. Martín was satisfied of that outcome and went back to the ship. He got a boy and a horse to ride him back to his ship that evening, and that was the very night when their ships perished. The same boy was with them when the disaster struck and could explain what had occurred. In the morning the pastor sent one of his servants up to the pastures for the little calf, which was some distance away, since he had promised it to Martín to keep his agreement. But soon after that it became known of the damage to the ships, both these and the others. Some of us were present at their tents and camp on the same Wednesday we mentioned before, when Pedro and Esteban came back happy from Martín's ship. Then Pedro and Luis said that at that point Martín, the captain of the big ship, would have wanted to visit the pastor to get compensation for the whales, both the one part of whose head went missing in the dark and for the one he had bought, but never paid or gave thanks for. Moreover, no one had wanted to barter with him that summer. I don't want to waste more words on this. But some of the men from our district had decided that it would be a good idea to steal from them both last year and this summer, or make things disappear from them as much as they dared to do, however others wanted to act in all correctness with them. Therefore we sometimes also treated them unfairly at times, which is why they [the Basque whalers] reacted with small thefts in retaliation for the ones committed by our men. Moreover, few men or no one understood them, when they expressed their reasoning, and many men know this to be the truth, as well as I do.

That same evening the drift ice closed in around both Pedro's and Esteban's ships. We were there until the evening, and went afterwards to the farm closest to that place. After sunset a most unusual and pernicious storm blew the pack ice against both ships, but a headland was also in the way with very high cliffs. The first ship to miss its moorings was Esteban's ship and it hit Pedro's ship with the drift ice and all, until everything about the helm was broken. Then it sank with all the cargo that they had acquired, and Pedro's ship must have been pushed by the other and produced a frightful and powerful din until it was crushed against the headland, splitting down the middle. Its aft part got stuck on a rock on the headland, so that it was possible to wade from it up to the beach, but its fore part sank into the deep. Moreover, because the ice became a solid hard sheet that evening, all the boats that were by the ships were broken to pieces. But before that, all crew members got to land, even if with great difficulty; first onto Pedro's ship, but when the ships collided together, everyone tried to make it up onto the headland by plunging into the sea or clambering up on the rocks, swimming and the like, some even crawling on the ice. Despite all efforts, Pedro lost three of his men. First went Luis who spoke Latin, his cousin, and Asencio the Good, the best hunter; the third one was a simple shipmate. The four cabins at the back of Pedro's ship were in one piece and dry and they stood up above the surface of the sea, up all the way to the rudder. Thus he could get his 17 guns, harquebuses, dry and undamaged. We counted and saw them. There were also about eight wet and damaged guns that I saw. They took them anyway, as well as two bundles and little else. They had retrieved an empty chest, that now the pastor owns; no bread or wine, no clothes or money. Those poor chaps were in such dire straits, and so crestfallen that first day, that people didn't need to go very far to find them. On Friday many men from the region went to the place of the shipwreck, talked to the men and arranged for things. I also went there with Bjarni Ámunsson. I had told him of my intention and clear desire to offer Captain Pedro and three or four of his best men to stay with me, even if the others drifted off in separate directions. Perhaps they could have worked a little for their keep. I found first along the way Andres the pilot, Pedro's helmsman, and I told him that. He raised his arms to the sky crying with gratefulness, if he, the only Frenchman, could also stay, together with Pedro. I said yes to that request. He said then: 'Eamus, eamus, hablar, hablar capt.', which means, 'Let's go and talk about that with the captain'. When we got to Pedro's camp, I told him my suggestion. He thanked me dearly for the offer but said it was too late, since he had found out about a big ship, and he wanted to go there first and see what could be done about it. I swore to him that they would never get to Spain or England on that ship, but that they would rather perish at sea first, if he insisted to persevere in that unsound judgement. But he said that he and the others had decided to go, convinced also by the two Icelanders that were in his tent, i.e. the pastor and Jón Þórðarson, the farmer on whose land the harbour was, and who wanted them to leave as quickly as possible in their boats to go west. But they [the Icelanders] also thought they would immediately perish in such dangerous weather conditions and stormy seas. Pedro answered that he still intended not to accept my offer: 'Si deus pro nobis, qvis contra nos', and said more that is unnecessary to report here.

When Andres the pilot heard of that decision, he went away crying. Many of the subordinates, whale cutters and shipmates, begged repeatedly to be taken in so that they could at least remain alive, but no one dared do that because of the authority [i.e. Ari]. They considered many ideas, although eventually nothing came of them, including the idea that poor people are the responsibility of the landowners on whose land they find themselves, and that Ari would have to take care of them. It was then decided to do what those more powerful had suggested, that they would go in all their boats that were still undamaged north along the Strandir district directly, and they were preparing for such a trip that Friday. There were four boats on land that they could still use, although they weren't very big except for the one in which Pedro went.

It is then to be said that that very same Friday morning, the pastor had brought Pedro the calf that he had been forced to promise to Martín before, but Martín had left and never returned to demand the calf nor did he come back to check on it after the damage to the ships. But all men in the region sympathised with Pedro and Esteban and felt sorry in their hour of need. The pastor and others were therefore moved by compassion towards Pedro and his men, since they had gotten and gained so much from them, and they had caused no harm or injustice. However Pedro paid for the calf, as he was a just man, and offered the pastor some cask with whale oil that were there. But the pastor did not want to accept more than two of them, that he chose and asked me to mark for him in the presence of the most important men of the district. Then the pastor asked him to be given an iron pot of fair size, to which he agreed immediately and told him he could have whatever he wanted of the empty barrels too.

The pastor also took back the skin from the calf. In the morning, the pastor brought them 13 fish, and then Pedro gave him his great sharpening stone with the crank and all, as well as the casket with a lock and other small items. Now that the pastor had received the iron pot and I was present, Pétur asked him to get his testimony, that wherever they may end up, both in Iceland and abroad, that they had caused no damages during their stay. The pastor gladly agreed to do that, which would also apply to the men of those two ships, but not in reference to Martín's men, in accordance with all others who were present. He then composed a letter in Latin, which he then wrote up and he let me jot down and sign a version of it in the Nordic language, which he translated himself. I also asked Pedro to write and leave with us a statement declaring that we had also been innocent of what had happened, that the ships had been ruined by the drifting ice and the storm and not because of our actions, and he immediately agreed, and the pastor grabbed the letter and took it with him and I never saw it again.

Now I have to report about the damages suffered by Martín's ship in Naustvík. There was no drift-ice there. However, their ship also broke its moorings around midnight and was beached up against the pebbles on the shore, drifting so long back and forth until the back part of the ship gave out. The steer broke first and then a hole opened in the lower cargo hold so that the sea flooded the ship. The commotion made people cry out loud, and when the shouts subsided, then crying and tears followed and people took out books and read for a long time. Then what was left of the night was used to move what they wanted from the ship to their boats. All that time it wasn't dangerous to be on the ship and they got almost everything out of the ship except for the cannons and the train oil; all chests and closed barrels, clothes and other things were transported to land, as much as they felt they could take away in four boats loaded with the whole crew. They were also able to take some bread and wine, which they then divided up among them. Then they closed the ship and let it stand as it was, securing all chattels and leaving them as they were and fixed what they could inside the ship. Whether they took away their great amount of money or hid it, people here said they didn't know. They did take along the one great chest that belonged to Martín, which required various people to carry and some of chests of the other important men too, but the rest of the chattel and containers were left behind.

Immediately on Saturday morning, all those men put out from the harbours, 83 men in total, since three of them drowned in the storm. The pastor and most of the men from the district were present, as well as myself. They set out from there heading for the deeper waters towards the north skirting the whole Strandir district through such stormy seas and big waves that it is a wonder that they were able to go as far as they did. That was Saturday, September 23. By the following Tuesday they had supposedly reached Dynjandi in Jökulfirðir, where the ship had been. They stayed there two nights according to what is known. Of all the interactions between Gunnsteinn and the Spaniards I have not received any trustworthy information. Because of his fears and his fleeing, they exaggerated swore and brought oaths against me with malicious intentions, as many can admit. The whalers supposedly killed one of his cows, and they tied the others inside the house when they left. Then it happened as I had foreseen that the ship seemed to them not useful for anything. Pedro and Esteban still set out and tried to sail, but it [seemed to them] worse than before. Captain Martín with his other four boats got immediately separated from the others, where Pedro and Esteban were. They continued towards Ísafjörður. The boats with the leaders and Martín went to Æðey, and the other two to Bolungarvík. The men in the *txalupas* with Pétur and Stefan continued out to the open sea and further west down to Önundarfjörður. They had reached that spot and put out for the night. I never heard again about their travels until they came to Patreksfjörður, where they set up their defense from inside the Danish house in Vatneyri and set up camp. I will get back to them later.

The two boats with Martín de Villafranca, the worse ones, sailed to Bolungarvík on the evening of Michaelmas [i.e. Sept. 29] as we were told, and stayed there for the night. After that, in the morning, they headed west. When they reached Staður in the Súgandafjörður and pillaged as much as they could from the pastor. Then they swept past all the way to Þingeyri with what they had stolen and taken. When the people from Dýrafjörður saw them sail west, they gathered forces and wanted to prevent them returning the same way. There were four leaders with thirty men, and the others were fourteen. The people in the boats prepared to spend the night in the Dýrafjörður where there was a seasonal fishermen's hut, some say it was a shelter for boats. Bjarni Jónsson had heard it from our pastor in Ögur and reported this to us. There, five men supposedly kept vigil over the boats on the shore, and the others slept in the boat-shelter. The armed men came in the night and surrounded the house. There was a man in the punitive expedition that was so bold and clever as to hide and sneak close to them and take their weapons bringing them to his group of men in the punitive expedition, and said he would do that again, and went over there again.

The second time they realised what was going on and all of them attacked and wounded him immediately and seriously. The armed men came to help him but it was too late; He had been wounded in the torso and many other places, so that he could not fight after that and he was overcome. Then the people who were keeping watch over the boats were hacked to pieces. After that, they attacked the men inside the house. They men inside immediately barricaded the doors with stones, but the armed men stripped off the roof over them. The Spaniards had up to then defended themselves bravely and they nearly got the armed men to give way in one of their attacks. Three men had been most active in the fight. The battle ended with the death of all of them nonetheless, including those mighty blue-clad goons and the big Spansarius. There were two men on those boats one could say were almost pagan and vagabonds in character. But on the other boats, just as in Martín's own boat, there were much better men and many were good men indeed. It has been also said that a young man had escaped, having fallen asleep in a nook, who saw the battle from that hidden corner. He then shouted after one of the boats and joined their group. After the fight, the war booty was taken and the men were undressed and sunk at sea; which was adequate for heathen men, but hardly appropriate for poor innocent Christian men.

Now we have to switch to the other two boats, those where Martín was, that sailed to Æðey island. That is where the gentle French pilot Pierre was, Martín de Villafranca's first mate. These men brought the cargo from their boats to the harbour on Æðey and set up camp there. Then they rowed out to fish or to hunt whales if they swam by. When the king's representative Ari Magnússon heard that the

Spaniards had been involved in an attack, he had a sentence issued against those criminals by the Assembly in Súðavík, and I will refrain from commenting further on this, since these are things about which I understand little. I do know that men were forced to participate in an expedition against the Spaniards and made for their own upkeep or to pay a fine for it, but going was cheaper. Some went willingly, because they were promised all the spoils of war, and others unwillingly. Our pastor had immediately let them know in Ögur when the Spaniards left our area, and the king's representative now sternly summoned all able men to meet in Ögur on a certain day, each responsible for his upkeep, first those who sat in the court that issued the sentence, then all that were needed. When those at Langadalsströnd were armed and ready with their team, our own pastor arrived from the north with five men, who then proceeded to put out at sea across the fjord. That punitive expedition gathered in Ögur on October 10, which was the last Tuesday of the summer. Just a few days before they had gotten the news of the Dýrafjörður battle. That day, a big storm arose, which blocked them until the night of Friday, October 13, the first day of winter. Then a ship was sent to reconnoiter over the fjord to Æðey to find out what news there was from the island. There the news was that Villafranca's men had harpooned a whale that had come close to land a short distance out outside Æðey at Sandeyri. Most of the men had gone to attend to the whale, except for five of them with a boy who had stored their possessions on Æðey while they were gone to cut up the whale. It is not known that they had taken anything at that time, except for a bull and a young calf from a farm there, and nothing in Æðey except for milk, and some wood they burnt some wood to warm up. The French pilot, Pierre, was described with the best of words, now as it was ever before customary: he was devoted to his readings and psalters, as he was frequently accustomed to do. As soon as the reconnoitering boat had returned to Ögur with the news, all the armed men that had convened there set out, except for the people that had passed sentence, even though they should have been the first to go. They were at least 50, those that set out from Ögur. They arrived at Æðey in the evening, before the people there had gone to bed. By that time, Pierre the pilot had sent someone down to the shore to check for ships, as he had been worried since the reconnoitering ship had left. He then took up his readings and read for a long time, then closed the book and laid it down under his head and fell asleep. He was lying on the steps of the main room. His shipmate, another worthy man named Lazarus, lay on the floor wrapped in his hooded cloak. As soon as the armed men came to land on the island of Æðey, there began some shouting and noise, as well as splashing and breaking of small things that were in the way. Someone found a big club in one of the boats and had a big axe in the other hand, and they all went to the farm. A woman was sent before them with a light that she laid down in the main room, then she left as the armed men squeezed into the house. A vicious one went ahead, aiming first at Pierre, gave him a blow with the club. When Pierre woke up and opened his eyes wide in bewilderment, he was then slashed across his chest with a sword-like knife and thus relinquished his life. The one that saw all this and told the story stood in the doorway. Pierre's companion that lay on the floor woke up with the first blow and wanted to get up on his feet. All of those that were there ran towards him and attacked him repeatedly and eventually killed him. The names of the men who attacked him were erased from the manuscript line. The other three men were in the smithy, out in the farmyard. There the barber, a young man was sleeping, as well as the boy that took care of smoking fish and the one who took care of the washing. The armed men ripped the roof of the hut from over their heads, and those inside defended themselves better than expected. In the end, though, they succumbed to the difference in numbers, as was to be expected. After that they were stripped off of everything and completely naked they were laid on carts and brought over to the cliffs and thrown into the sea. The ones in the main room were also undressed. Pierre the elder, the Frenchman, had been wearing a few items on his body, wrapped in two little packets. Then the armed men said that those must have been part of his magic, but that he was dead in spite of all that. When the packets were ripped apart, it turned out that one of them contained a small cross, something that many of them are wont to carry. It had golden droplets inlaid in it and the stigmata on it. The other was wrapped in many layers, and inside were four little slivers no bigger than when one cuts one's nails, and they were red-coloured. Some would have said they came from a shrine, or from the Holy Cross. He was then undressed until he was naked and then both men from the main house were brought up to the cliffs to be cast out to sea like the others before. But the morning after the bodies had washed ashore west of the Ísafjörður Bay, in the place called Fótur, which is where they were buried in the banks by the shore. After that, the whole party of armed men went back to their ship and over the sound in the storm, but it was hardly possible to navigate because of the storm, despite the small distance. Then men saw that on the same night how a lightning bolt was shot;

their leader had said that the armed men should understand that as a sign of victory. Also another big fiery brand was seen coming down over the mountain, which was also to be taken as an omen of victory. Then the armed men went to Sandeyri and surrounded the farmhouse and gave a sign to the people living at the farm. They also sent for the pastor from Snæfjöll, Rev. Jón. Those three pastors stood around the local governor, as well as the other armed men. At that time Captain Martín was in a house that was there built in the farmyard, with very few men and a little fire. All the others were in the main room (of the main farmhouse) sitting around the fire to stay awake. Then, people were given tasks and ordered to station themselves in front of every window and door. Some of the armed men went over to the house where Martín was and shot in many shots aimed at the men inside. Martín shot back hardly at all, but complained and screamed towards the heavens above and before God that he did not believe his sins to be so serious that he and his men deserved to be persecuted like this and all killed. Our pastor said that he and his people had what they deserved, him and his people.

Ending of the narrative of Version A

Martín looked out since he knew him, and realised that even he had arrived there. They spoke to each other some more, and he said that Martín had had him threatened. Martín admitted it and asked for forgiveness, but he didn't know that he was guilty of anything else towards other Icelanders. The pastor forgave him as requested and they spoke together for a while in Latin. Then the pastor turned and asked their leader if he wanted to save the life of such a distinguished man, who was also a captain. He immediately said he would gladly do so and said that he should ask him whether he was ready to surrender and give himself up. The pastor reported that to Martín, who agreed, and also that he should toss out his gun. This he did and tossed the gun out, stock first; then he came out himself and fell to his knees. Ari, the leader, had ordered three men to take him away, but the armed men were restless and grumbling against this with great ferocity, until suddenly one of them ran towards him with a great axe aiming for the neck. The axe came down onto the collarbone, causing a minor wound, which would not have been deadly. The blow brought Martín quickly to his feet and he started running so fast that those that saw it still remember it as something portentous. He reached all the way to the sea, and waddled staggering through the waves. The storm started to let up then. With great violent cries from the people, they started to throw stones at him. He moved further out to sea and sang a melody. Many thought it was very graceful to the ear and marveled at his swimming abilities. He paused at times at sea and stroked his head with one hand while he held himself up with the other under his thigh, then he switched hands. He had by then also swum on his back often face up [lit. up in the air], and on his sides and in any possible manner. They pursued him with great zeal on board the ships, but he swam like a seal or a fish. Then one of the men boasted of hitting him with a stone on the head while he swam under the boat once, and they all agreed that Björn Sveinsson, Ari's farmhand had eventually hit him on the forehead, and that only then he had lost some strength and some of his capacity to swim, and not before. But it is uncertain, as it was also said, that he had reached for the boat and then his hand had been hewn off. After the stone's blow to the head, most of his strength had gone. He was then dragged ashore, and stripped naked. Our pastor was closest to him and he said that what stood out most in his memory was his bravery, and his soldier-like demeanour because when his naked body lay stark naked facing upwards, and he was still moaning, one of the men stabbed him in the chest and slashed him down to his genitals, Martín sprang up one more time, turned face-down and then died, his bowels having fallen out of his body. The armed men all ran up to him and wanted to see the man and his blood. His body was then taken out to sea and sunk deep in the fjord, but the day after he had resurfaced at Ögurshólm, where he was then buried under a cairn. All men were awestruck at the sudden calm after the great storm that followed Martín's death, and attributed this to his body's magical powers. Then Martín's follower, the one that had put the rope around the pastor's neck, was taken. He regretted his crime and asked for forgiveness, which the pastor eventually granted him: but all the same two men were ordered to kill him. It was useless to ask for one's life to be spared, so but they defended themselves as much as they could, and no one saw any fear in them. Everyone that was there and took part in the skirmish admitted that had they been able to reach their weapons, the Icelanders would never have won. They were then all stripped naked and sunk at sea, but then every single one of them resurfaced on the land of their killer. The armed men wanted to divide up among them the spoils of war as had been promised to them, but as they started to do so, the plan changed, and all the money and spoils, little things and valuable ones, were declared to be the property of the king so no one was allowed to take any part of it or even lay a hand on it. The armed men then fell silent and they regretted both their coming there and what they had done.

They parted angry and each went to his home and said the worst of the trip, but the spoils were all taken to Ögur, including the big and heavy chest Martín had had and many other things, and here ends the story of Martín de Villafranca and his crew.

This story and its consequences are as fair as they have been told.

Ending of the narrative of Version B

Martín looked out and recognising him, said that even he had arrived here. They spoke to each other some more, and Martín said he regretted that he had him threatened that one time. Martín regretted it and admitted it and asked for forgiveness in the name of Christ, but he didn't know that he was guilty of anything else towards other Icelanders. The pastor forgave him as requested and they spoke calmly together for a while, all the while in Latin. Then the pastor turned and asked their leader if he wanted to save the life of such a distinguished man, who was also a captain, and revenge would be less likely. He immediately said he would gladly do so and said that he should ask him whether he was ready to surrender (his weapons) and give himself up and trusting that they would make a truce. The pastor reported that to Martín, and he gladly agreed. The pastor told him that if he wanted peace, he should first toss out his shotgun. He did this and tossed the gun out, butt and stock first. Then he came out himself and fell to his knees [original says 'stood on his knees']. Ari, the leader, had ordered three men to take him away, but the armed men were restless and grumbling against this with great ferocity, until suddenly one of them ran towards him [Martín] with a great axe aiming for the neck.

A true account

The axe came down onto the collarbone, causing a minor wound, which would not have been deadly. But the blow brought Martín quickly to his feet and he started running so fast that those that saw it still remember it as something portentous, as if he flew down to the sea and bobbed on the waves. He reached all the way to the sea, and waddled staggering through the waves. The storm started to let up then. With great agitation a ship was set out to sea with people, weapons and stones, to embark on a punitive expedition. When Martín saw that, he moved further out to sea and sang a melody in Latin. Many thought it was amazing to hear his singing abilities. Then I learned and others heard it too from our pastor that he paused at times at sea and held his head up with one hand while he held himself up with the other under his thigh, then he switched hands. He had by then also swum on his back often face up [lit. up in the air], and on his sides and in any possible manner. They pursued him with great zeal on board the boat, but he swam like a seal or a fish. Then one of the men boasted of thrusting a spear through him once, while he swam under the boat. But they all agreed that Björn Sveinsson, Ari's little farmhand had hit him on the forehead with a stone, and that only then he had lost some strength and some of his capacity to swim, and not before. But it is uncertain, as it was also said, that he had reached for the boat and then his hand had been hewn off. After the stone's blow to the head, most of his strength had gone. He was then dragged ashore, and stripped naked. Our pastor was closest to him and he said that what stood out most in his memory was his bravery, and his soldier-like demeanour because when his body lay stark naked facing upwards, he was still moaning and his eyelids drooping, one of the men stabbed him in the chest and slashed him with one movement down to his genitals, Martín then sprang up violently one more time, and turned face-down on all fours. As it was to be expected, his bowels fell out of his body, and that was his last movement. The armed men laughed then and made a mockery of him. Many wanted to see inside him, but the blood made it impossible. His body was then taken out to sea and sunk deep in the fjord. All men were awestruck by the sign that a sudden calm reigned after the great storm, and attributed this to Martín's body, which they thought was capable of witchcraft. Then they attacked those that had stayed inside the house. Martín's follower, the one that had put the rope around the pastor's neck, regretted his deed and asked for forgiveness, but he eventually fell with the others. No one needed from that day onward to ask for his life to be spared, regardless of how pitiful their condition was. Some of them defended themselves as long as they could, and showed no fear. Many defended themselves manfully, and all that were there admitted that they would have never have been beaten, and especially not Martín, had he not given himself up willingly, believing that he would be given a truce. The whole farm had to be broken up, the roof ripped off, because of eight or nine men, since some were in the house where Martín was, but in the main farm there was one that had been overlooked and not counted because he never defended himself and did not do anything. This man's name was also Martín, the Good-natured, as he was called, who had come here also the year before and had behaved equally kindly then. He was a carpenter. His lip was split during the night at the very beginning, before the main battle ensued. He lay hidden under a cow the whole night. The others defended themselves with such bravery and cunning for the whole night and part of the day, so that few of them fell overtaken by weapons. Magnús Arason was then sent for with any other man who considered himself an enemy of the Spaniards. They set themselves up at the farm and set out to take them out one by one with his gun. As the others saw that fewer and fewer of their companions were still standing, they looked for a hiding place under a bed or in a tucked away corner. A well-armed man was then sent in to them with others to help him. A boy defended himself surprisingly well in the main room of the farm, and could only be overwhelmed with a gun. When all the others were dead, Martín the Good-natured was found under the cow. No one of those that went in had the heart to kill him. Then he was led out before everyone, and many interceded for him, but some cursed as they were used to. Their leader said he should be allowed to live and go home, continue to be a carpenter if he got well, that he could clearly see that he was harmless. Martín was on his knees with open arms and babbling about Christ, Christ and pitifully begging for his life. But when the armed men saw that he would be allowed to live, they hit him on the head and he closed his eyes. Then they split him from the groin up to his shoulders while he was still on his knees. One of them hacked his head open from the front and another one from the back, and he fell forward under that last blow that was dealt to the nape of his neck. That was the very last one of Martín's men to be killed. On Saturday, the first Saturday of winter,[225] after the fight was over and done, which was all the bodies were stripped completely naked and sunk at sea, but before they subjected the dead bodies to all sorts of ignominies. Some thought this was a rather malicious and spiteful pastime, but others thought it was amusing and entertaining, since their leader had told them that they could do what they wanted with the bodies, whether they wanted to rob them and strip them or not. But they did not get any spoils whatsoever, apart from those that they could get by stripping them of those bloody tattered clothes. Everything else was declared to be the king's property and taken back to the farm at Ögur. The armed men took the bloody clothes and divided them among themselves. Those among them that thought that this was beneath them, were offended at their leader [Ari], particularly the one that felled Captain Martín, when he was promised that his life would be spared. Many others were also dissatisfied at not having received any part of the spoils, since they had come to the punitive expedition of their own accord. Some tell tales that the dead bodies were strung up together around their waist or neck and bound with a rope. Some tell these tales, but I did not see it, since I was travelling then south over the highlands of Þorskafjörður to Kollabúðir. Therefore I did not see their genitals being cut off, nor their eyes being gouged out, nor their ears being sliced off, their throats slit, or their stomachs being stabbed at the navel or this kind of thing, but the conclusion was that they were all sunk at sea.

So the bodies bobbed up again and there was no abating of the return of the bodies, and yet they were not buried or covered by stones even a fortnight later. The people whom the Spaniards had done damage to and stolen from came and they complained that they had received no compensation. The others left from Sandeyri with their spoils of war. Then the men that had issued the sentence against the Spaniards came to meet them ready to fight and could not come to an agreement by talking. They continued towards Æðey and took the main spoils from there and much that people know about. People danced and drank gleefully of their wine, and spent Sunday there, and went home again on

A true account

Monday. After that punitive expedition and great victory, every man got his fill of wine, and they returned after a profitable journey, as it was convenient for everyone.

Here ends this document, which is Incerti Auctoris.

Bibliografia
Bibliografía
Bibliography

Annálar 1400–1800. Sjö bindi, Hið íslenska bókmenntafélag, Reykjavík, 1922-1998.

Ayerbe, Enrique et al. (Eds.), *Itsasoa. El mar de Euskalerria. La naturaleza, el hombre y su historia*, Etor, Donostia, 1987.

Ayerbe, Rosa (Ed.), *Juntas y diputaciones de Gipuzkoa*, Gipuzkoako Batzar Nagusia & Gipuzkoako Foru Aldundia, Donostia, 1990.

Bjarnason, Kári, „Spænsku vísur séra Ólafs Jónssonar á Söndum", *Ársrit Sögufélags Ísfirðinga*, 46, 2006, pp. 119-141.

Bjarnason, Kári, *Í höndum þínum minn herra Guð. Brot úr sálmum sr. Ólafs Jónssonar á Söndum í Dýrafirði*, Iceland University Press, Reykjavík, 2006.

Conway, Sir Martin, *No Man's Land: A History of Spitsbergen from its Discovery in 1596 to the Beginning of the Scientific Exploration of the Country*, Cambridge: University Press, Cambridge, 1906. Available at https://archive.org/details/cu31924029850751

Davíðsson, Ólafur, „Víg Spánverja á Vestfjörðum 1615 og 'Spönsku vísur' eptir séra Ólaf á Söndum",*Tímarit Hins íslenska bókmenntafélags*, Bmf., vol. 16, 1895, pp. 88-163.

Edvardsson, Ragnar, *The Role of Marine Resources in the Medieval Economy of Vestfirðir, Iceland*. Unpublished Ph.D.

Dissertation from the City University of New York, 2010. Available at: http://www.geos.ed.ac.uk/~nabo/postgraduates/theses/ragnar/Dissertation_ragnar_Finalvers_bw.pdf (03/14/2015).

Eggertsdóttir, Margrét „*Bókin Edda og Biblían*". *Viðhorf til kveðskapar á dögum sr. Ólafs Jónssonar á Söndum*. Paper delivered at the conference *Kvæðabók séra Ólafs Jónssonar á Söndum – greining, dreifing, samhengi* 'The Book of Poems by Rev. Ólafur Jónsson - Analysis, Distribution, Context', University of Iceland, March 14, 2015. http://hugvis.hi.is/kvaedabok_sera_olafs_jonssonar_a_sondum_greining_dreifing_samhengi

Einarsson, Trausti, "Sobre los primeros balleneros vascos en Islandia", en, Ayerbe, Enrique et al. (Eds.), *Itsasoa. El mar de Euskalerria. La naturaleza, el hombre y su historia*, Etor, Donostia, 1987, pp. 287-288.

Frankot, Edda, "Medieval Maritime Law from Oléron to Wisby: Jurisdictions in the Law of the Sea", en, Pan-Montojo, Juan; Pedersen, Frederik (Eds.), *Communities in European History: Representations, Jurisdictions, Conflicts*, Edizioni Plus – Pisa University Press, Pisa, 2007, pp. 151-172.

Frankot, Edda, *Medieval Maritime Law and its Practice in the Towns of Northern Europe: a Comparison by the example of Shipwreck, Jettison and Ship Collision*. Ph.D. Dissertation presented at the University of Aberdeen, 2004.

Hermannsson, Halldór, *Jón Guðmundsson and his Natural History of Iceland*, Cornell University Library, Ithaca (NY), 1924.

Hualde, José Ignacio, "Icelandic Basque pidgin", *Journal of Basque Studies in America*, 5, 1984, pp. 41-59.

Irujo, Xabier; Matthíasdóttir, Hólmfríður (Eds.), *1615: Spánverjavígin / Euskal baleazaleen hilketa / La matanza de los vascos / The slaying of the Basques*, Forlagið, Reykjavík, 2015.

Irujo, Xabier; Miglio, Viola (Eds.), *Basque Whaling in Iceland in the 17th Century: Legal Organization, Cultural Exchange and Conflicts*, University of California, Santa Barbara/Barandiaran Chair of Basque Studies – Strandagaldur, 2015.

Irujo, Xabier; Miglio, Viola (Eds.), *Basque Whaling in Iceland in the 17th Century: Legal Organization, Cultural Exchange and Conflicts*, Barandiaran Chair of Basque Studies – University of California, Santa Barbara, 2015.

Jónsson, Már. 2015. "Introducción", en, Irujo, Xabier; Matthíasdóttir, Hólmfríður (Eds.), *1615: Spánverjavígin / Euskal baleazaleen hilketa / La matanza de los vascos / The slaying of the Basques*, Forlagið, Reykjavík, 2015, pp. 157-180.

Knörr, Henrike, "Basque fishermen in Iceland: Bilingual vocabularies in the 17th and 18th centuries". Paper presented at the conference *Slaying of Spaniards in the West Fjords in 1615*, Dalbær Snæfjallaströnd, Iceland, June 24-25, 2006. Online at: http://www.euskaltzaindia.net/dok/euskera/66537.pdf

Koivukari, Tapio, "The Slaying of Spaniards: Current of Events and Reflections", unpublished manuscript.

Kristjánsson, Jónas, *Spánverjavígin 1615. Sönn frásaga eftir Jón Guðmundsson lærða og Víkinga rímur*, Möller, Copenhagen, 1950.

Miglio, Viola G., "'Go shag a horse!': The 17th–18th Century Basque-Icelandic Glossaries Revisited," Journal of the North Atlantic, Volume 1, Issue 1, Eagle Hill Institute, 2008, pp. 25-36. Available at http://www.bioone.org/doi/abs/10.3721/071010

Olafsson Indíafari, Jón, *Reisubók Jóns Ólafssonar Indíafara*, Mál og menning, Reykjavík, 1992.

Ólafsson, Jón, *Æfisaga Jóns Ólafssonar Indíafara: samin af honum sjálfum (1661)*, Möller, Copenhagen, 1908, p. 105. http://baekur.is/bok/000208711/AEfisaga_Jons_Ol afssonar (06.27.2015).

Ólason, Páll Eggert, *Íslenzkar æviskrár frá landnámstímum til ársloka 1940*, vol. IV, Reykjavík, Hið íslenzka Bókmenntafélag, 1951.

Pearce, Cathryn, Neglectful or worse. *Troze*, 2008. The Online Journal of the Maritime Museum Cornwall Available at: http://www.nmmc.co.uk/index.php?/collections/tro ze/neglectful_or_worse (June 27, 2015).

Pétursson, Einar G., "Hver eru merkustu rit Jóns lærða?", Vísindavefurinn-The Icelandic Web of Science, November 5, 2007. Online at: http://visindavefur.is/?id=6790 (March 15, 2015).

Rafnsson, Magnús; Edvarsson, Ragnar, "Basque Whaling Around Iceland. Archeological Investigation in Strákatangi (Steingrímsfjörður)", Nátturustofa Vestfjarða & Strandagaldur, Bolungarvík/Hólmavík, 2006. Available at: http://www.galdrasyning.is/baskarnir.pdf

Sigursveinsson, Sigurður, "La trágica muerte de Martin de Villafranca en Islandia", en, Ayerbe, Enrique et al.

(Eds.), *Itsasoa. El mar de Euskalerria. La naturaleza, el hombre y su historia*, Etor, Donostia, 1987, pp. 289-294.

Tower, Walter Sheldon, *A History of the American Whale Fishery*, Philadelphia, 1907, p. 15-16.

Tulinius, Torfi, „Voru Spánverjavígin fjöldamorð?", en, *Ársrit Sögufélags Ísfirðinga*, 46, 2006, pp. 113-114.

Þór, Jón Þ.; Óskarsson, Veturliði (Eds.), Ársrit Sögufélags Ísfirðinga, 46, 2006.

Oharrak
Notas
Notes

---

[1] Los resúmenes en inglés se encuentran en la página web snjafjallasetur.is.
[2] See, Bowen, Stephen R. *Scurvy: How a Surgeon, a Mariner, and a Gentleman Solved the Greatest Medical Mystery of the Age of Sail*, Thomas Dunne Books/St. Martin's Press, 2003. Cf. also https://www.albemarleciderworks.com/our-cider/history and also http://www.petritegi.com/petritegisagardoa/en/our-cider-en/petritegi-and-cider-en.html (29.06.2015)
[3] Már Jónssonek adierazten duenez, Ögurreko Ari Magnússonek Skálholteko Oddur Einarsson apezpikuari gutun bidez komunikatu zion 1611ko udaberrian Jón Grímsson agurgarriak Árnesko parrokia hartu nahi zuela, Trékyllisvíken, eta lortu zuen postu hori. Grímsson gertakarietako protagonista nagusietako bat izan zen eta, horregatik, bere lekukotzak oso sinesgarria egiten du Jón Guðmundssonen narrazioa, alegia, 1615eko udan Islandian izan ziren gertakarien gaineko kontakizuna. 24. Jónsson, Már, "Sarrera". Irujo, Xabier; Matthíasdóttir, Hólmfríður (Eds.), *1615: Spánverjavígin / Euskal baleazaleen hilketa / La matanza de los vascos / The slaying of the Basques*, Forlagið, Reykjavík, 2015, 166. orr.
[4] Villanueva, Ernesto, *Deontología informativa. Códigos deontológicos de la prensa escrita del mundo*, Porrúa, México, 2002, 21. orr
[5] Pétursson, Einar G., "Hver eru merkustu rit Jóns lærða?", Vísindavefurinn-The Icelandic Web of Science, November 5, 2007. Online bertsioa: http://visindavefur.is/?id=6790 (2015, martxoak 15).
[6] Miglio, Viola, "A True Account of the Shipwreck of the Spaniards and their Slaying by Jón Guðmundsson the Learned". Irujo, Xabier; Miglio, Viola (Eds.), *Basque Whaling in Iceland in the 17th Century: Legal Organization, Cultural Exchange and Conflicts*, Barandiaran Chair of Basque Studies – University of California, Santa Barbara, 2015, 81-86. orr.
[7] Hermannsson, Halldór, *Jón Guðmundsson and his Natural History of Iceland*, Cornell University Library, Ithaca (NY), 1924, ix & xiv. orr.
[8] Hermannsson, Halldór (Ed.), *Jón Guðmundsson and his Natural History of Iceland*, New York Cornell University Library, Ithaca, 1924.
[9] Ibid., xviii. orr.

[10] Davíðsson, Ólafur, „Víg Spánverja á Vestfjörðum 1615 og 'Spönsku vísur' eptir séra Ólaf á Söndum", *Tímarit Hins íslenska bókmenntafélags*. Bmf., vol. 16, 1895, 93. orr.

[11] Kristjánsson, Jónas, *Spánverjavígin 1615. Sönn frásaga eftir Jón Guðmundsson lærða og Víkinga rímur*, Möller, Copenhagen, 1950, vi. orr.

[12] Ibid., ix. orr.

[13] Ibid., xii–xiv. orr.

[14] Einarsson, Trausti, "Sobre los primeros balleneros vascos en Islandia". Ayerbe, Enrique et al. (Eds.), *Itsasoa. El mar de Euskalerria. La naturaleza, el hombre y su historia*, Etor, Donostia, 1987, 287-288. orr.

[15] Jónsson, Már, "The Killings of 1615: Antecedents and Plausible Causes". Irujo, Xabier; Miglio, Viola (Eds.), *Basque Whaling in Iceland in the 17th Century: Legal Organization, Cultural Exchange and Conflicts*, Barandiaran Chair of Basque Studies – University of California, Santa Barbara, 2015, 143. orr. Era berean, ikusi: Purchas, Samuel, *Purchas his Pilgrimes. Contayning a History of the World, in Sea Voyages, & Lande-trauells*, Londres, 1625, vol. 3, 571. orr. Library of Congresseko webguneko online bertsioa eta Portugalgo Liburutegi Nazionala: http://purl.pt/23391.

[16] Gipuzkoako diputazioko Azpeitiko erregistroa, Martin Saez de Goyaz ahaldun nagusi zelarik, 1613ko irailaren 17tik azaroaren 4ra. Ayerbe, Rosa (Ed.), *Juntas y diputaciones de Gipuzkoa*, Gipuzkoako Batzar Nagusia eta Gipuzkoako Foru Aldundia, Donostia, 1990, vol. 19, 94-95 & 112. orr.

[17] Ibid.

[18] Ibid. Era berean, ikusi: Kristjánsson, Jónas, *Spánverjavígin 1615. Sönn frásaga eftir Jón Guðmundsson lærða og Víkinga rímur*, Möller, Copenhagen, 1950, xx–xxii. orr.

[19] Már Jónsson, "Aðdragandi og ástæða Spánverjavíga", 66-76. orr. Egile honek informatzen duen moduan, bi gutunak Rigsarkiveteko artxiboan, Islandian, botatakoak dira (Kongehusets og rigets arkiv D 11-12. Island. Supplement II, 14). Gainera, 1920ko data duen kopia bat dago Islandiako Artxibo Nazionalean (ÞÍ. Steinklefi LXXVII).

[20] Ibid.

[21] Jónsson, Már, "Sarrera". Irujo, Xabier; Matthíasdóttir, Hólmfríður (Eds.), 1615: *Spánverjavígin / Euskal baleazaleen hilketa / La matanza de los vascos / The slaying of the Basques*, Forlagið, Reykjavík, 2015, 161. orr.

[22] Guðmundsson, Jón, *Fjölmóður*. Ayerbe, Enrique et al. (Eds.), *Itsasoa. El mar de Euskalerria. La naturaleza, el hombre y su historia*, Etor, Donostia, 1987, 300. orr.

[23] Jónsson, Már, "Sarrera". Irujo, Xabier; Matthíasdóttir, Hólmfríður (Eds.), *1615: Spánverjavígin / Euskal baleazaleen hilketa / La matanza de los vascos / The slaying of the Basques*, Forlagið, Reykjavík, 2015, 161. orr.

[24] Guðmundsson, Jón, *Fjölmóður*. Ayerbe, Enrique et al. (Eds.), *Itsasoa. El mar de Euskalerria. La naturaleza, el hombre y su historia*, Etor, Donostia, 1987, 300-304. orr.

[25] 1616an, Christian IV.ak danimarkar bandera ez zuten itsasontziei Islandian, Feroe Irletan eta Norbegiako iparraldean baleak ehizatzeko debekua ezarri zien.

[26] Jónsson, Már, "Sarrera". Irujo, Xabier; Matthíasdóttir, Hólmfríður (Eds.), *1615: Spánverjavígin / Euskal baleazaleen hilketa / La matanza de los vascos / The slaying of the Basques*, Forlagið, Reykjavík, 2015, 164. orr.

[27] Kristjánsson, Jónas, *Spánverjavígin 1615. Sönn frásaga eftir Jón Guðmundsson lærða og Víkinga rímur*, Möller, Copenhagen, 1950, xxv. orr.

[28] Ibid., 169. orr. Ikusi klausula legalak: *Jónsbók. Lögbók Íslendinga*, Háskólaútgáfan, Reykjavík, 2004, 102-104, 162-163, 173-174. orr. Ikusi baita ere: Már Jónsson, „Aðdragandi og ástæða Spánverjavíga haustið 1615", Ársrit Sögufélags Ísfirðinga 46 (2006), 57–96. orr.

[29] Edvardsson, Ragnar; Rafnsson, Magnús, "Basque Whaling Around Iceland. Archaeological Investigation in Strákatangi, Steingrímsfjörður." Online bertsioa: http://www.galdrasyning.is/baskarnir.pdf, 8. orr. [Ikusgai: 2015/05/05].

[30] Nahiz eta gertakari hau ez dagoen ondo dokumentatuta, ikusi: Edvardsson, Ragnar; Rafnsson, Magnús, "Basque Whaling Around Iceland. Archaeological Investigation in Strákatangi, Steingrímsfjörður." Online bertsioa: http://www.galdrasyning.is/baskarnir.pdf, 9. orr. [Ikusgai: 2015/05/05].

[31] Komeni da aipatzea Guðmundssonen *Fjölmóður* poema autobiografikoak Islandiara 1613an baleak ehizatzera heldu ziren euskal itsasontziak aipatzen dituela, itsasoko bankisaren eraginez Trékyllisvíkeko badian aingurak bota zituztela, baina Ögurreko Ariren baimena Steingrímsfjörður inguruan baleak ehizatzekoa zela. Guðmundssonek dio Villafranca, irteerari ekin aurretik, Naustavíketik Árnesera joan zela eta toponimia hau Reykjarfjörðurreko badia natural batekin bat dator eta baita Ísafjarðardjúpeko badia batekoarekin ere, Æðeyko irletatik gertu Hornstrandirreko hegoaldean. Bestalde, esan behar da Ragnar Edvardsson eta Magnús Rafnsson arkeologoek Reykjarfjörður inguruetan euskal baleazaleen geltokiak topatzeko helburuz egindako azterketek ez dutela emaitz esanguratsurik eman.

[32] Guðmundssonek adierazten du hamabi galeoi haiek 'Moscoviam' edo Rusiarantz joan zirela, nahiz eta seguruenera Norbegia iparraldeko kostalderantz zuzendu ziren.

[33] Guðmundssonek egutegi juliotarrari jarraitzen dio, ez gaur egungo gregoriarrari. Ondorioz, irailaren 19a ez zen asteartea, baizik eta zapatua, eta irailaren 20tik 21erako gaua igandetik astelehenerako gaua zen, gaur

egungo zenbaketa gregoriarra eginda. Edozein kasutan, egileak bere garaian kontatu bezala jarraituko dugu gertakarien egutegia.

[34] Igandea, 1615eko irailaren 20. eguna.

[35] Reykjarfjörðurreko fiordoan identifika daiteke toki hau eta Naustavíken ere izen bereko badia natural bat dago, Hornstrandirreko hegoaldean, Ísafjarðardjúpen, Æðeytik gertu.

[36] Igandea.

[37] Guðmundsson, Jón, *Fjölmóður*. Ayerbe, Enrique et al. (Eds.), *Itsasoa. El mar de Euskalerria. La naturaleza, el hombre y su historia*, Etor, Donostia, 1987, 308. orr.

[38] Ibid.

[39] Asteartea.

[40] Asteazkena.

[41] Data hau onartzen da ikerlarien artean, baina ez zuen Guðmundssonek aipatu.

[42] Guðmundsson, Jón, *Fjölmóður*. Ayerbe, Enrique et al. (Eds.), *Itsasoa. El mar de Euskalerria. La naturaleza, el hombre y su historia*, Etor, Donostia, 1987, 314. orr.

[43] Asteartea.

[44] Frankot, Edda, "Medieval Maritime Law from Oléron to Wisby: Jurisdictions in the Law of the Sea", Pan-Montojo, Juan; Pedersen, Frederik (Eds.), *Communities in European History: Representations, Jurisdictions, Conflicts*, Edizioni Plus – Pisa University Press, Pisa, 2007, 151-172. orr. Ikusi baita ere: Frankot, Edda, *Medieval Maritime Law and its Practice in the Towns of Northern Europe: a Comparison by the example of Shipwreck, Jettison and Ship Collision*. Ph.D. Aberdeengo Unibertsitatean aurkeztutako tesia, 2004.

[45] Koivukari, Tapio, "The Slaying of Spaniards: Current of Events and Reflections", argitaratu gabeko idazkia.

[46] Astelehena. Lehen esan bezala, data hau onartzen da ikerlarien artean baina ez zuen Guðmundssonek aipatu.

[47] Guðmundsson, Jón, *Fjölmóður*. Ayerbe, Enrique et al. (Eds.), *Itsasoa. El mar de Euskalerria. La naturaleza, el hombre y su historia*, Etor, Donostia, 1987, 314. orr.

[48] Sigursveinsson, Sigurður, "La trágica muerte de Martin de Villafranca en Islandia", Ayerbe, Enrique et al. (Eds.), *Itsasoa. El mar de Euskalerria. La naturaleza, el hombre y su historia*, Etor, Donostia, 1987, 289. orr.

[49] Ari Magnússonek 1608ko apirilaren 7an Æðey erosi zuen. Ikusi: Róbertsson, Gísli Baldur, „Nýtt af Bjarna Jónssyni lögbókarskrifara á Snæfjallaströnd", Gripla, 21, 2010, 350. orr.

[50] Osteguna.

[51] Jónsson, Már, "The Killings of 1615: Antecedents and Plausible Causes". Irujo, Xabier; Miglio, Viola (Eds.), *Basque Whaling in Iceland in the 17th Century: Legal Organization, Cultural Exchange and Conflicts*, Barandiaran

Chair of Basque Studies – University of California, Santa Barbara, 2015, 145. orr. Ikusi baita ere: Ólason, Páll Eggert, „Menn og menntir siðaskiptaaldarinnar á Íslandi", III, Bókaverslun Ársæls Árnasonar, Reykjavík, 1924, 501-502. orr.
[52] Asteartea.
[53] Guðmundsson, Jón, *Fjölmóður*. Ayerbe, Enrique et al. (Eds.), *Itsasoa. El mar de Euskalerria. La naturaleza, el hombre y su historia*, Etor, Donostia, 1987, 314. orr.
[54] Aipatzen den gutuna Magnússonek modu ilegalean saldutako baimenak ordaindu zirela frogatzen duen erreziboa da.
[55] Osteguna.
[56] Ostirala.
[57] Kristjánsson, Jónas, *Spánverjavígin 1615. Sönn frásaga eftir Jón Guðmundsson lærða og Víkinga rímur*, Möller, Copenhagen, 1950, xxxi-xxxvi. orr.
[58] Villafrancaren itsasontzikoek balea-oliozko zazpi upeletatik hirurekin gelditzen ziren eta hori produktu osoaren %43 da. Guðmundssonek adierazten duen bezala, banaketa hori hiru ontzietako tripulazioaren arabera egiten zen eta, horregatik, Villafrancarenak berrogei gizon inguru izan behar zuten, guztira 86 arrantzale baziren. Modu berean, badakigu, iparraldrantz joan ziren zortzi txalupetatik lau Villafrancarenak zirela eta bere gizonak zihoazela barruan.
[59] Huxley, Selma, "¿Quién era Martin de Villafranca?", Ayerbe, Enrique et al. (Eds.), *Itsasoa. El mar de Euskalerria. La naturaleza, el hombre y su historia*, Etor, Donostia, 1987, 294. orr.
[60] Ibid.
[61] Ibid.
[62] Jónsson, Már, "Sarrera". Irujo, Xabier; Matthíasdóttir, Hólmfríður (Eds.), *1615: Spánverjavígin / Euskal baleazaleen hilketa / La matanza de los vascos / The slaying of the Basques*, Forlagið, Reykjavík, 2015, 177. orr. Ikusi baita ere: Ólason, Páll Eggert, „Menn og menntir siðaskiptaaldarinnar á Íslandi", III, Bókaverslun Ársæls Árnasonar, Reykjavík, 1924. Þorláksson, Helgi, „Frá kirkjuvaldi til ríkisvalds", Saga Íslands VI, Hið íslenska bókmenntafélag, Reykjavík, 2003, 277. orr.
[63] Jónsson, Már, "Sarrera". Irujo, Xabier; Matthíasdóttir, Hólmfríður (Eds.), *1615: Spánverjavígin / Euskal baleazaleen hilketa / La matanza de los vascos / The slaying of the Basques*, Forlagið, Reykjavík, 2015, 171. orr. Ikusi baita ere: *Reisubók Jóns Ólafssonar Indíafara*, Útgefandi Völundur Óskarsson, Mál og menning, Reykjavík, 1992, 84. orr. Eta *Annálar 1400–1800. Sjö bindi*, Hið íslenska bókmenntafélag, Reykjavík, 1922-1998, III, 192. orr.
[64] Huxley, Selma, "¿Quién era Martin de Villafranca?", Ayerbe, Enrique et al. (Eds.), *Itsasoa. El mar de Euskalerria. La naturaleza, el hombre y su historia*, Etor, Donostia, 1987, 294. orr.

⁶⁵ Víkinga rímur, Kristjánsson, Jónas, *Spánverjavígin 1615. Sönn frásaga eftir Jón Guðmundsson lærða og Víkinga rímur*, Möller, Copenhagen, 1950, 29-76. orr.
⁶⁶ Rafnsson, Magnús, "Cultural Exchange and Socialization in the Westfjords", Irujo, Xabier; Miglio, Viola (Eds.), *Basque Whaling in Iceland in the 17th Century: Legal Organization, Cultural Exchange and Conflicts*, Barandiaran Chair of Basque Studies – University of California, Santa Barbara, 2015, 302. orr.
⁶⁷ Ibid.
⁶⁸ *Bertso espainiarrak* lanaren balioa batez ere historikoa da eta, horregatik, ingelesera itzulitako bertsioa sartu dugu: Irujo, Xabier; Miglio, Viola (Eds.), *Basque Whaling in Iceland in the 17th Century: Legal Organization, Cultural Exchange and Conflicts*, Barandiaran Chair of Basque Studies – University of California, Santa Barbara, 2015, 109-138. orr.
⁶⁹ Tulinius, Torfi, „Vöru Spánverjavígin fjöldamorð?", Ársrit Sögufélags Ísfirðinga, 46, 2006, 113-114. orr.
⁷⁰ Honi dagokionez, ikusi: Bjarnason, Kári, „Spænsku vísur séra Ólafs Jónssonar á Söndum", Ársrit Sögufélags Ísfirðinga, 46, 2006, 119-141. orr. Modu berean, ikusi: Bjarnason, Kári, *Í höndum þínum minn herra Guð. Brot úr sálmum sr. Ólafs Jónssonar á Söndum í Dýrafirði*, Iceland University Press, Reykjavík, 2006.
⁷¹ Irujo, Xabier; Miglio, Viola (Eds.), *Basque Whaling in Iceland in the 17th Century: Legal Organization, Cultural Exchange and Conflicts*, Barandiaran Chair of Basque Studies – University of California, Santa Barbara, 2015, 122. orr.
⁷² Davíðsson, Ólafur, „Víg Spánverja á Vestfjörðum 1615 og 'Spönsku vísur' eptir séra Ólaf á Söndum", *Tímarit Hins íslenska bókmenntafélags*. Bmf., vol. 16, 1895, 89. orr.
⁷³ Miglio, Viola G., "'Go shag a horse!': The 17th-18th Century Basque-Icelandic Glossaries Revisited", Journal of the North Atlantic, Vol. 1, Issue 1, Eagle Hill Institute, 2008, 25-36. orr. Ikusgai: http://www.bioone.org/doi/abs/10.3721/071010. Ikusi baita ere: Etxepare, Ricardo; Miglio, Viola G., "The Newly-Discovered Fourth Basque-Icelandic Glossary", Irujo, Xabier; Miglio, Viola (Eds.), *Basque Whaling in Iceland in the 17th Century: Legal Organization, Cultural Exchange and Conflicts*, Barandiaran Chair of Basque Studies – University of California, Santa Barbara, 2015, 345-392. orr. Eta Knörr, Enrike, "Basque fishermen in Iceland: Bilingual vocabularies in the 17th and 18th centuries", "Slaying of Spaniards in the West Fjords in 1615" izeneko konferentziaren barruan aurkeztutako txostena, Dalbær Snæfjallaströnden, Islandian, 2006ko ekainaren 24an eta 25ean.
⁷⁴ Ibid.

[75] Rafnsson, Magnús, "Cultural Exchange and Socialization in the Westfjords", Irujo, Xabier; Miglio, Viola (Eds.), *Basque Whaling in Iceland in the 17th Century: Legal Organization, Cultural Exchange and Conflicts*, Barandiaran Chair of Basque Studies – University of California, Santa Barbara, 2015, 305-306. orr.

[76] Tal como indica Már Jónsson, Ari Magnússon de Ögur informó por carta al obispo Oddur Einarsson de Skálholt en la primavera de 1611 que el reverendo Jón Grímsson quería obtener la parroquia de Árnes en Trékyllisvík, puesto que le sería concedido. Grímsson fue uno de los principales protagonistas de los hechos, por lo que su testimonio dota de gran veracidad a la narración de Jón Guðmundsson sobre los hechos que tuvieron lugar en islandia en el verano de 1615. 24. Jónsson, Már, "Introducción". En, Irujo, Xabier; Matthíasdóttir, Hólmfríður (Eds.), *1615: Spánverjavígin / Euskal baleazaleen hilketa / La matanza de los vascos / The slaying of the Basques*, Forlagið, Reykjavík, 2015, p. 166.

[77] Villanueva, Ernesto, *Deontología informativa. Códigos deontológicos de la prensa escrita del mundo*, Porrúa, México, 2002, p. 21.

[78] Pétursson, Einar G., "Hver eru merkustu rit Jóns lærða?", Vísindavefurinn-The Icelandic Web of Science, November 5, 2007. Online at: http://visindavefur.is/?id=6790 (March 15, 2015).

[79] Miglio, Viola, "A True Account of the Shipwreck of the Spaniards and their Slaying by Jón Guðmundsson the Learned". En, Irujo, Xabier; Miglio, Viola (Eds.), *Basque Whaling in Iceland in the 17th Century: Legal Organization, Cultural Exchange and Conflicts*, Barandiaran Chair of Basque Studies – University of California, Santa Barbara, 2015, pp. 81-86.

[80] Hermannsson, Halldór, *Jón Guðmundsson and his Natural History of Iceland*, Cornell University Library, Ithaca (NY), 1924, pp. ix & xiv.

[81] Ibid., p. xvii.

[82] Hermannsson, Halldór (Ed.), *Jón Guðmundsson and his Natural History of Iceland*, New York Cornell University Library, Ithaca, 1924.

[83] Genéricamente se les da el nombre de "elfos" en castellano.

[84] Ibid., p. xviii.

[85] Davíðsson, Ólafur, „Víg Spánverja á Vestfjörðum 1615 og 'Spönsku vísur' eptir séra Ólaf á Söndum", *Tímarit Hins íslenska bókmenntafélags*. Bmf., vol. 16, 1895, p. 93.

[86] Kristjánsson, Jónas, *Spánverjavígin 1615. Sönn frásaga eftir Jón Guðmundsson lærða og Víkinga rímur*, Möller, Copenhagen, 1950, p. vi.

[87] Ibid., p. ix.

[88] Ibid., p. xii–xiv.

[89] Einarsson, Trausti, "Sobre los primeros balleneros vascos en Islandia". En, Ayerbe, Enrique et al. (Eds.), *Itsasoa. El mar de Euskalerria. La naturaleza, el hombre y su historia*, Etor, Donostia, 1987, pp. 287-288.

⁹⁰ Jónsson, Már, "The Killings of 1615: Antecedents and Plausible Causes". En, Irujo, Xabier; Miglio, Viola (Eds.), *Basque Whaling in Iceland in the 17th Century: Legal Organization, Cultural Exchange and Conflicts*, Barandiaran Chair of Basque Studies – University of California, Santa Barbara, 2015, p. 143. Ver asimismo, Purchas, Samuel, *Purchas his Pilgrimes. Contayning a History of the World, in Sea Voyages, & Lande-trauells*, Londres, 1625, vol. 3, p. 571. Versión online en la página web de Library of Congress, y en la Biblioteca Nacional de Portugal: http://purl.pt/23391.

⁹¹ Registro de la diputación de Gipuzkoa en Azpeitia, siendo diputado general Martin Saez de Goyaz, 17 de septiembre a 4 de noviembre de 1613. En, Ayerbe, Rosa (Ed.), *Juntas y diputaciones de Gipuzkoa*, Gipuzkoako Batzar Nagusia & Gipuzkoako Foru Aldundia, Donostia, 1990, vol. 19, pp. 94-95 & 112.

⁹² Ibid.

⁹³ Ibid. Ver asimismo, Kristjánsson, Jónas, *Spánverjavígin 1615. Sönn frásaga eftir Jón Guðmundsson lærða og Víkinga rímur*, Möller, Copenhagen, 1950, p. xx-xxii.

⁹⁴ Már Jónsson, "Aðdragandi og ástæða Spánverjavíga", pp. 66-76. Tal como informa este autor, ambas cartas están depositadas en el archivo Rigsarkivet en Islandia (Kongehuset og rigets arkiv D 11-12. Island. Supplement II, 14). Existe además una copia que data de 1920 en el Archivo Nacional de Islandia (ÞÍ. Steinklefi LXXVII).

⁹⁵ Ibid.

⁹⁶ Jónsson, Már, "Introducción". En, Irujo, Xabier; Matthíasdóttir, Hólmfríður (Eds.), *1615: Spánverjavígin / Euskal baleazaleen hilketa / La matanza de los vascos / The slaying of the Basques*, Forlagið, Reykjavík, 2015, p. 161.

⁹⁷ Guðmundsson, Jón, *Fjölmóður*. En, Ayerbe, Enrique et al. (Eds.), *Itsasoa. El mar de Euskalerria. La naturaleza, el hombre y su historia*, Etor, Donostia, 1987, p. 300.

⁹⁸ Jónsson, Már, "Introducción". En, Irujo, Xabier; Matthíasdóttir, Hólmfríður (Eds.), *1615: Spánverjavígin / Euskal baleazaleen hilketa / La matanza de los vascos / The slaying of the Basques*, Forlagið, Reykjavík, 2015, p. 161.

⁹⁹ Guðmundsson, Jón, *Fjölmóður*. En, Ayerbe, Enrique et al. (Eds.), *Itsasoa. El mar de Euskalerria. La naturaleza, el hombre y su historia*, Etor, Donostia, 1987, pp. 300-304.

¹⁰⁰ En 1616 Christian IV prohibiría expresamente la caza de ballenas en Islandia, las Islas Feroe y el norte de Noruega a cualquier buque que no navegase bajo bandera danesa.

¹⁰¹ Jónsson, Már, "Introducción". En, Irujo, Xabier; Matthíasdóttir, Hólmfríður (Eds.), *1615: Spánverjavígin / Euskal baleazaleen hilketa / La*

matanza de los vascos / *The slaying of the Basques*, Forlagið, Reykjavík, 2015, p. 164.

[102] Kristjánsson, Jónas, *Spánverjavígin 1615. Sönn frásaga eftir Jón Guðmundsson lærða og Víkinga rímur*, Möller, Copenhagen, 1950, p. xxv.

[103] Ibid., p. 169. Ver las cláusulas legales en *Jónsbók. Lögbók Íslendinga*, Háskólaútgáfan, Reykjavík, 2004, pp. 102-104, 162-163, 173-174. Ver asimismo, Már Jónsson, „Aðdragandi og ástæða Spánverjavíga haustið 1615", Ársrit Sögufélags Ísfirðinga 46 (2006), pp. 57–96.

[104] Edvardsson, Ragnar; Rafnsson, Magnús, "Basque Whaling Around Iceland. Archaeological Investigation in Strákatangi, Steingrímsfjörður." Online: http://www.galdrasyning.is/baskarnir.pdf, p. 8 [Accessed 05/05/2015].

[105] Si bien este hecho no esta debidamente documentado. Ver, Edvardsson, Ragnar; Rafnsson, Magnús, "Basque Whaling Around Iceland. Archaeological Investigation in Strákatangi, Steingrímsfjörður." Online: http://www.galdrasyning.is/baskarnir.pdf, p. 9 [Accessed 05/05/2015].

[106] Cabe mencionar, sin embargo, que en el poema autobiográfico *Fjölmóður* Guðmundsson menciona los barcos vascos que arribaron a Islandia para cazar ballenas en 1613 se habían visto obligados por la banquista de hielo a fondear en la bahía de Trékyllisvík, pero que habían recibido permiso de Ari de Ögur para cazar ballenas en la zona de Steingrímsfjörður. Guðmundsson señala que Villafranca fue a través de Naustavík hacia Árnes antes de partir, y este topónimo se corresponde con el de una bahía natural de Reykjarfjörður pero asimismo con el de una bahía de Ísafjarðardjúp, muy cerca de la isla de Æðey, al sur de Hornstrandir. Por otro lado, los arqueólogos Ragnar Edvardsson y Magnús Rafnsson han hecho prospecciones en varias zonas de Reykjarfjörður en busca de restos de las estaciones balleneras vascas sin resultados hasta el momento.

[107] Guðmundsson menciona que aquellos doce galeones partieron hacia 'Moscoviam' o Rusia, si bien es más probable que se dirigieran a las costas del norte de Noruega.

[108] Guðmundsson sigue el calendario juliano, no el calendario gregoriano actual. En consecuencia, el 19 de septiembre no era martes sino sábado, y la noche del 20 al 21 de septiembre era la noche del domingo al lunes de acuerdo con el cómputo gregoriano actual. En cualquier caso, seguiremos el calendario de los hechos tal cual los narró el autor en su época.

[109] Domingo, 20 de septiembre de 1615.

[110] Si bien es posible identificar este lugar en el fiordo de Reykjarfjörður, Naustavík se corresponde asimismo con una bahía natural al sur de Hornstrandir, en Ísafjarðardjúp, muy cerca de la lisa de Æðey.

[111] Domingo.

[112] Guðmundsson, Jón, *Fjölmóður*. En, Ayerbe, Enrique et al. (Eds.), *Itsasoa. El mar de Euskalerria. La naturaleza, el hombre y su historia*, Etor, Donostia, 1987, p. 308.
[113] Ibid.
[114] Martes.
[115] Miércoles.
[116] Sábado.
[117] La mayor parte de los estudiosos admiten esta fecha, si bien Guðmundsson no la registró en el *Relato veraz*.
[118] Guðmundsson, Jón, *Fjölmóður*. En, Ayerbe, Enrique et al. (Eds.), *Itsasoa. El mar de Euskalerria. La naturaleza, el hombre y su historia*, Etor, Donostia, 1987, p. 314.
[119] Martes.
[120] Frankot, Edda, "Medieval Maritime Law from Oléron to Wisby: Jurisdictions in the Law of the Sea", en, Pan-Montojo, Juan; Pedersen, Frederik (Eds.), *Communities in European History: Representations, Jurisdictions, Conflicts*, Edizioni Plus – Pisa University Press, Pisa, 2007, pp. 151-172. Ver asimismo, Frankot, Edda, *Medieval Maritime Law and its Practice in the Towns of Northern Europe: a Comparison by the example of Shipwreck, Jettison and Ship Collision*. Ph.D. Dissertation presented at the University of Aberdeen, 2004.
[121] Koivukari, Tapio, "The Slaying of Spaniards: Current of Events and Reflections", unpublished manuscript, p. 3.
[122] Lunes. Tal como he apuntado antes, la mayor parte de los estudiosos admiten esta fecha, si bien Guðmundsson no la registró en el *Relato veraz*.
[123] Guðmundsson, Jón, *Fjölmóður*. En, Ayerbe, Enrique et al. (Eds.), *Itsasoa. El mar de Euskalerria. La naturaleza, el hombre y su historia*, Etor, Donostia, 1987, p. 314.
[124] Sigursveinsson, Sigurður, "La trágica muerte de Martin de Villafranca en Islandia", en, Ayerbe, Enrique et al. (Eds.), *Itsasoa. El mar de Euskalerria. La naturaleza, el hombre y su historia*, Etor, Donostia, 1987, p. 289.
[125] Ari Magnússon compró Æðey el 7 de abril 1608. Ver, Róbertsson, Gísli Baldur, „Nýtt af Bjarna Jónssyni lögbókarskrifara á Snæfjallaströnd", Gripla, 21, 2010, p. 350.
[126] Jueves.
[127] Jónsson, Már, "The Killings of 1615: Antecedents and Plausible Causes". En, Irujo, Xabier; Miglio, Viola (Eds.), *Basque Whaling in Iceland in the 17th Century: Legal Organization, Cultural Exchange and Conflicts*, Barandiaran Chair of Basque Studies – University of California, Santa Barbara, 2015, p. 145. Ver asimismo, Ólason, Páll Eggert, „Menn og menntir siðaskiptaaldarinnar á Íslandi", III, Bókaverslun Ársæls Árnasonar, Reykjavík, 1924, pp. 501-502.
[128] Sábado.

[129] Martes.
[130] Guðmundsson, Jón, *Fjölmóður*. En, Ayerbe, Enrique et al. (Eds.), *Itsasoa. El mar de Euskalerria. La naturaleza, el hombre y su historia*, Etor, Donostia, 1987, p. 314.
[131] La carta a la que hace referencia es un resguardo de haber pagado las licencias que Magnússon vendía de forma ilícita.
[132] Jueves.
[133] Viernes.
[134] Kristjánsson, Jónas, *Spánverjavígin 1615. Sönn frásaga eftir Jón Guðmundsson lærða og Víkinga rímur*, Möller, Copenhagen, 1950, pp. xxxi-xxxvi.
[135] De cada siete barriles de aceite de ballena el buque de Villafranca se quedaba con tres, lo que representa aproximadamente un 43% del total del producto. Teniendo en cuenta que Guðmundsson expresa que dicho reparto se hacía en función de la tripulación de las tres naves, la de la nave de Villafranca debería tener una tripulación cercana a los cuarenta hombres sobre un total de 86 marinos para las tres naves. Sabemos asimismo que cuatro de las ocho chalupas en las que se dirigieron al norte pertenecían y transportaban a los hombres de Villafranca.
[136] Huxley, Selma, "¿Quién era Martin de Villafranca?", en, Ayerbe, Enrique et al. (Eds.), *Itsasoa. El mar de Euskalerria. La naturaleza, el hombre y su historia*, Etor, Donostia, 1987, p. 294.
[137] Ibid.
[138] Ibid.
[139] Jónsson, Már, "Introducción", en, Irujo, Xabier; Matthíasdóttir, Hólmfríður (Eds.), *1615: Spánverjavígin / Euskal baleazaleen hilketa / La matanza de los vascos / The slaying of the Basques*, Forlagið, Reykjavík, 2015, p. 177. Ver asimismo, Ólason, Páll Eggert, „Menn og menntir siðaskiptaaldarinnar á Íslandi", III, Bókaverslun Ársæls Árnasonar, Reykjavík, 1924. Þorláksson, Helgi, „Frá kirkjuvaldi til ríkisvalds", Saga Íslands VI, Hið íslenska bókmenntafélag, Reykjavík, 2003, p. 277.
[140] Jónsson, Már, "Introducción", en, Irujo, Xabier; Matthíasdóttir, Hólmfríður (Eds.), *1615: Spánverjavígin / Euskal baleazaleen hilketa / La matanza de los vascos / The slaying of the Basques*, Forlagið, Reykjavík, 2015, p. 171. Ver asimismo, *Reisubók Jóns Ólafssonar Indíafara*, Útgefandi Völundur Óskarsson, Mál og menning, Reykjavík, 1992, p. 84. Y, *Annálar 1400–1800. Sjö bindi*, Hið íslenska bókmenntafélag, Reykjavík, 1922-1998, III, p.192.
[141] Huxley, Selma, "¿Quién era Martin de Villafranca?", en, Ayerbe, Enrique et al. (Eds.), *Itsasoa. El mar de Euskalerria. La naturaleza, el hombre y su historia*, Etor, Donostia, 1987, p. 294.
[142] Víkinga rímur, en, Kristjánsson, Jónas, *Spánverjavígin 1615. Sönn frásaga eftir Jón Guðmundsson lærða og Víkinga rímur*, Möller, Copenhagen, 1950, pp. 29-76.

¹⁴³ Rafnsson, Magnús, "Cultural Exchange and Socialization in the Westfjords", en, Irujo, Xabier; Miglio, Viola (Eds.), *Basque Whaling in Iceland in the 17th Century: Legal Organization, Cultural Exchange and Conflicts*, Barandiaran Chair of Basque Studies – University of California, Santa Barbara, 2015, p. 302.
¹⁴⁴ Ibid.
¹⁴⁵ El valor de las *Estrofas españolas* es fundamentalmente histórico, por lo que incluimos una primera traducción al inglés en, Irujo, Xabier; Miglio, Viola (Eds.), *Basque Whaling in Iceland in the 17th Century: Legal Organization, Cultural Exchange and Conflicts*, Barandiaran Chair of Basque Studies – University of California, Santa Barbara, 2015, pp. 109-138.
¹⁴⁶ Tulinius, Torfi, „Vöru Spánverjavígin fjöldamorð?", en, Ársrit Sögufélags Ísfirðinga, 46, 2006, pp. 113-114.
¹⁴⁷ A este respecto ver, Bjarnason, Kári, „Spænsku vísur séra Ólafs Jónssonar á Söndum", Ársrit Sögufélags Ísfirðinga, 46, 2006, pp. 119-141. Ver asimismo, Bjarnason, Kári, *Í höndum þínum minn herra Guð. Brot úr sálmum sr. Ólafs Jónssonar á Söndum í Dýrafirði*, Iceland University Press, Reykjavík, 2006.
¹⁴⁸ Davíðsson, Ólafur, „Víg Spánverja á Vestfjörðum 1615 og 'Spönsku vísur' eptir séra Ólaf á Söndum", *Tímarit Hins íslenska bókmenntafélags*. Bmf., vol. 16, 1895, p. 89.
¹⁴⁹ Miglio, Viola G., "'Go shag a horse!': The 17th-18th Century Basque-Icelandic Glossaries Revisited", Journal of the North Atlantic, Vol. 1, Issue 1, Eagle Hill Institute, 2008, pp. 25-36. Available at http://www.bioone.org/doi/abs/10.3721/071010. Ver asimismo, Etxepare, Ricardo; Miglio, Viola G., "The Newly-Discovered Fourth Basque-Icelandic Glossary", en, Irujo, Xabier; Miglio, Viola (Eds.), *Basque Whaling in Iceland in the 17th Century: Legal Organization, Cultural Exchange and Conflicts*, Barandiaran Chair of Basque Studies – University of California, Santa Barbara, 2015, pp. 345-392. Y, Knörr, Enrike, "Basque fishermen in Iceland: Bilingual vocabularies in the 17th and 18th centuries", ponencia presentada en el curso de la conferencia "Slaying of Spaniards in the West Fjords in 1615", Dalbær Snæfjallaströnd, Islandia, junio 24-25, 2006.
¹⁵⁰ Ibid.
¹⁵¹ Rafnsson, Magnús, "Cultural Exchange and Socialization in the Westfjords", en, Irujo, Xabier; Miglio, Viola (Eds.), *Basque Whaling in Iceland in the 17th Century: Legal Organization, Cultural Exchange and Conflicts*, Barandiaran Chair of Basque Studies – University of California, Santa Barbara, 2015, pp. 305-306.
¹⁵² As Már Jónsson pointed out, Ari Magnússon from Ögur sent a letter and informed Bishop Oddur Einarsson at Skálholt in the spring 1611 that Rev. Jón Grímsson wished to be assigned the parish of Árnes in Trékyllisvík bay, a position that he would be granted. Rev. Grímsson was

one of the main protagonists of the events: this fact and his authority as a pastor grants Jón Guðmundsson's report of the 1615 events great trustworthiness. Jónsson, Már, "Introduction". In Irujo, Xabier and Hólmfríður Matthíasdóttir (Eds.), *1615: Spánverjavígin / Euskal baleazaleen hilketa / La matanza de los vascos / The slaying of the Basques*, Forlagið, Reykjavík, 2015, p. 166.

[153] In Jón lærði's text, as in other Icelandic documents of this period, the whalers are referred to as *Biscayans* (pars pro toto, as was common also in the Spanish of the time) or generically as *Spaniards* (since they were subjects of the king of Spain). As we know them to be Basques because of the historical context and of other references to their origins, we opted here to refer to them as such in this text.

[154] See, for instance, the *Statements of Principles* of the American Society of News Editors, http://asne.org/content.asp?pl=24&sl=171&contentid=171 (retrieved June 18, 2015).

[155] Villanueva, Ernesto, *Deontología informativa. Códigos deontológicos de la prensa escrita del mundo*, Porrúa, México, 2002, p. 21.

[156] Pétursson, Einar G., "Hver eru merkustu rit Jóns lærða?", Vísindavefurinn-The Icelandic Web of Science, November 5, 2007. Online at: http://visindavefur.is/?id=6790 (March 15, 2015).

[157] Miglio, Viola, "A True Account of the Shipwreck of the Spaniards and their Slaying by Jón Guðmundsson the Learned". In Irujo, Xabier; Miglio, Viola (Eds.), *Basque Whaling in Iceland in the 17th Century: Legal Organization, Cultural Exchange and Conflicts*, Barandiaran University of California, Santa Barbara/Chair of Basque Studies – Strandagaldur, 2015, pp. 81-86.

[158] See Rafnsson and Edvardsson (2006).

[159] Hermannsson, Halldór, *Jón Guðmundsson and his Natural History of Iceland*, Cornell University Library, Ithaca (NY), 1924, pp. ix & xiv.

[160] Ibid., p. xvii.

[161] Hermannsson, Halldór (Ed.), *Jón Guðmundsson and his Natural History of Iceland*, New York Cornell University Library, Ithaca, 1924.

[162] Ibid., p. xviii.

[163] Davíðsson, Ólafur, „Víg Spánverja á Vestfjörðum 1615 og 'Spönsku vísur' eptir séra Ólaf á Söndum", *Tímarit Hins íslenska bókmenntafélags*. Bmf., vol. 16, 1895, p. 93.

[164] Kristjánsson, Jónas, *Spánverjavígin 1615. Sönn frásaga eftir Jón Guðmundsson lærða og Víkinga rímur*, Möller, Copenhagen, 1950, p. vi.

[165] Ibid., p. ix.

[166] Ibid., p. xii–xiv.

[167] Einarsson, Trausti, "Sobre los primeros balleneros vascos en Islandia". In Huxley, Selma (Ed.), *Itsasoa. El mar de Euskalerria. La naturaleza, el hombre y su historia*, Etor, Donostia, 1987, pp. 287-288.

168 Jónsson, Már, "The Killings of 1615: Antecedents and Plausible Causes". In Irujo, Xabier; Miglio, Viola (Eds.), *Basque Whaling in Iceland in the 17th Century: Legal Organization, Cultural Exchange and Conflicts*, Barandiaran Chair of Basque Studies/University of California Santa Barbara & Strandagaldur, 2015, p. 143. See also Purchas, Samuel, *Purchas his Pilgrimes. Contayning a History of the World, in Sea Voyages, & Lande-trauells*, London, 1625, vol. 3, p. 571. Online at the Library of Congress webpage, and National Library of Portugal: http://purl.pt/23391.

169 Register of the Provicne of Gipuzkoa in Azpeitia, with Martin Saez de Goyaz as general representative, September 17 to November 4, 1613. In Ayerbe, Rosa (Ed.), *Juntas y diputaciones de Gipuzkoa*, Gipuzkoako Batzar Nagusia & Gipuzkoako Foru Aldundia, Donostia, 1990, vol. 19, pp. 94-95 & 112.

170 Ibid.

171 Ibid. See also Kristjánsson, Jónas, *Spánverjavígin 1615. Sönn frásaga eftir Jón Guðmundsson lærða og Víkinga rímur*, Möller, Copenhagen, 1950, pp. xx–xxii.

172 Már Jónsson, "Aðdragandi og ástæða Spánverjavíga", pp. 66-76. The author states that both letters are preserved in the Rigsarkivet archives in Copenhagen (Kongehusets og rigets arkiv D 11-12. Island. Supplement II, 14). A copy from 1920 is also preserved in the Icelandic National Archives (ÞÍ. Steinklefi LXXVII).

173 Ibid.

174 Jónsson, Már, "Introducción". In Irujo, Xabier; Matthíasdóttir, Hólmfríður (Eds.), *1615: Spánverjavígin / Euskal baleazaleen hilketa / La matanza de los vascos / The slaying of the Basques*, Forlagið, Reykjavík, 2015, p. 161.

175 Guðmundsson, Jón, *Fjölmóður*. In Huxley, Selma (Ed.), *Itsasoa. El mar de Euskalerria. La naturaleza, el hombre y su historia*, Etor, Donostia, 1987, p. 300.

176 Jónsson, Már, "Introducción". In Irujo, Xabier; Matthíasdóttir, Hólmfríður (Eds.), *1615: Spánverjavígin / Euskal baleazaleen hilketa / La matanza de los vascos / The slaying of the Basques*, Forlagið, Reykjavík, 2015, p. 161.

177 Guðmundsson, Jón, *Fjölmóður*. In Huxley, Selma (Ed.), *Itsasoa. El mar de Euskalerria. La naturaleza, el hombre y su historia*, Etor, Donostia, 1987, pp. 300-304.

178 In 1616 Christian IV would explicitly prohibit whale hunting in Iceland, the Faroe Islands and northern Norway to any ship that did not sail under the Danish flag.

179 Jónsson, Már, "Introducción". In Irujo, Xabier; Matthíasdóttir, Hólmfríður (Eds.), *1615: Spánverjavígin / Euskal baleazaleen hilketa / La*

matanza de los vascos / The slaying of the Basques, Forlagið, Reykjavík, 2015, p. 164.

[180] Kristjánsson, Jónas, *Spánverjavígin 1615. Sönn frásaga eftir Jón Guðmundsson lærða og Víkinga rímur*, Möller, Copenhagen, 1950, p. xxv.

[181] Ibid., p. 169. See the legal clauses in *Jónsbók. Lögbók Íslendinga*, Háskólaútgáfan, Reykjavík, 2004, pp. 102-104, 162-163, 173-174. See also Jónsson, Már, „Aðdragandi og ástæða Spánverjavíga haustið 1615", *Ársrit Sögufélags Ísfirðinga* 46 (2006), pp. 57-96.

[182] Edvardsson, Ragnar; Rafnsson, Magnús, "Basque Whaling Around Iceland. Archaeological Investigation in Strákatangi, Steingrímsfjörður." Online at: http://www.galdrasyning.is/baskarnir.pdf, p. 8 [Accessed 05/05/2015].

[183] This event has not been adequately researched and few actual documents about it survive. See Edvardsson, Ragnar; Rafnsson, Magnús, "Basque Whaling Around Iceland. Archaeological Investigation in Strákatangi, Steingrímsfjörður." Online: http://www.galdrasyning.is/baskarnir.pdf, p. 9 [Accessed 05/05/2015].

[184] It should be mentioned that in the autobiographical poem *Fjölmóður*, written many years after the events, Jón Guðmundsson says that the Basque ships that went to Iceland in 1613 had to drop anchor first at Trékyllisvík because of the drift ice, and that they had received a permit to hunt whales by Ari from Ögur in the Steingrímsfjörður area. Ruins of the tryworks in Reykjarfjörður have so far not been identified.

[185] Guðmundsson mentions that those twelve ships went on to 'Moscoviam', that is Russia, even if it is most likely that they would have gone rather to northern Norway.

[186] Guðmundsson follows the Julian calendar, not the current Gregorian one. With Gregorian reckoning, September 19 would not have been a Tuesday, but a Saturday, and the night between September 20 and 21 would have been the night between Sunday and Monday. We will however follow the events as narrated by the author at the time.

[187] Sunday, September 20, 1615 on the Gregorian calendar.

[188] Guðmundsson, Jón, *Fjölmóður*. http://bragi.info/ljod.php?ID=2248 (24.06.2015). Spanish version in Huxley, Selma (Ed.), *Itsasoa. El mar de Euskalerria. La naturaleza, el hombre y su historia*, Etor, Donostia, 1987, p. 308.

[189] Ibid.

[190] Guðmundsson, Jón, *Fjölmóður*. Verse 117, Available at: http://bragi.info/ljod.php?ID=2248. Spanish version Huxley, Selma (Ed.), *Itsasoa. El mar de Euskalerria. La naturaleza, el hombre y su historia*, Etor, Donostia, 1987, p. 314.

[191] Frankot, Edda, "Medieval Maritime Law from Oléron to Wisby: Jurisdictions in the Law of the Sea", in Pan-Montojo, Juan; Pedersen,

Frederik (Eds.), *Communities in European History: Representations, Jurisdictions, Conflicts*, Edizioni Plus – Pisa University Press, Pisa, 2007, pp. 151-172. See also Frankot, Edda, *Medieval Maritime Law and its Practice in the Towns of Northern Europe: a Comparison by the example of Shipwreck, Jettison and Ship Collision*. Ph.D. Dissertation presented at the University of Aberdeen, 2004, especially p. 35 and footnote 136.

[192] Koivukari, Tapio, "The Slaying of Spaniards: Current of Events and Reflections", unpublished manuscript.

[193] Guðmundsson, Jón, *Fjölmóður*. http://bragi.info/ljod.php?ID=2248. Spanish version in Huxley, Selma (Ed.), *Itsasoa. El mar de Euskalerria. La naturaleza, el hombre y su historia*, Etor, Donostia, 1987, p. 314.

[194] Sigursveinsson, Sigurður, "La trágica muerte de Martin de Villafranca en Islandia", in Huxley, Selma (Ed.), *Itsasoa. El mar de Euskalerria. La naturaleza, el hombre y su historia*, Etor, Donostia, 1987, p. 289.

[195] Ari Magnússon bought the island of Æðey on April 7, 1608. See Róbertsson, Gísli Baldur, „Nýtt af Bjarna Jónssyni lögbókarskrifara á Snæfjallaströnd", Gripla, 21, 2010, p. 350.

[196] Jónsson, Már, "The Killings of 1615: Antecedents and Plausible Causes". In Irujo, Xabier; Miglio, Viola (Eds.), *Basque Whaling in Iceland in the 17th Century: Legal Organization, Cultural Exchange and Conflicts*, Barandiaran Chair of Basque Studies/University of California, Santa Barbara and Strandagaldur, 2015, p. 145. See also Ólason, Páll Eggert, „Menn og menntir siðaskiptaaldarinnar á Íslandi", III, Bókaverslun Ársæls Árnasonar, Reykjavík, 1924, pp. 501-502.

[197] Icelandic seasons are traditionally just two: winter (from about October 20 to April 20), and summer.

[198] Guðmundsson, Jón, *Fjölmóður*. In Huxley, Selma (Ed.), *Itsasoa. El mar de Euskalerria. La naturaleza, el hombre y su historia*, Etor, Donostia, 1987, p. 314.

[199] It should be noticed that in *A True Account*, only two people are mentioned as being killed in the house, and three more outside the house on Æðey for a total of five.

[200] The letter to which Villafranca makes reference here is the proof that they had paid the whale-hunting licences to Ari Magnússon, who was selling them despite the fact that he had no authority to do so.

[201] Ólafsson, Jón, *Æfisaga Jóns Ólafssonar Indíafara: samin af honum sjálfum (1661)*, Möller, Copenhagen, 1908, p. 105. http://baekur.is/bok/000208711/AEfisaga_Jons_Olafssonar (06.27.2015).

[202] Kristjánsson, Jónas, *Spánverjavígin 1615. Sönn frásaga eftir Jón Guðmundsson lærða og Víkinga rímur*, Möller, Copenhagen, 1950, pp. xxxi-xxxvi.

[203] Huxley, Selma, "¿Quién era Martin de Villafranca?", in Huxley, Selma. (Ed.), *Itsasoa. El mar de Euskalerria. La naturaleza, el hombre y su historia*, Etor, Donostia, 1987, p. 294.
[204] Ibid.
[205] Ibid.
[206] Jónsson, Már, "Introducción", en, Irujo, Xabier; Matthíasdóttir, Hólmfríður (Eds.), *1615: Spánverjavígin / Euskal baleazaleen hilketa / La matanza de los vascos / The slaying of the Basques*, Forlagið, Reykjavík, 2015, p. 177. See also Ólason, Páll Eggert „Menn og menntir siðaskiptaaldarinnar á Íslandi", III, Bókaverslun Ársæls Árnasonar, Reykjavík, 1924. Þorláksson, Helgi, „Frá kirkjuvaldi til ríkisvalds", Saga Íslands VI, Hið íslenska bókmenntafélag, Reykjavík, 2003, p. 277.
[207] See for instance Pearce, Cathryn 'Neglectful or worse', *Troze*, 2008.
[208] Jónsson, Már, "Introducción", in Irujo, Xabier; Matthíasdóttir, Hólmfríður (Eds.), *1615: Spánverjavígin / Euskal baleazaleen hilketa / La matanza de los vascos / The slaying of the Basques*, Forlagið, Reykjavík, 2015, p. 171. See also *Reisubók Jóns Ólafssonar Indíafara*, Útgefandi Völundur Óskarsson, Mál og menning, Reykjavík, 1992, p. 84; and *Annálar 1400-1800. Sjö bindi*, Hið íslenska bókmenntafélag, Reykjavík, 1922-1998, III, p.192.
[209] Huxley, Selma, "¿Quién era Martin de Villafranca?", in Huxley, Selma (Ed.), *Itsasoa. El mar de Euskalerria. La naturaleza, el hombre y su historia*, Etor, Donostia, 1987, p. 294.
[210] *Víkinga rímur*, in Kristjánsson, Jónas, *Spánverjavígin 1615. Sönn frásaga eftir Jón Guðmundsson lærða og Víkinga rímur*, Möller, Copenhagen, 1950, pp. 29-76.
[211] Rafnsson, Magnús, "Cultural Exchange and Socialization in the Westfjords", in Irujo, Xabier; Miglio, Viola (Eds.), *Basque Whaling in Iceland in the 17th Century: Legal Organization, Cultural Exchange and Conflicts*, University of California, Santa Barbara/Barandiaran Chair of Basque Studies and Strandagaldur, 2015, p. 302.
[212] Ibid.
[213] The significance of the Spanish Stanzas is essentially historical, and for that reason we included it in its first English translation in Irujo, Xabier; Miglio, Viola (Eds.), *Basque Whaling in Iceland in the 17th Century: Legal Organization, Cultural Exchange and Conflicts*, University of California, Santa Barbara/Barandiaran Chair of Basque Studies and Strandagaldur, 2015, pp. 109-138.
[214] See Eggertsdóttir, Margrét „Bókin Edda og Biblían". *Viðhorf til kveðskapar á dögum sr. Ólafs Jónssonar á Söndum*. Paper delivered at the conference *Kvæðabók séra Ólafs Jónssonar á Söndum – greining, dreifing, samhengi* 'The Book of Poems by Rev. Ólafur Jónsson - Analysis, Distribution, Context', University of Iceland, March 14, 2015. See also Ólason, Páll Eggert

Íslenzkar æviskrár frá landnámstímum til ársloka 1940, vol. IV, Reykjavík, Hið íslenzka Bókmenntafélag, 1951, p. 58.

[215] Tulinius, Torfi, „Vöru Spánverjavígin fjöldamorð?", in *Ársrit Sögufélags Ísfirðinga*, 46, 2006, pp. 113-114.

[216] For this specific aspect, see: Bjarnason, Kári, „Spænsku vísur séra Ólafs Jónssonar á Söndum", Ársrit Sögufélags Ísfirðinga, 46, 2006, pp. 119-141. See also: Bjarnason, Kári, *Í höndum þínum minn herra Guð. Brot úr sálmum sr. Ólafs Jónssonar á Söndum í Dýrafirði*, Iceland University Press, Reykjavík, 2006.

[217] Irujo, Xabier; Miglio, Viola (Eds.), *Basque Whaling in Iceland in the 17th Century: Legal Organization, Cultural Exchange and Conflicts*, University of California, Santa Barbara/Barandiaran Chair of Basque Studies and Strandagaldur, 2015, p. 132.

[218] Davíðsson, Ólafur, „Víg Spánverja á Vestfjörðum 1615 og 'Spönsku vísur' eptir séra Ólaf á Söndum", *Tímarit Hins íslenska bókmenntafélags. Bmf.*, vol. 16, 1895, p. 89.

[219] Tower, Walter Sheldon, *A History of the American Whale Fishery*, Philadelphia, 1907, pp. 15-16.

[220] Miglio, Viola G., "'Go shag a horse!': The 17th-18th Century Basque-Icelandic Glossaries Revisited", *Journal of the North Atlantic*, Vol. 1, Issue 1, Eagle Hill Institute, 2008, pp. 25-36. Available at http://www.bioone.org/doi/abs/10.3721/071010. See also: Etxepare, Ricardo; Miglio, Viola G., "The Newly-Discovered Fourth Basque-Icelandic Glossary", in Irujo, Xabier; Miglio, Viola (Eds.), *Basque Whaling in Iceland in the 17th Century: Legal Organization, Cultural Exchange and Conflicts*, University of California, Santa Barbara/Barandiaran Chair of Basque Studies and Strandagaldur, 2015, pp. 345-392. Also Knörr, Enrike, "Basque fishermen in Iceland: Bilingual vocabularies in the 17th and 18th centuries", paper delivered at the conference "Slaying of Spaniards in the West Fjords in 1615", Dalbær, Snæfjallaströnd, Iceland, June 24-25, 2006.

[221] Rafnsson, Magnús, "Cultural Exchange and Socialization in the Westfjords", in Irujo, Xabier; Miglio, Viola (Eds.), *Basque Whaling in Iceland in the 17th Century: Legal Organization, Cultural Exchange and Conflicts*, University of California, Santa Barbara/Barandiaran Chair of Basque Studies and Strandagaldur, 2015, pp. 305-306.

[222] Translator's note: The first (incomplete) sentence of the text is used here as the title of the report. To fit modern readers' expectations, or to make obscure passages clearer, I have sometimes added [something in brackets] - but did so as rarely as possible, so as to stay as close to the original as feasible. For the same reason I have allowed some of Jón lærði's long and convoluted sentences to surface in English. In my view, this is an acceptable degree of *foreignization* (Berman 1984, Venuti 1998) of the English text, which allows the reader to experience something more

akin to Jón lærði's 17th century Icelandic prose than the modern short and paratactic sentences expected of canonical English texts.

[223] One *alin* (pl. *álnar*) was the equivalent of a 'cubit', an ancient unit of length based on the distance between the elbow and the fingertips. In Iceland it was used for woollen textiles, which being the main export goods also turned the unit of length into a monetary unit. One *alin* was equivalent to 2 fish – therefore 20 *álnir* corresponded to 40 fish.

[224] This could be as 'nicely as he could' or it could mean that he tried to make himself understood 'as well as he could'.

[225] It usually falls between October 21 and 27.

Liburu hau 2015ko ekainaren 29an inprimatu zen,
1615eko hilketaren 400. urtemugan

Este libro se imprimió el 29 de junio de 2015,
en el 400 aniversario de la masacre de 1615

This book was printed on 29 June 2015,
on the 400 anniversary of the 1615 massacre

www.ingramcontent.com/pod-product-compliance
Lightning Source LLC
Chambersburg PA
CBHW070632160426
43194CB00009B/1436